本书出版受到浙江工业大学人文社科后期资助项目"汉藏语连动结构的对比研究"（SKY-ZX-20170079）资金支持

跨语言对比视角下
汉藏语连动结构研究

Research on the Linkage Structure between Chinese and Tibetan

彭国珍 ◎ 著

中国社会科学出版社

图书在版编目(CIP)数据

跨语言对比视角下汉藏语连动结构研究 / 彭国珍著. —北京：中国社会科学出版社，2019.8
ISBN 978-7-5203-4752-5

Ⅰ.①跨… Ⅱ.①彭… Ⅲ.①汉语—语法结构—研究②藏语—语法结构—研究 Ⅳ.①H14②H214.4

中国版本图书馆 CIP 数据核字(2019)第 149169 号

出版人	赵剑英
责任编辑	张 湉 熊 瑞
责任校对	张依婧
责任印制	李寡寡

出　　版	中国社会科学出版社
社　　址	北京鼓楼西大街甲 158 号
邮　　编	100720
网　　址	http://www.csspw.cn
发 行 部	010-84083685
门 市 部	010-84029450
经　　销	新华书店及其他书店

印　　刷	北京明恒达印务有限公司
装　　订	廊坊市广阳区广增装订厂
版　　次	2019 年 8 月第 1 版
印　　次	2019 年 8 月第 1 次印刷

开　　本	710×1000 1/16
印　　张	16.75
插　　页	2
字　　数	225 千字
定　　价	78.00 元

凡购买中国社会科学出版社图书，如有质量问题请与本社营销中心联系调换
电话：010-84083683
版权所有　侵权必究

目 录

绪论 ………………………………………………………（1）
   一 本书主要目的和理论框架 ………………………………（2）
   二 本书的主要内容 …………………………………………（3）
   三 例子及体例说明 …………………………………………（7）

第一章 世界各语言中的连动结构及其研究思路 ………（8）
   一 连动语言与连动结构 ……………………………………（9）
   二 连动结构研究的主要理论方法及思路 ………………（26）
   三 小结 ………………………………………………………（34）

第二章 国际上连动结构的定义标准讨论 ………………（36）
   一 定义连动结构的各种句法标准 ………………………（37）
   二 定义连动结构的语义标准 ……………………………（48）
   三 连动结构作为一个跨语言对比概念该如何定义？ …（58）
   四 小结 ……………………………………………………（66）

第三章 汉语连动结构定义标准现状解析 ………………（68）
   一 汉语连动结构定义中有矛盾和争议的几个问题 ……（69）
   二 从跨语言角度看汉语连动结构研究存在的问题 ……（82）

三　总结及定义汉语连动结构的基本原则 …………………… （85）

第四章　汉语中的狭义连动结构与广义连动结构 ……………… （87）

一　汉语狭义连动结构和广义连动结构的定义标准及
语义类型 …………………………………………………… （88）

二　狭义连动结构和广义连动结构的句法特征 …………… （104）

三　有歧义的连动结构 ……………………………………… （124）

四　小结 ……………………………………………………… （126）

第五章　致使义结构、次级概念结构与多动词结构 …………… （129）

一　致使义结构 ……………………………………………… （130）

二　次级概念结构 …………………………………………… （141）

三　从属关系与连动结构定义 ……………………………… （145）

四　多动词结构：连动结构的连用 ………………………… （147）

五　小结 ……………………………………………………… （151）

第六章　藏缅语连动结构及与汉语对比 ………………………… （153）

一　藏缅语连动结构研究现状 ……………………………… （154）

二　汉藏语连动结构的对比思路及探讨 …………………… （162）

三　小结及进一步研究 ……………………………………… （176）

第七章　景颇语给予义连动结构及与汉语对比 ………………… （179）

一　景颇语的语法特点及中心词连动 ……………………… （180）

二　给予义动词语义扩展：从实义动词到受益标记、
受损标记 …………………………………………………… （185）

三　给予义中心词连动结构及其功能 ……………………… （195）

四　给予义动词的语法化 …………………………………… （206）

五　小结 ……………………………………………………… （216）

第八章　景颇语致使义连动结构的句法语义及与汉语对比 …… （218）

一　引言 ……………………………………………………… （218）

二　景颇语中分析型致使结构的语义及与汉语对比 ………（220）
　三　景颇语中 sha^{31}gun^{55} 致使结构的句法 ………………（227）
　四　小结 ……………………………………………………（235）
参考文献 ………………………………………………………（237）
后记 ……………………………………………………………（254）

绪　　论

很长一段时间以来连动结构（serial verb construction，SVC）一直是国际语言学界关注的热点语言现象之一。连动结构的语义和结构非常复杂多样，对共时层面的语言描写研究和各种理论构建都造成了很大的挑战。从历时角度看，连动结构又呈现出各种有趣的演变路径，也是语法化研究重点关注的对象。并且连动结构的研究涉及了句法、语义和语用多个层面的问题，对于我们深入了解这些层面的互动规律也起着重要作用。

有连动结构的语言，也称连动语言，呈现出很强的地域性。连动语言非常丰富的地区有非洲地区、大洋洲和太平洋各岛屿、北美洲地区，以及包括中国在内的东南亚各地区。国际语言学界关于其他地区语言中连动结构的研究已经非常多，而针对汉藏语中连动结构的系统研究还没有。国内有零散的、针对汉语或藏缅语中连动结构的研究，以及少量关于两者的对比研究。随着有关连动结构的零散研究越来越多，非常有必要全面、深入地探讨汉藏语中的连动结构，这对于深化连动结构这一语言现象的认识，进而深化对于汉语和藏缅语类型学共性和差异的认识，都有重要意义。

一 本书主要目的和理论框架

本书主要在语言类型学研究的基本框架内，探讨连动结构这一语言现象的句法和语义特征，系统梳理并描写汉藏语中连动结构的语言现象。然后基于汉藏语的语言事实对连动结构的相关理论问题做出解释和探讨。本书的理论探讨主要关注共时层面的语言现象，也部分涉及历时层面的问题。本书探讨的问题主要有以下几个方面。

第一，跨语言角度看连动结构的界定特征及句法语义特征问题。连动结构与其他类似结构的区别特征是什么？前人研究中提到的连动结构有哪些主要的句法特征？这些特征中哪些才是界定连动结构的关键特征，哪些特征仅仅是部分连动结构的共性？连动结构在多大程度上表示一个同质现象？如何理解连动结构的语义是表达一个事件？连动结构的功能是什么？连动结构语言现象和语言类型之间是否有关系？

第二，汉语连动结构界定，句法、语义特征及分类问题。国内学界对于汉语连动结构的研究，和国际语言学界对于其他连动语言中连动结构研究的差距是什么？跨语言角度下的连动结构定义是否适用于汉语？汉语连动结构内部是不是同质的，可以分为哪些类型，其关键区别是什么？汉语连动结构的句法、语义特征有哪些？多个动词连用是否还是连动结构？

第三，藏缅语连动结构特征及与汉语对比问题。汉语和藏缅语连动结构在表面形式、语义表达、句法特征和句法结构上有何异同？藏缅语连动结构中动词的语法化路径和汉语有何不同？这些不同和语序类型及连动结构的形式及种类之间是否有必然联系？

虽然笔者不能保证对上述问题都做出满意的回答，但是相信本书的研究对于这些问题的探索会提供非常有价值的借鉴和启示。

本书主要基于语言类型学理论背景，从跨语言对比的视角来研究汉语和藏缅语中的连动结构。我们首先详细地述评国内外连动结构的主要理论研究，在讨论连动结构的定义、分类及句法语义特征等问题时，主要参考 Aikhenvald（2006），Bisang（2009）和 Haspelmath（2016）的研究。我们在综合这三者研究的基础上，提出自己的研究框架。在语言现象描写方面，我们既有宏观的、整体性的描述和讨论，也有针对某一特殊语义类型连动结构的具体研究。在语料的运用方面，除了讨论主要的汉藏语的连动结构例子之外，我们也引用了很多其他语言中的例子，以给我们的汉藏语连动结构研究提供一种类型学的参照视角。

二　本书的主要内容

本书从多层面详细描写汉藏语中诸多连动结构的语言现象，从语言类型学角度进行语言对比分析及理论探讨。本书内容主要分为三个部分。

第一部分是连动结构研究的宏观概述及对连动结构定义的理论探讨，主要包括第一章和第二章。连动结构现象非常复杂，要描述清楚所有与其相关的问题绝非易事。我们在第一部分先把国际上对于连动结构研究的全貌，包括描写现状、研究思路及关注的核心问题，做一次全面梳理。因为连动现象复杂、种类繁多，如果只从一个片面的角度看问题，很容易陷入误区而不自知。所以，非常有必要梳理清楚国际上研究这个问题的主要角度及问题。因此，这一部分内容是一份国际语言学界关于连动结构的研究地图，不但为本书后面章节内容做好铺垫，也为国内其他有关连动结构的后续研究提供指引和启示。笔者首先对连动结构语言现象进行归纳及梳理，然后对相关理论研究思路及主要成果进行述评，最后对于连动结构的定义标准做理论探讨并提出笔者的观点。具体内容简述如下。

第一章是世界各语言中的连动结构及相关研究的主要思路。我们在这一章中重点回答下列问题：哪些地区的语言中有连动结构，有哪些语义类型的连动结构？语言学界，包括形式语言学派、语言类型学派和语法化研究学派,在研究连动结构时关心的主要问题和研究焦点是什么?现有研究的不足或困境在什么地方?最新研究连动结构的理论动态和趋势是什么?这一章的主要目的有两个:一是刻画连动语言和连动现象的复杂性和多样性,为后文的讨论铺垫基本的研究背景;二是系统地梳理国际语言学界关于连动结构研究的基本思路和主要观点,厘清当前学界对该现象的探讨进展到何种层次及程度,指出研究的前景和方向。

第二章是对连动结构定义、事件构成及语法特征的理论探讨。本章重点探讨连动结构研究的几个基础和核心问题,包括:连动结构区别于其他结构的定义特征是什么?是否有各语言通用的连动结构定义?连动结构的句法特征和语义表达在多大程度上是同质的?连动结构的深层语义是否表达"一个事件"?"一个事件"的内涵解释是什么?"一个事件"是否可以作为可操作的定义标准?连动结构的功能有哪些?哪些动词能组成连动结构?连动结构的语法化和词汇化规律是什么?通过对纷繁复杂的研究文献进行梳理和辨别,笔者指出从跨语言对比角度定义连动结构,最重要的是标准清晰、可操作性强。不但需要将连动结构的定义标准和共性特征区分开来,而且需要将其句法标准和语义内涵区分开来。这为下文汉语和藏缅语连动结构定义、分类和句法语义研究,提供了直接的理论基础和参考。

第二部分是汉语中连动结构的综合研究,包括第三章、第四章、第五章。笔者首先从总体上讨论及解构汉语中连动结构的研究现状,并指出存在的不足和今后的研究方向。在此基础上,重点提出了狭义连动结构和广义连动结构的区分,并在句法、语义及语法化等方面详细论证了这两类连动结构的不同特点。最后,笔者进一步辨析了一些具有争议的连动结构,并讨论了连动结构嵌套形成的多动词结构。具体阐述如下。

第三章是汉语连动结构定义标准解析。该章首先介绍现有现代汉语连动结构的定义标准,分析这些标准讨论的不同角度,以及涉及的不同层次语法问题。包括连用成分的性质确定、连接成分的有无、动词间语义关系,以及连动与从属、并列等语法概念的交叉与重叠问题。最后指出了现有研究存在的不足:一是界定标准和句法语义特征混淆在一起,从而导致界定标准不清晰、不充分、可操作性不强;二是缺乏语言类型学及语言共性研究的视角、缺乏深入的内涵特征分析。本章中笔者清除了在汉语连动结构研究上存在的几个误区,同时提出了两个重要原则:首先,在制定汉语连动结构界定标准时,首要问题是将连动结构和各种语法化后的结构和多句结构区分开来。其次,应该既考虑跨语言对比的可比性和一致性,又参照汉语的实际情况,并且需要仔细考察每一类连动结构在时、体、态等各方面的具体句法特征。

第四章是汉语中的狭义连动结构与广义连动结构。该章首先在前两章分析的基础上,根据汉语的特点确定了具体的跨语言对比连动结构定义:是一个能产的结构,两个动词处于一个从句内,每个动词可以独立作为动词使用,动词之间不能有明显的连接成分。同时分析了每条标准的具体操作办法。根据该标准确立了狭义连动结构的范围。然后讨论了表示先后动作意义的广义连动结构,并指出其和狭义连动结构的句法区别在于它包含了两个从句。接着我们进一步论证,两类连动结构不但在句法上,而且在事件语义结构和语法化路径上都呈现出清晰的系统性区别。最后讨论了存在两种解释的歧义连动结构。这一章的主要贡献在于,我们首次在汉语中区分了狭义连动结构和广义连动结构。之前的所有研究均将两者混为一谈,或者以某一种作为默认的对象,进而得出了模糊和不确定的结论。

第五章是致使义结构、次级概念结构与多动词结构。这一章首先论述了两类比较有争议的结构是否为连动结构:致使义结构和次级概念结构。笔者发现对于这两类句子来说,内部是不同质的,有的是包含内嵌从句的复合句结构,有的则是明显的连动结构。区别的标准还是在于两个动词是否处于一个从句。因此,笔者将语义上的从属和句法上的从属区别开来,并再次确认连动概念的句法属性。最后笔者论述了多个连动结构嵌套形成的多动词结构。这一章主要探讨一些连动结构的模糊边界地带,并探讨形式和意义上的对应问题。

第三部分是藏缅语中连动结构的研究及与汉语连动结构的对比,包括第六章、第七章和第八章。笔者首先梳理了藏缅语连动结构的研究现状,并从宏观上对比了藏缅语的连动结构与汉语连动结构在表面形式、句法结构和语义表达上的不同。然后以景颇语为例,对汉藏语中两类重要语义类型的连动结构进行了详细的、微观的对比,包括给予义连动结构和致使义结构,探讨同一语义内容在两种不同语言中采用的连动形式、句法结构和语法化路径等方面的不同,并探讨连动结构句法差异与语序类型、连动形式等因素的互动关系。

第六章是藏缅语连动结构及与汉语对比。这一章首先全面回顾了国内现有藏缅语连动结构研究的成果,指出现有研究主要参考了国内汉语连动结构研究及个别国外研究的成果。因此,也继承和沿袭了国内和国际语言学界针对连动结构研究的缺点和不足。并且藏缅语连动结构研究及与汉语对比研究总体比较薄弱,以简单现象描写为主,分析不系统、理论分析较浅。笔者在前几章分析的基础上,对前人提到的语料进行了重新解读,对比了藏缅语和汉语连动结构在表面形式和句法结构上的整体差别。重点通过中心词连动和中心词加论元连动形式的区分,详细讨论了 OV 型藏缅语的连动结构如何比汉语连动结构紧密,分析了这种紧密性在狭义和广义连动结构中的具体表现。

第七章是景颇语中给予义连动结构研究及与汉语对比。本章中笔者以景颇语的给予义连动结构为例,论证该中心词连动结构的主要功能是增加论元。实义动词与给予义动词连用可以给实义动词增加一个受益者的核心论元,并且该结构从表达受益义逐渐扩展到受损义。这种语义扩展不但在文献中记录很少，而且这种受益义和受损义不同构的状况也和欧洲语言形成鲜明对比。最后笔者论述了连动形式对意义及语法化路径的影响，提出中心词连动形式——这种 OV 型藏缅语的典型句法特点，是给予义动词重新分析为助动词的决定性因素，决定了景颇语中给予义动词的语法化路径不同于其他东南亚语言。

第八章是景颇语中致使义连动结构及与汉语对比。笔者论证了景颇语致使义结构在句法上没有汉语致使义结构的多样性与丰富性。景颇语分析型致使结构表达的命令、要求、劝说、致使等含义，涵盖了汉语使令式、允准式和致动式致使结构等多个结构的语法意义。从句法上来看，汉语致使义结构呈现了从连动结构到从句结构的连续统，而景颇语受语序类型和连动形式的影响，在句法形态上更单一，主要是中心词连动结构。因此，同一语义或事件内容在不同语言中句法形式和结构也有差异。

三　例子及体例说明

本书中的例子主要由三部分构成：一是前人文献中的例子，第一、第二、第三、第四章及第六章中，引用了很多前人研究文献中提到的例子，包括国外其他语言、汉语及藏缅语研究文献中的典型例子。引用出处随文都有说明。二是来自田野调查的语料，第七、八章中景颇语的例子，除了引用例子之外，大多是作者田野调查得来的例子。三是笔者的内省语料，特别是关于汉语中连动结构的分析讨论部分，有些用于句法测试的例子是内省语料。

因为各类例子来源不同，而且不同文献中针对不同语言的例子标注体例不同，所以笔者在引用时，没办法做到全书标注体例完全统一。引用的其他文献中的例子一般直接采用原文的标注体例，自己调查的语料有详细的标注体例系统。

第一章
世界各语言中的连动结构及其研究思路

连动结构现象非常复杂，其形式简洁紧凑、语义复杂多样，且非常容易语法化，因此早就引起语言学界的普遍关注。语法学界最早对连动结构的提及可以追溯到19世纪对西非语言的研究（Christaller，1875）。在20世纪90年代后，特别是Durie（1997）的研究之后关于连动结构的研究越来越多。这些研究关注的语言在地域和类型上覆盖的范围越来越广，不但包括非洲语言，而且包括大洋洲各种语言和东南亚语言等。研究的理论框架也开始呈现多元化趋势。

这一章中我们首先简要介绍一下前人研究文献中提及的世界各地区不同语言中的连动结构，以及这些连动结构的语义类型。连动结构现象的复杂性体现在多个方面：首先，文献中提及的连动结构的语义类型非常丰富。在形式上也有紧有松，语法特征表现不一。其次，有连动结构的语言在类型上的特点也非常复杂，很难找到一个公认的语言类型和连动结构之间的对应关系。

在第一节笔者先把这种语言现象本身的复杂性陈述清楚，介绍有连动结构的语言，连动结构的语义类型和形式特点及功能，并综述有关连动结构和语言类型关系的讨论。语言现象的复杂性导致了理论分析的多样性，所以学界对连动结构的理论分析争议及问题也特别多。在第二节中笔者主要针对不同理论学派关于连动结构的研究做出述评，讨论其关注的主要问题及提出的主要观点。讨论连动结构的学者来自生成语法理论、语法化理论和语言类型理论等不同领域。这些研究主要讨论连动结构的句法和语义。除此之外，还有从语调和手势等角度的研究。最后是小结。

一　连动语言与连动结构

（一）哪些语言中有连动结构

世界上很多地区的语言都有连动结构，包括非洲语言（Lord，1974、1993；Déchaine，1993；Collins，1997）、大洋洲语言（Crowley，2002；Bril，2007）、东南亚语言（Bisang，1991、1992、2016；Matisoff，1991）、北美洲的亚马逊地区语言（Aikhenvald，1999）和一些克里奥语言（Muysken & Veenstra，1995）等。

在国际语言学领域对连动结构的最早讨论始于非洲语言研究。Christaller（1875）第一个注意到 Twi 语言中有连动结构。Westermann（1907、1930）在讨论 Ewe 语时也提到该语言的一个特点是有一串动词连用，所有动词之间没有其他连接成分。这些先后出现的几个动词在英语中有时候用复杂句表示，又有很多时候可以用英语的一个单词表示。因为在 Ewe 语中人们对于一个动作从开始到结束的每一个细节都用一个动词表示，而在英语中只把一个主要的事件部分用动词表示，其他部分则用介词、副词、连词或词缀表示。早期的这些研究多是简单零散的描写研究。Lord（1973）的研究从语言演变的角度，探讨了多种非洲语言中连动结构的语法化情况。再后来关于非洲语言连动结构的讨论主要来自生成语法学派的学者（Collins，2002；Hale & Keyser，1997；Lefebvre，1991；Baker，1989、1991）。例如 Stewart（2001）讨论了 Kwa 语支中的 Yoruba 语、Èdó 语和 Igbo 语中的连动结构。以 Èdó 语为例，典型的连动结构包括下面这样的句子（Stewart, 2001: 1）：

(1) a òzó dẹ́ èvbàré rhié nè Ìfuẹ̀kò.
    Ozo 买 食物 给 介词 Ifueko
    Ozo 买了食物给 Ifueko。

  b Úyì hìá lé èvbàré.
    Uyi 尝试 煮 食物
    Uyi 尝试煮食物。

  c Èsósà kòkó Àdésúwà mòsé.
    Esosa 养育 Adesuwa 是—漂亮
    Esosa 养得 Adesuwa 很漂亮。

  d ìsòkẹ̀n yá ábẹ́ fián èmió!wó.
    Isoken 拿 刀 切 肉
    Isoken 拿刀切肉。

  e Ùwáílá rhié ùkéké gbẹ́n èbé.
    Uwaila 拿 笔 写 书
    Uwaila 用笔写了一个便条。

  f òzó lé èvbàré ré.
    Ozo 煮 食物 吃
    Oze 煮了食物吃。

大洋洲及太平洋各岛屿上有诸多语言都有连动结构，这些语言主要包括南岛语系（Austronesian）和巴布亚语（Papuan）等。① 早期关于南

---

① 这些语言之间的相互隶属关系及语系分类非常复杂，不是本书关注的内容。

岛语连动结构的研究多是文章为主（Dempwolff, 1939；Bisang, 1986；Bradshaw, 1983；Durie, 1997）。近些年来关于南岛语和巴布亚语中连动结构的研究，不但有很多文章，而且有多部重要的类型学专著。因此，与其他地区语言的连动结构研究相比，针对大洋洲及太平洋各岛语言上的南岛语言连动结构的研究最为丰富和深入。Crowley（2002）主要讨论了西南太平洋群岛美拉尼西亚（Melanesia）地区大洋洲语言（Oceanic languages）中的连动结构，这是南岛语系中最大的一个语支。研究主要包括这些语言中的连动结构的历史演变和分布。他发现 Kalam 语中连动结构非常多，例如这个语言中没有类似"按摩"这样的词汇，要表达这个意思必须用一长串的动词，如"pk wyk d ap tan d ap yap g-（打—揉—住—来—上—住—来—下—做）"。Bril、Ozanne-Rivierre（2004）和 Crowley 研究的南岛语的范围不同，他们研究了新喀里多尼亚（New Caledonia）和波利尼西亚（Polynesia）地区的南岛语，从地理语言学及语言类型学的角度讨论了包括连动结构在内的复杂谓语结构。Aikhenvald（2006）也探讨了一种巴布亚语和三种南岛语言中的连动结构。[①] Senft（2008c）讨论了包括东帝汶地区、印度尼西亚、新几内亚等地区的南岛语和巴布亚语中的连动结构[②]，不仅讨论了连动结构的定义、句法、连动结构的种类和功能，还讨论了哪些动词可以组成连动，连动结构的事件表达和连动结构使用的文化限制条件，等等。其中提到在南岛语系的 Kilivila 语中会用连动结构详细描述说话者计划好的系列动作（Senft, 2008a: 1）。比如巫师们相信姜可以提高咒语的魔力，一个巫师在交谈中提到他寻找姜并用来提高咒语魔力的具体做法。巫师说了这样一个句子来描述他所做的系

[①] 具体包括 Dumo, Mwotlap, Tetun Dili, Toqabaqita。
[②] 研究的南岛语言包括 Buru, Kambera, Leti, taba, tetun Dili, Ambon Maly, Kéo, Taba, Tetun Dili, Tolaki, Kilivila；巴布亚语包括 Hatam, Inanwatan, Maybrat, Moi, Mpur, Tidore, Eipo, Yale, Kalam。

列动作：去灌木丛中搜集姜，然后咀嚼以后吐出来再说咒语：

(2) nubyeya　　ba-la　　　　　　　o　　　laodila
　　明天　　第一人称未然—去　地点助词　灌木丛

　　ba-ne'i　　　　　　ba-kau
　　第一人称未然—寻找　第一人称未然—拿
　　明天我要去灌木丛，我要找到并拿来姜。

　　neya-　ba-ka'ita　　　　　ba-ka'ui
　　姜　　第一人称未然—回来　第一人称未然—咀嚼

　　ba-migai　　　　　　e
　　第一人称未然—低语　－呃－
　　我要回来咀嚼（它）我要低声说，呃。

　　ba-ka'ita　　　　　ba-ka'ui　　　　　ba-puli
　　第一人称未然—回来　第一人称未然—咀嚼　第一人称
　　　　　　　　　　　　　　　　　　　　未然—吐

　　ba-migai　　　　　megwa
　　第一人称未然—低语　魔咒
　　我要回来咀嚼（它）吐掉（它）低声说魔咒。

有趣的是，在这个句子中出现了言语修复现象，并且说话者没有只修复他想修复的动词部分（ba-ka'ui），而是倒回到句子开头，重复了两个动词（ba-ka'ita ba-ka'ui），然后插入了另外一个开始忘记的动词（ba-puli）并完成句子。很明显，说话者把这个连动结构看成了一个单位，如果修复的话，需要重新修复这个整体单位。

连动结构也是东南亚地区语言的一个重要地域型特征。例如，汉语普通话及各方言（Bisang, 2009；Matthews, 2006）、拉祜语（Matisoff,

1969)、泰语（Thai）（Diller，2006）、东克耶黎语（Eastern Kayah Li）（Solnit，2006）、德拉维达语系各语言（Dravidian languages）（Steever，1988）等语言中都有连动结构。例如，泰语中描述地点位移的动作时就用两个动词的连动结构表示（Diller，2006：166-167）：

(3) to'ng²   [doe: n   thu'ng⁴   cut¹   nan³]
必须［情态］   走   到   点   那个
我们必须走到那个点。

(4) dek¹   [wing²   khaw²   ho'ng²]
孩子   跑   进   房间
这个孩子跑进房间。

美洲地区的语言也发现有连动结构，如中美洲的 Misumalpan 语（Hale，1991）、南美洲的 Paraguayan Guarani 语言（Maura，2004）、亚马逊流域西北地区的 Tariana 语（Aikhenvald，2006）、北美洲的 Olutec 语（Zavala，2006）和 Lakota 语（De Reuse，2006）等。例如 Tariana 中表示两个先后发生的动作就用连动结构，如下所示（Aikenvald，2006：183）：

(5) mawina-nuku   wasã   [wheta   wa-hña]
菠萝—话题   情态   第一人称   第一人称
无生命/主语   动词   复数—拿   复数—吃
我们拿菠萝吃吧。

前人发现在这些有连动语言的地区中，有很多克里奥语（Creole）或洋泾浜语（Pidgin）也有很多连动结构。例如，Saramaccan 语中有连动结构（Veenstra，1996），这是在南美洲雨林 Surinam 地区的一个有声调的部落语言，是一种英语和葡萄牙语混合的克里奥语。斯里兰卡马来语（Malay）中也有连动结构（Nordhoff，2012），这是一种马来语词汇和德拉维达语语法混合的克里奥语言。Crowley（2002）提到三种美拉尼西亚洋泾浜语中都有连动结构，包括 Vanuatu 的 Bislama 语、Solomon 岛上的 Solomons Pijin 语和新几内亚地区（Papua New Guinea）的 Tok Pisin 语。其他文献中提及的有连动结构的克里奥语还包括 Mauritian 克里奥语（Syea，2013）、Caribbean 语（Jansen，Koopman & Muysken，1978）等。因为克里奥语或洋泾浜语都是混合语言，所以关于这些语言中连动结构研究的一个重要问题，是连动结构是在这个语言内部自己产生的，还是来源于原来所混合的语言，抑或是受语言接触的影响。

纵观上面的讨论可以看出，有连动结构的语言数量众多，并且呈现出很强的地域性。不过，需要特别指出的是，尽管已经发现在众多语言中有连动现象，但对于这种语法现象的描写或讨论还是不充分的。因为很多语法学家在研究一个语言语法的时候会带有印欧语言的先入为主的意见，可能没有意识到连动现象的存在。例如，Crowley（1982）在描写 Paamese 这种语言的时候就只字未提连动结构，但在 Crowley（1987）中他却指出 Paanmese 语言是一种连动语言，因为他在早期研究中根本对连动结构没有任何意识（Crowley，2002：9）。有些语言中称为副动词（co-verb）结构或多动词（multi-verb）结构，其中也有很多是连动结构。所以存在连动结构的语言范围可能超过已经发现的这些语言。

（二）连动结构和语言类型之间的关系

众所周知，以英语为代表的印欧语言中没有连动结构。而前文提到的非洲、大洋洲、东南亚和北美洲亚马逊等地区的语言中有丰富的连动结构。这就给我们提出一个非常有趣的问题：为什么有的语言中有连动结构，而另外的一些语言中没有连动结构？连动语言和非连动语言之间的区别是什么？换句话说，连动结构的出现和语言类型特点之间是否有一定的关系？这个问题的答案目前还不是特别清楚。学术界提出过多种可能和连动结构相关的类型学特点，但是至今没有一种各家公认的解释。前人的研究思路可以分为两类：第一类是认为连动语言和非连动语言有清晰的区分，并且把连动语言和非连动语言的区别归结定性为某个参数或某个词类特征的区别。① 第二类是认为一个语言中的连动结构不是严格的有和无的差别，而是多和少的差别。下面分别来简要讨论不同的观点。

因为有连动结构的语言有很多是分析型语言，动词没有曲折变化形式。因此，早期生成语法理论背景下的研究者多认为，连动语言和非连动语言的区别和动词是否有形态曲折变化（inflexion）或时制节点（INFL）的特征有关。Baker（1989）和 Stewart（2001）提出了连动结构参数（serializing parameter），认为连动结构只出现在没有时态曲折变化的语言中。另外的学者指出，在连动语言的句法结构中动词和表示时制的成分分开（Larson, 1991; Déchaine, 1993; Muysken and Veenstra, 1995）。Veenstra（1996：146）又进一步把这两个观点联系在一起，论证了动词缺乏形态变化和动词与表示时制的成分分开是相互关联的。连动语言中缺少 V-to-I 移位，因为动词不需要移位到 INFL 的位置。非连动语言中动词一般有丰富的形态变化，动词需要移位到 INFL 的位置核查时态特征，而第二个动词的移位受到限制不能取得语法一致形式，因而不能形成连动结构。Collins（1995）则认为是否有连动结构和 INFL 节点的特征有关，连动语言中 INFL 的特征是 [+ multiple]，所以可以有多个动词通过中心语移位到该位置。

虽然有连动结构的语言很多是分析型语言（或孤立型语言）。一般来

---

① 还有少数学者把连动结构和语序类型联系起来，Seuren（1990）认为大部分有连动结构的语言是 VO 类型，但 Crowley（2002）认为大部分有连动结构的语言是 OV 类型。因此，Aikhenvald（2006）认为：连动结构和语序类型之间没有必然联系。

说，分析型语言（或孤立语，如汉语）都有一些共同的语法特点，如有声调、连动结构和句末助词，但目前理论界尚无法回答动词连用的特点和分析型语言的共性特点是否高度相关，动词领域的连用现象和名词领域的特点有否关联（Bisang，2011；Cheng，et al.，2011；Sybesma and Aboh，2011）。早期这些生成语法研究所讨论的语言大多是非洲的语言或汉语，很多都是分析型语言。但是大洋洲地区的语言及藏缅语中有连动结构的语言很多并不是分析型语言，而是黏着型语言。Newmeyer（2004）和 Waltraud（2008）也指出，并非所有的连动语言中都没有时态曲折变化，部分有连动结构的语言也有时态曲折变化。所以连动语言和非连动语言的区别恐怕不能简单地归结为动词曲折变化的连动参数。

Larson（1991：205 - 07）把连动语言和非连动语言的区别归结为特殊结构中谓语部分词类的区别。他认为连动结构类似英语中主语指向和宾语指向的降级述谓结构（secondary predicate），类似"He painted the wall white"（他把墙刷成了白色），只不过英语中降级述谓结构中谓语部分是名词、介词或形容词，而连动语言中是动词。因此，连动语言和非连动语言的区别归结为降级述谓结构中词类差别。连动语言中降级述谓是 [-N] 或 [+V]（动词性），而英语等非连动结构语言中降级述谓是 [+N] 或 [-V]（非动词性）。但该说法很容易找到反例，其实有些连动语言中也有名词性的降级述谓结构。Stewart（2001：167 - 168）指出，连动语言 èdó 语中也有名词性的降级述谓结构。

另外，还有学者认为连动语言中词类区分和非连动语言不同。例如，一种说法认为连动语言不区分动词和介词，或者说动词—介词界限模糊，可以用动词作为额外的格标记或题元角色标记（Bickerton，1981；Byrne，1987）。这种分析认为连动语言中没有介词，介词功能由动词代替。在部分连动语言中有些动词确实可以实现英语中相应意义的介词的功能，并且有时很难区分一个词是动词还是介词。从汉语的情况看，很多介词是由连动结构演变而来。不过，在现代汉语中也有些介词已经完全丧失了动词的功能，只有介词的功能。另外，连动结构允许动词悬空，而介词不允许，一些具有连动结构的克利奥语言也区分由介词赋值的斜格和由动词赋值的宾格（Muysken and Veenstra, 1995）。因此，连动语言中动介不分的说法也不十分妥当。另一种说法认为，连动语言没有双及物动词，其动词只能有一个域内论元（Dimmendaal, 2001），所以动词作为额外的格标记，表示与格和斜格等。有些连动语言中双及物动词数量较少，如汉藏语系中的景颇语，因此只能用连动结构表示给予或受益的意思（Peng and Chappell, 2011）。但是，没有双及物动词的这种说法在很多语言中也不成立。包括汉语在内的东南亚众多语言中也都有带双宾语的动词。

Crowley（2002:19）认为在连动现象与语言类型的关系问题上，我们不可能严格清楚地说一个语言是有还是没有这种特征。甚至对于那些有连动结构的语言来讲，连动现象的丰富程度也是不同的，有的语言多，有的语言少。因此，不同的语言处于一个连续统的不同位置。有的语言，如新几内亚的 Kalam 语，有很多连动结构。而另外的语言，如英语和澳大利亚的一些土著语言没有连动结构。还有的语言中连动结构的丰富程度处于这两者之间，如 Paamese 语言。Givón（1991）也讨论了连动结构密度上的差别，他对比了几种新几内亚语言中连动结构的分布，发现 Kalam 语、Alamblak 语、Tok Pisin 语和 Chuave 语这几种语言中连动结构的丰富程度越来越低。他统计了连动结构在所有句子中所占的比例，然后计算出一个连动结构的密度指数。通过对比该密度指数，发现各语言差别很大，Kalam 语连动结构密度指数几乎是 Tok Pisin 语的五倍。这种讨论一个语言中连动结构密度的做法打破了连动参数研究思路中非是即否的二元对立。换句话说，一个语言中是否有连动结构不是有或无的概念，而是多或少的差异。按照这个思路去考察连动语言的类型学特点应该更贴近语言事实的真相。

(三) 连动结构的语义类型

对连动结构的描写中最普通、最常见的研究是对其进行语义类型的分类。从连动结构所表达的语义来看，不同文献研究的不同语言中包括的语义类型不尽相同。下面笔者主要参考 Aikhenvald（2006）的讨论及例子，简单介绍一下主要的连动结构语义类型。Aikhenvald（2006）的分类杂糅了连动结构的语义类型、语法功能和词汇组成特点等多个因素。笔者主要概括其提到的主要语义类型。

1. 表示趋向义 (directional SVC 或 motion SVC)

表趋向意义的连动结构在各连动语言中都非常普遍（Aikenvald，2006：22）。其中一个动词是表示位移的动词。例如下面粤语的例子：

(6)　Lei^5　　lo^2　　di^1　　saam^1　　lai^4
　　　你　　　拿　　　复数　　衣服　　　来

拿些衣服来。（Aikenvald，2006：21）

2. 表示体意义

有些连动结构中一个动词语义比较虚，用来表达体意义。用趋向动词（motion verb）或者姿势动词，表示进行或持续等体意义，或者用完成义动词表示完成体意义，例如下面 kristang 语中完成义动词"kaba"表示完成体：

(7)　kora　　yo　　ja　　chegá　　nalí　　eli　　ja　　kaba　　bai
　　　当　　第一人　完成　到　　　那里　　第三人　完成　完　　去
　　　　　　称单数　　　　　　　　　　　称单数

当我到那里的时候他已经走了。（Aikenvald，2006：23）

3. 表示情态意义

在连动语言中，表示"义务""可能""打算""尝试""开始"等情态意义时一般用连动结构，其中一个动词在语义上表达"假装""开始""想""尝试""准备""打算"等意义。如在 Kristang 语中用表示"接受"意义的动词表示义务情态：

(8) eli   ja   acha   bai   Singpore
他   完成   接受   去   新加坡
他必须去新加坡。（Aikenvald，2006：24）

4. 表示句子补足语（complement-clause-taking SVC）

这种连动结构从表面来看，其中一个动词词组所表达的语义是另外一个动词所表达语义的补足语从句。在东南亚语言中较多，如下面越南语的例子：

(9) anh   xem   [tôi   nhǎy]
你   看   我   跳
你看我怎么跳/你看我跳。（Aikenvald，2006：25）

5. 表示致使义（causative SVC）

表示致使义的连动结构一般其中一个动词是表示"命令""允准""要求"等语义的动词，可以是直接致使，也可以是间接致使，如下面 Tetun Dili 语中用给予义动词表致使：

(10) labele   fó   sai   lia   ne'e
不.能   给   出   声音   这

不能揭露这件事。(Aikenvald,2006:16)

6. 表示受益义（benefactive SVC）

受益义的连动结构一般其中一个动词是给予义动词。如 Saramaccan 语中的例子：

(11)　Kófi　bi　　bái　dí　búku　dá　dí　muyé
　　　Kofi　时标记　买　这　书　　给　这　女人
　　　Kofi 已经给这个女人买了这本书。(Aikenvald,2006:26)

7. 表示工具义（instrumental SVC）

工具义的连动结构一般其中一个动词为拿取义动词。如 Tetun Dili 语中的例子：

(12)　abó　lori　tudik　ko'a　paun
　　　祖父　拿　刀　　切　　面包
　　　祖父拿刀切了面包。(Aikenvald,2006:26)

8. 表示伴随义或协同义（comitatives or sociatives）

伴随义或协同义连动结构一般其中一个动词是表示协同或陪伴的意义。如 Dumo 语：

(13)　Neh　　　　[la
　　　第一人单数　第一人称主语　是　和
　　　Allan　tàe]　　　　　　　　Dasi.
　　　Allan　第一人称单数主语　去　地名

我跟 Allan 一起去 Dasi。(Aikenvald, 2006: 214)

9. 表示被动义

被动义连动结构中其中一个动词一般是表示"接触"意义的动词。如下面 Kristang 语中的例子。其他语言中也有用给予义动词表示被动义。

(14) aké   pesi   ja   toka   kumí   di   gatu
     那   鱼   完成   接触   吃   来源   猫
     鱼被猫吃掉了。(Aikenvald, 2006: 26)

10. 表示差比义（comparatives）

表示差比义的连动结构中一个动词一般为表示"超过"意义的动词。如 Goemai 语的例子：

(15) kuma   f'yer   ma: ni
     并且   变   大（单数）   超过   第三人称单数
     并且（他）已经长得超过他了。(Aikenvald, 2006: 27)

11. 表示类似主谓关系（event argument）

在这种连动结构中，两个动词之间没有论元共享，而是其中一个动词用来描述另外一个动词，说明其程度或者方式等，如 Paamese 中的例子：

(16) kaiko   ko-seluusi
     第二人称单数   第二人称单数—实现体＋说
     suvali   eehono   kaile
     第三人称单数＋实现体＋像   孩子   复数

你说话像个孩子〔直译：你说它（这件事）像孩子〕。（Aikenvald，2006：19）

12. 表示先后发生的动作

表示先后动作义的连动结构中两个动词表示两个动作前后发生。如 Ewe 语中的例子，有时这种先后发生的动作会有表示目的意义的解读。

(17)　Áma　　â-da　　　nú　　du
　　　Ama　　锅—煮　　东西　吃
　　　Ama 要煮东西吃。（Aikenvald，2006：28）

13. 原因结果义（cause-effect 或 resultative）

原因结果义连动结构中第一个动词表示动作，第二个动词表示结果，如 Mwotlap 语：

(18)　Tali　　mi-tit　　　tenten　　Kevin
　　　Tali　　完成—打　　哭：重复　Kevin
　　　Tali 把 Kevin 打哭了。（Aikenvald，2006：16）

14. 表示方式义（manner）

表示方式的连动结构其中一个动词是说明另外一个动词所述动作的方式。如下面 Toqabaqita 语的例子：

(19)　Wela　　e　　　　　　qiliano-na
　　　孩子　　第三人称单数　堆　土　围绕—第三人称单数：宾语

第一章 世界各语言中的连动结构及其研究思路   23

    taqaa baqu
    是   坏 香蕉

这个孩子把土很糟糕地堆在香蕉树周围。（Aikenvald，2006：29）

15. 表示同义重复

同义重复指的是连动结构中两个动词是同义词、近义词，甚至是同一个动词重复，用来描述重复的动作或活动，主要起修辞作用。如下面 Khwe 语中同一动词重复了五次，表示该动作进行了五次。

（20） xàmtcà   n‖àtá [hî-éhî-éhî-éhî-éhî-écií]
   狮子—第三 这样   做做做做做来
   人称阳性

两个狮子这样边做着（对五个男孩做的事情）边来了。

（Aikenvald，2006：113）

  这些语义类型基本上囊括了各种文献中所提到的连动结构。可以看出，连动结构表达了各种各样的语义内容。需要指出的是，具体到某一种特定的语言中，可能只包括上述语义类型中的几种。[①] 对连动结构从语义上进行分类是一种基础研究，可以方便我们对连动结构的构成、句法形式进行更细致和更微观的研究。但一个重要的问题是，不同语义类型的连动结构的语义、句法和语法化特点是否同质？或在多大程度上同质？

---

 ① 根据不同人对连动结构的不同定义标准，所包括的语义类型也不相同。Aikenvald（2006）讨论的这些不同语义的连动结构在其他研究者的标准下未必是连动结构。关于连动结构定义标准的讨论详见第二章。

这需要具体到某一种语言中深入研究。换言之，这些分类仅仅是反映了连动结构表面形式的不同，还是反映了连动结构深层表义或信息组织上的不同，我们并不清楚。Bisang（2009）也指出，这些语义类型之间的关联没有从语义地图角度的论证，看不出相互联系，因而都归在连动结构名下显得比较随意。

（四）连动结构的形式特点及词汇构成

从表面形式上来看，连动结构中两个组成动词之间的距离可以分两类：一类是两动词紧密相邻；另一类是两动词之间被名词性成分或其他语法成分隔开。Aikhenvald（2006）提到了这种区别。这种区分也可以称为中心词连动结构（nuclear SVC）和中心词加论元连动结构（core SVC）(Foley & Van Valin, 1984: 77, 190, 197; Solnit, 2006: 146)。中心词连动结构的动词紧邻在一起，中间不会有名词性成分，在 VO 语言中的表现形式是 VVOO，OV 语言中的形式是 OOVV。上一节列举的例子中大多是中心词连动形式，如（6）、（8）、（18）等。而中心词加论元的连动形式中动词序列被名词性成分分开，因而在 VO 和 OV 语言中分别表现为 VOVO 和 OVOV 的形式。如上面例子（9）、（11）、（12）、（17）都是中心词加论元连动。同一种语义类型的连动结构可能在一种语言中是中心词连动，而在另一种语言中是中心词加论元连动。在同一种语言中不同语义类型的连动结构的表面形式也可能不同，有的是中心词连动，有的是中心词加论元连动结构[①]；有些语义类型只能允许其中一种形式，有些语义类型则可能两种形式都可以。两种形式之间也可能具有转换关系。

连动结构的组成指的是哪些词汇能进入连动结构，以及哪些动词能

---

① 连动结构的表面形式和语言类型之间没有必然的联系。例如 Durie（1997）、Crowley（2002）和 Bril（2007）都指出中心词连动不仅在动词居后语言中存在，在其他语序类型的语言中同样存在。

组合形成连动结构。Aikhenvald（2006：21-37）根据连动结构中两个组成成分的语义强弱及词汇选择是否受限，把连动结构分为对称性连动结构和非对称性连动结构。对称性连动结构中两个动词语义强度较为对等。这种连动结构中的动词语义和数目都不受限制，所有的动词都是开放类别的；非对称性连动结构中一个动词的语义较虚，且数目有限，多是表示方向、情态、体态等语法意义。这种对称性或非对称性的分类仅仅是一种对连动结构中词汇组成的描写，并没有解释什么样的两个动词才能进入连动结构。不是任何两个语义强度差不多的动词都能组合在一起形成一个合法的对称性连动结构的。Haspelmath（2016）也指出，当我们说一个语言中有三种形式的连动结构"及物动词+及物动词""不及物动词+及物动词""及物动词+及物动词"时，并不表示所有的不及物动词和及物动词都可以组成连动结构。因此，目前关于连动结构形成的语义和语用标准讨论很少，到底哪些动词能和哪些动词组合形成连动结构并不清楚，尚需进一步研究。①

（五）连动结构的功能

连动结构有多种句法和语用的功能，这一点 Matisoff（1969：71）早就注意到了。他指出，拉祜语中连动结构的句法功能，类似英语中的补足语不定式、现在分词补足语、情态助动词、副词、介词短语，甚至从属分句的功能。综合前人对多种语言中连动结构的研究，笔者梳理出以下几种连动结构的主要语法及语用功能。

第一，连动结构可以表示时、体、情态等相关的意义（Aikenvald，

---

① Awoyale（1988：9-25）曾试图用语义模版（semantic template）来描述连动式所表达的事件特点。他据 Yoruba 语连动结构语义提出连动结构语义由三部分构成：情态部分（modality），即事件发生的方式，核心事件部分（event）和事件结果状态部分（state）。按照这三个参量，连动式的语义构成有四种形式：[情态事件]、[事件事件]、[事件状态]、[状态状态]。不过这种过于笼统的构成分析也不能告诉我们连动结构形成的条件。

2006)。例如表示趋向或位移意义的连动结构一般有体的意义，还有一些表示希望、打算、计划等情态意义。Stewart（2001：207－217）也提到了非洲语言 Èdó 语中表情态意义的连动结构。

第二，连动结构可以是一种增加论元（valency-increasing）或减少论元（valency-reducing）的句法手段。在连动语言中，连动结构经常用来作为增加动词论元的结构，用来表达使动、受益、工具、伴随等语法意义。或者用来作为减少论元的机制，如表被动义的连动结构。

第三，连动结构可以是一种类似词汇化的机制。在有些连动语言中连动结构的语义类似英语等非连动语言中的一个词汇的语义。Pawley（1987）提到的 Kalam 语中有些连动结构的功能类似非连动结构中的一个动词。该语言中动词很少，只有100多个动词词根，然后通过这些词根的不同组合来形成对应于其他语言中的动词的含义。例如该语言中没有"打猎"这个词，而是用表示"去杀带回煮吃回"这些词义的动词连动组合来表达（Pawley，1987：344）。

第四，连动结构可以是语篇组织方式。有的语言中连动结构提供了一种更经济、更简洁、更紧凑的表达方式，将多个场景事件打包在一个句子中来表达，其功能类似英语中的句子链条语篇组织方式。Pawley（1987）所说的叙述型连动结构主要就是这种类型。

当然，具体到某一种语言中的连动结构具有哪些功能需要具体分析。不同语言中的连动结构可能主要用来实现其中的一种或几种功能。另外，连动结构的功能和连动结构的语义类型之间存在一定对应关系，但是学界关于这种对应关系的研究还比较少。

二　连动结构研究的主要理论方法及思路

语言学的各种理论流派都非常重视连动结构的研究。Foley（2008）指出尽管连动结构在语言类型学上并不是一个同质的概念，但是不管这个结构是什么,对这些结构的详细研究对于弄清楚词汇、语义和语用因素在句子形式结构方面的作用都会非常重要。这一节中笔者就先简单论述一下有关连动结构研究的理论动态和趋势。国外的研究除了一些描写语法中简单涉及的语义分类以外,带理论背景的深入研究主要有以下几种思路。

(一) 生成语法理论背景下的研究

生成语法的基本假设认为一个句子中有一个限定动词(finite verb)(Chomsky, 1957)。在这种以印欧语系为模板的基本假设中来看连动结构,有两个问题需要解释。第一,和英语不同的是,为什么连动语言同一个句子中可以有两个限定动词。第二,生成语法学派对于连动结构的界定标准比较严格,认为宾语共享是连动结构的核心特征。因此,需要解释两个动词如何共享一个宾语,以及连动结构的两个动词之间是并列关系、从属关系、还是附加关系(adjunction)。针对第一个问题,生成语法学派从20世纪80年代开始关注,他们对连动结构研究的主要目标之一,即是在生成语法的框架内解释连动语言和非连动语言的不同,旨在找到一个解释语言不同的参数,关于这个问题我们在第一部分第(二)小节中已经详细讨论过,这里不再赘述。本节主要概括一下第二个问题的主要分析。

关于连动结构的最早句法分析来自 Baker (1989, 1991)。他提出了"双中心语"结构,认为连动结构中存在两个中心语,分别对应两个动词(即 V_1 和 V_2),这两个动词共享一个论元 NP,如(21)所示。

(21) [$_{VP}$ V$_1$ [NP] [V' V$_2$]]

这种分析遭到了生成语言学者的普遍质疑和否定(Larson, 1991; Veenstra, 1996; Collins, 1997; Durie, 1997)。例如, Collins (1997) 认

为 Baker 的分析没有考虑到 Ewe 等非洲语言连动结构中存在一个空成分的事实，并且共享论元 NP 的题元角色可以由 V_1 和 V_2 同时指派，不符合题元准则（Theta Criterion）。（21）的结构还违背了"双分叉限制条件"，与 X' 理论相悖。Durie（1997）论证了 Baker 的分析错误地预测了 SVO 语言中不可能有 SVVO 形式的连动结构，也无法解释第一个动词是位移动词的连动结构，因为这类连动结构中两个动词无法实现域内论元共享。

Sebba（1987）、Collins（1997）和 Larson（1991）都认为连动结构是一种从属关系的句法结构，其中 V_1 是主动词，V_2 是 V_1 的补足成分。[①] Collins（1997）[②] 认为该类连动结构是一个复杂谓语，将其分析为"控制结构"，如（22）所示，域内论元共享是构成连动结构的必要条件，该共享是通过一个受 NP 控制的空范畴 pro 实现的，共享的内论元 NP 只担当一个题元角色。

（22）[$_{VP_1}$ NP 主语 [V' V_1 [$_{VP_2}$ NP 宾语 i [V' V_2 [VP_3 [PP eci (P)] [V' V_3]]]]]]

但 Veenstra（1996：116 - 19）和 Muysken、Veenstra（1995：294）则认为连动结构不是一个从属的句法结构，而是一个附加语结构。因为在从属结构中两个动词的排列次序应受中心语参数控制，而连动结构的动词排列顺序则不受此影响，动词居前（head-initial）的语言和动词居后的语言（head-final）中两个动词的顺序是遵循时间像似原则（iconic prin-

---

[①] Larson（1991）认为连动结构在句法上相当于英语的降级述谓结构（secondary predicate）。
[②] Collins（1997）和 Baker（1989，1991）的共同点是都把及物动词 + 结果动词（推倒）和及物动词 + 及物动词（煮吃）的结构统一处理。不同之处在于前者认为是三分支的域内论元共享结构，后者认为是通过 Pro 实现共享。Stewart（2001）则认为这两种是不同的结构，不应该统一处理。

ciple），按动作发生先后次序排列。表示结果义、致使义和动作先后义等类型的连动式中两个动词的词序均是临摹事件发生顺序，而不是受中心语参数控制（Carstens，2002；Aikhenvald，2006）。

除了分析思路不同之外，上述学者对连动结构分歧的根本原因在于其讨论对象不是一种语义类型的连动结构。因为连动结构所涵盖的语义类型不同，所以不可能用同一个句法结构分析涵盖所有意义的连动结构。这个问题又和连动结构的定义密切联系。如果连动结构定义范围窄，则可将其分析为一种结构；如果定义范围宽，就必须分类研究各小类具体的句法结构和意义。不过对比其他各派的研究来说，生成语法学派对连动结构的限定范围是最窄的。仅仅涵盖了结果义、工具义、动作先后义几种语义类型。其他众多研究中包括的连动结构语义类型在生成语法学派研究中都是从来没有涉及的。

（二）语法化理论框架内的研究

语法化理论框架内的研究包括连动结构的语法化和词汇化过程研究。语法化研究以 Lord（1993）为代表，主要讨论了非洲语言（兼顾汉语、部分 VO 型东南亚语言和少数克里奥语及洋泾浜语等）中连动结构中的动词如何慢慢丧失动词的特性，演变为地点格、工具格、受益格、伴随格、宾格等格标记和从属标句词等功能性成分。有些特定语义的动词在不同的语言中却呈现出类似的演变路径。例如谈论最多的表示给予意义的动词在很多语言中都演化为用来标记受益者的格标记，表示拿取意义的动词在很多语言中都演化为用来标记工具角色的斜格标记，表示言说意义的动词可以演变为引导从属分句的标句词，等等。这些演变路径在包括汉方言在内的东南亚语言中也是非常普遍（Chappell and Peyraube，2006等）。另外，连动结构也容易演化出体标记、情态助动词和表示方向的小品词（particle）等语法成分。

连动结构词汇化的倾向和连动结构的多产性有关。众多研究者发现，连动结构中某些特定动词组合普遍表现出高度词汇化倾向（Durie，1997；Matthews，2006；Aikhenvald，2011）。尽管连动结构是多产的，但是动词组合是否构成合法的连动结构取决于该动词组合是否构成一个在本族者看来是认可的事件类型，有些动词组合虽然语法上合法，但是在本族人看来却不是合格的连动结构，组合受到很强的文化习惯的制约。因此，连动结构的使用涉及了句法和语用及文化的互相作用。但是与连动结构的语法化研究相比，连动结构的词汇化研究及其使用的语用、文化限制条件方面的研究还是比较少。

至于语法化、词汇化和连动结构类型之间的关系，Aikhenvald（2006，2011）认为非对称性连动结构倾向于经历语法化，其中语义较虚的动词逐渐失去动词性，而成为一个语法语素（grammatical morpheme）。语法化的最终结果可能表现为一种语言在共时上没有非对称性连动结构。此外，对称性连动结构倾向于经历词汇化，其形式和语义固定下来，成为不可分割的整体。词汇化的最终结果是对称性连动结构的消失，比如 Tetun Dili 语。语法化和词汇化的相互作用可能最终导致连动结构的完全消失，即去连动化（deserialization）。Bisang（2009）指出非对称性连动结构不是语法化的开始，而是语法化的结果，如汉语中即是如此。因此，非对称性连动结构的语法化方面还存在一定争议。

（三）语言类型学背景下的研究

基于语言类型学背景的研究非常丰富，也是最近几年关于连动结构研究的主流理论范式。连动结构类型学研究影响最大的就是 Aikhenvald（2006）的研究。这一专著中详细讨论了各地区语言连动结构在表达意义、句法功能、语法化规律方面的共性，提出连动结构的定义特征有形式和意义两方面，"两个动词在同一从句内，没有并列或从属连接词，共享时、体、态、极性等功能范畴，表达一个整体事件"。详细讨论了连动结构定义的各个标准及在连动结构形式、语法标记等方面的不同特点，并提出了原型连动结构的概念。讨论了连动结构的语义类型及形式功能。其中涉及了南岛语、汉语、北美洲语言等各地区的连动语言。

关于连动结构语言类型学的研究另外一个重要的角度就是地域类型学。Crowley（2002）从多个角度考察了西南太平洋群岛美拉尼西亚地区一些南岛语语言的连动结构的多样性。他一方面从历时语法的角度，比较了南岛语系中大洋洲语支语言中的连动结构的历史演变；另一方面从区域类型学的角度研究了美拉尼西亚岛屿各语言中连动结构的接触及渗透过程。Bril 和 Ozanne-Rivierre（2004）研究了 New Caledonia 和 Polynesia 地区的语言，从地理语言学及类型语言学的角度讨论了包括连动结构在内的复杂谓语结构。

在连动结构语言类型学讨论中有两个重要的问题：一个是如何定义连动结构，另一个是连动结构是否表达一个事件。关于连动结构的定义，有基于特定语言设定的定义，也有从跨语言的角度来探索各语言都适用的定义。从跨语言角度来定义最重要的讨论是 Bisang（2009）和 Haspelmath（2016）的文章。连动结构的事件表达问题和连动结构的定义问题既相互联系又相互区别，争议的焦点在于如何判断连动结构表达的是一个事件。这两个问题都错综复杂，相互联系，涉及句法、语义、认知、心理、语用、文化等众多因素。笔者将在第二章专门来梳理这两个问题的讨论情况。

（四）语用、语调手势等角度的研究

随着对于连动结构的研究越来越深入，研究的角度也呈现多元化。不但有传统的针对连动结构的句法、语义的描写、分析和研究，也有越来越多的研究从语用、语篇、语音，甚至是手势的角度来研究连动结构。并且开始出现各种研究角度之间的交叉和渗透。近年来一些重要的研究包括以下两个方面。

第一个方面是从语用、语篇角度的研究，主要关注连动结构使用的场合及实现的语篇功能。Volker Heesche（2008）讨论了 Eipo 和 Yale 语儿童叙述语篇中的连动结构，目的在于阐述篇章、语法和词汇之间的变换，揭示了句子链中的系列信息如何发展成连贯的连动结构，然后再发展成独立的语法单位，成为一种日常活动及信息形式化表达模式。这些连动结构主要用来表示每日常规的活动和事件，体现了语篇、句法结构和构词之间的互动。并发现，选用句子链表达还是连动结构表达有明显的正式程度差别。他们发现了以下五种常用的动词连用的模式：表示方式或身体动作的不及物动词+表示空间或位置移动的限定动词；表示人类活动的及物动词+表示空间或位置移动的限定动词；表示人类活动的及物动词+表示人类活动或者位置转移的限定不及物动词；一个或一类物体+表示该物体活动或人类活动的及物动词+表示该物体活动或人类活动的限定及物动词；跟限定动词相关的物体+动词+限定动词。文中还讨论了这些模式的语义、功能与文化上的限制条件，以及连动结构形成的原因。

　　Pawley（2008）主要关注了两个基本问题，说话者什么时候用连动结构，什么时候必须用连动结构。他强调连动结构虽然表示一个语义连贯的单位，但是其内部事件结构却非常复杂。一个基本的问题是探讨一系列动词可以形成连动结构的条件。他指出在 Kalam 语中连动结构存在一定程度的词汇化现象，不一定是类似英语中的一个词，反而是一种半开放半封闭式的能产性比较强的程式化结构。

　　Senft（2008a）探讨了连动结构和事件类型之间的关系。他关注以下问题：什么样的动词可以组成连动结构，一个事件用连动结构表示在语用和语义上有什么效果？是否有基于文化的特定规则来限定动词的组合？他通过实验收集了描述型任务的叙述语料，同时结合自然口语的数据，探讨了 Kilivila 语中说话者如何进行概念化，并且在口语中进行描述。他认为对于一个结构来说，除了传统的语法意义和形式之间的对应之外，还对应了一定的语篇功能和上下文。所谓的事件概念不可能离开一个具体语言和说话者来谈。

第二个方面是从语调或手势角度的研究，主要旨在跳出纯粹的从语法看语法的讨论，希望能从语调或手势这些相对来讲更加独立的平行手段来研究连动结构的事件表达及语言与认知的关系。

Givón（1991）从语音停顿的角度探讨了连动结构中关于事件概念的认知及语法问题。他通过实验引发的口语描述数据，比较了新几内亚地区几种语言中的语音停顿在连动结构和多句结构中的分布规律。发现各种语言中连动结构中间的停顿并不比单动词句之间的停顿多。因此，他指出连动结构在对客观现实事件进行认知分割表达的时候和非连动语言并没有太多不同，不同语言在对事件的认知及语言表达上并没有太大差别。

Rebecca（2016）的研究是第一个从手势的角度研究连动结构的事件表达。关于连动结构的众多研究都提到连动结构表示一个概念事件，但是之前对该论断的支持证据却一直没有。Rebecca通过对像似性事件手势的研究，发现在非洲语言Avatime语中单一手势和整个连动结构重合，与此相对，其他的复杂句则与多个独立的手势对应。因此证明了连动结构确实表示一个概念。

手势和语调都具有时间像似性，和语义、句法、认知等都紧密相关。手势中包含了额外的语义信息。手势既可以和话语紧密相关，又是独立的。它可以表示口语中没有的语义信息。众多研究说明手势模式反映了一定的语言编码，而不是简单的习惯。语调及语音停顿本身也比较复杂，涉及了语法、语音、语用等众多因素。这些角度研究的介入大大拓宽了我们对于连动结构本质的研究。当然这些角度的研究需要大量的语音学，或者手势研究，或者多模态研究等专业背景知识和研究技能。

三 小结

纵观本章内容可以看出，针对世界各地语言中连动结构的研究无论是在语言事实描写上还是理论分析及建构上都已经非常丰富和深入。从事实描写上看，对于非洲和大洋洲，以及太平洋各岛屿地区的连动描写更为充分，针对东南亚地区语言的描写相对欠缺。

至于连动结构和语言类型之间的关系，或者说有连动结构的语言有哪些类型学特点，目前有多种提法，包括没有曲折变化、动词介词区分不明显等。其实有很多有连动结构的语言都尚未被充分描写，所以很多结论都是暂时性的。并且语言事实描写越充分，可能越指向一个事实，即是一个语言中连动结构不是有与无的区别，而是从无到有的连续统。并且对现有连动结构的语言很多描写也不够充分，包括汉语中的连动结构。本书中笔者就对汉藏语中的连动结构进行进一步的系统描写分析，希望对连动语言的共性特征提供更多合理科学的参考。

从理论方法上看，国际上关于连动结构研究的主要理论方法从最开始的形式语法思路、语法演化思路，到后来的类型学研究，再到最近的涉及语音、手势、语用等层面的跨学科多模态研究。关注的主要问题或主要观点也越来越深入，从开始的关注句法结构分析和演变路径，到后来的关注跨语言的共性及特点，到关注连动结构形成的语义语用条件及事件表达。当然越到后面这些问题研究得越是不透彻，不过整个学界的研究还是逐渐揭示了连动结构在整个语法系统中的重要性。

本章的讨论基本涵盖了国际上关于连动结构研究的有广泛影响的一些主要文献。通过详细的梳理，为后面的研究提供一个基本的指南。本书中采用的理论方法主要基于类型学的研究方法，兼顾语法化及语用、语篇角度的研究。

因此，第一章是从语言事实上给汉语连动结构提供一个总的背景对照。通过呈现，我们可以对不同语言中的连动结构这种语言现象有一种宏观和直观的印象，方便后面讨论连动结构的定义及研究思路时有一个参考。同时了解更多有连动结构的语言情况，让我们在寻求有连动结构的语言为何有连动结构这个问题的理论解释上也更加谨慎。第二章讨论国际上针对连动结构研究的理论问题，从理论上提供一个基本的研究参考框架。

此外，第一章也为第二、第三部分讨论汉藏语中连动结构提供了一种可能的参照对象。因为传统上对汉语中连动结构的印象还基本停留在以英语等印欧语为参照系，认为连动结构是汉语特色的结构。带着这种汉语特色结构的自豪和骄傲，因而在研究的时候提出了一些比较特设的观点和认识，缺乏语言共性的眼光。一方面，汉语中有些认为是连动结构的句式，在其他有连动结构的语言中可能从来没有包括进去；另一方面，汉语中有些没有包括进连动结构研究范围内的，在其他语言中反而可能被认为是连动结构。要研究清楚汉语的连动结构，需要语言共性研究的视野，但是要参照的不是英语这样没有连动结构的语言，恰恰是其他有连动结构的语言。这样才能真正挖掘出汉语连动结构研究的价值，找出汉语连动结构的共性和个性特点，推进汉语语法的研究。

第二章

国际上连动结构的定义标准讨论

在前一章中，笔者介绍了世界上哪些语言中有连动结构及研究连动结构的主要思路，但是并没有讨论连动结构的界定标准。也即到目前为止，我们还暂且默认连动结构是一种自然存在的语言现象，并预设了所有语言中连动结构指的是同一种现象，或至少是类似的。但事实上，当我们把镜头拉近放大，会发现不同语言中称之为连动结构的语言现象，其实非常复杂多样，甚至相差非常大。这一点，在上一章讨论不同语言中连动结构的例子和语义类型时，就有所体现。这就导致了连动结构这个概念比较模糊、所指对象不清，是引发争议和讨论最多的概念之一。一定程度上来说，连动结构这个术语变成了一个方便的标签，指一些表面上看起来在一个从句内的、两个动词连用的任何动词序列。因此，有些学者甚至建议取消连动结构的概念。但这个现象又是很多语言中客观存在的，以至于又有很多学者不得不无视争议和缺点，继续使用这个术语。

给连动结构下一个明确定义非常难。Lord（1993：1）就提到，定义连动结构是一件黏黏糊糊、说不清楚的事情（sticky business）。然而，这个语言现象客观存在，要推进对该现象的认识，再难也必须从这个起点开始。前人在给连动结构下定义的时候，一般从两个角度来考虑：一是在特定的语言内部，只考虑给出一个针对特定语言的定义；二是从跨语言对比的角度，尝试给出一个各语言普遍适用的定义。这两种方式都是有必要的，也是互补的。一个特定语言的连动结构定义，主要目的是方便描写一个语言内部该结构的规律、特点及与其他结构的区别。从跨语言对比角度给出连动结构定义，可以方便跨语言对比，找出该结构的普遍共性。一方面语言内部的定义和深入描写，可以促进跨语言对比的研究；另一方面，跨语言对比的定义，也对特定语言的语言现象研究有启示和推进。

因此，本章的目的，是评述国际语言学界在连动结构定义研究方面的现状，并在此基础上，探讨定义连动结构的基本原则和重要标准。笔者把国际语言学界对连动结构的定义标准，从多个角度尽可能做穷尽梳理。第一节，首先介绍梳理前人在定义特定语言中连动结构时所用的各种句法界定标准，讨论这些标准可能存在的问题。第二节，详细分析"连动结构表达一个事件"的语义特点作为界定标准的可能性。第三节，探讨从跨语言研究角度来看，哪些标准更重要、可操作性更强。连动结构本身非常复杂，国际上前人文献又数量众多，做这样的梳理绝非易事。不过这一步工作必不可少，只有梳理清楚，才能为后文汉藏语连动结构研究指引方向。

一 定义连动结构的各种句法标准

（一）哪些句法特征被当作界定标准

第一章中我们提到连动结构在西非语言、东南亚语言、美洲语言、大洋洲语言中都存在。这些不同地区语言研究中对连动结构的定义都不甚相同。一般对连动结构的定义都包含多种特征，从多个角度进行描述。例如下面三个例子。

"连动结构是一连串动词用作一个谓语,中间没有任何表示并列、从属或其他句法从属关系的标记。连动结构表示一个事件,处于一个从句内,有一个时、体、态、极性值,可能共享核心论元或其他论元成分。"(Aikhenvald,2006)

"连动结构是一连串动词及其可能的补足语成分的连用,共有一个主语和一个时的标记,中间没有任何表示并列或从属关系的明显标记。"(Collins,1997)

"连动结构是一连串动词短语连用,共享时、体、态、极性标记,后续动词的主语是前一个动词的主语或宾语,动词间没有明显的连接成分。"(Lord,1993)

从上述例子可以看出,Aikhenvald(2006)的定义包含内容最复杂,涉及标准最多,Collins(1997)和Lord(1993)包含标准内容较少。三者的标准之间有重合的部分,也有不同的部分。其他学者的定义也差不多包含类似的内容(Sebba,1987;Baker,1989;Veenstra,1996;Nishiyama,1998;Stewart,2001;Crowley,2002;等等)。纵观所有的定义,我们发现前人主要从以下几方面的特征来限定连动结构:第一,从句法特征上进行限定,包括指出:连动结构表面上没有显性的表示并列或从属关系的标记;连动结构处于一个从句范围内;共享某些论元成分或功能性成分。第二,从功能上限定,指出两个动词功能类似一个谓语。第三,从语调特征(intonation contour)上限定,指出两个动词之间没有语音停顿。第四,从语义上限定,认为连动结构表达一个"事件"。

这些定义标准从表面看来似乎都有道理,但具体操作起来有很多标准都是模糊的、不确定的。用这些标准来界定连动结构,有的很难操作,有的会很容易将不是连动结构的其他结构也包括进来,似是而非。下面我们就逐条分析文献中提到的界定连动结构的标准,讨论其包含的争议和可能存在的问题。因为"一个事件"的语义标准非常复杂,所以本节中主要讨论句法、语调和功能等标准,第二大节中专门讨论语义标准。

1. 两个动词处于一个从句内

连动结构两个动词处于一个从句内（monoclausal），或者是一个单句结构。这一条标准众多学者都有提及。将连动结构界定为单句内的结构，目的在于将其区别于并列句、补足语从句和状语从句等其他多句结构（Durie, 1997; Collins, 1997; Stewart, 2001; Baker, 1989; Déchaine, 1993）。[①] 但是如何进一步判定两个动词是处于一个从句内却并不总是一件容易操作的事。有学者提到连动结构的两个动词间,不能有表示从属关系的明显标句词或者其他连接词（Aikhenvald, 2006; Collins, 1997: 462; Foley & Van Valin, 1984: 189）。但是"处于一个从句内"和"没有明显标句词或连接词"两者并不完全对应。有明显标句词或连接词的结构肯定不是连动结构。没有明显标句词或连接词的句子,却并不一定是连动结构,也有可能是隐性的并列句（covert coordination）或内嵌从句（embedded clause）。因为有连动结构的语言大多没有动词形态标记,所以一般没有显性的标句词。因此,在这些语言里,真正的连动结构和一些隐性的并列句和内嵌从句的结构很难区分。[②] 并且在不同的语言中区分连动结构和并列结构的标准可能是不一样的。

例如 Aikhenvald（2006: 3）提到,区分连动句和隐性并列句,可以看是否能用两句话来表达。连动结构所表达的意思,无法用两句话来表达,或者用两句话来表达后,意思是有差别的。在有的语言里,用两句

---

① SVC 中两个或多个动词在一个从句内和 SVC 是一个谓语这一点相关。在很多语言里,SVC 是一个词,所以自然也是一个谓语,在一个从句内（Foley, 2010: 321; Aikhenvald, 2006: 7）。

② 英语中的隐形并列句或从属句很容易就测试出来。例如,Crowley（2002: 11）指出,英语中的"Go get the book"不是连动结构,而是一种隐性的并列或从属结构。因为如果其中的动词换成过去式,这个隐性的从属或者并列标记就必须出现了。不能说"I went get the book",只能说"I went to get the book"或者"I went and got the book"。

话来表达时，并列结构有独立的主语。如下面 Kwa 语系中 Anyi-Sanvi 语连动结构和并列结构的区别：（1）是连动结构，（2）是并列句。后者有两个独立的主语（Aikhenvald，2006：6）。

(1) cùá cị̀   ákɛ́ ! dì
    狗   抓+习惯 鸡   吃
    狗吃（直译：抓吃）鸡。

(2) cùá cị̀   ákɛ́ ò-dì   í
    狗   抓+习惯 鸡   他—吃   它
    狗抓了一只鸡并且吃掉它。

Aikhenvald（2006）提到的另外一种测试方法是看宾语能否前置。例如在 Yoruba 语里连动结构中的宾语可以前移到句首位置表示焦点，而隐性并列句中的宾语不可以。Stewart（2001）也指出并列结构中宾语是不能提前成为话题的，因为这违反了并列结构限制条件。

Stewart（2001：146）还指出可以用副词、状语等词的位置来区分。他说在 Èdó 中连动结构和隐形并列结构的区别在于：时间副词、表示地点的状语和反身代词都不能出现在连动结构的动词中间，而可以出现在隐形并列结构的动词中间。例如，表示地点的状语只能出现在连动结构两个动词后面，表示整体事件的发生地点。而隐形并列结构中地点状语可以出现在第一个动词后面表示第一个动词发生的地点，也可以出现在第二个动词后面表示第二个动词事件或者第一个动词事件的发生地点。

因此，区分连动结构和多句结构的操作标准，在不同的语言中可能是不同的。在一种语言中可能是某个功能性成分管辖的范围或位置不同，在另外一种语言中可能是意思的差别或者允许的句式变换的不同。另外，从历时语言学的观点来看，存在从多句结构到单句结构的句子融合的语法化过程，所以多句和单句的区分并不是一个非常清晰的界限，在有的语言中这种区别更是不明显。

2. 两个动词共享时、体、态、极性、否定等功能范畴

第二个经常被提及的标准是，连动结构两个动词共享一些语法功能范畴，包括时（tense）、体（aspect）、态（mood）、情态（modality）、言外之力（illocutionary force）、极性（polarity value）和否定（negation）等功能范畴（Aikhenvald, 2006; Lord, 1993）。所谓共享的意思表示连动结构中的一个动词不能选择跟其他动词相矛盾的功能范畴标记，或者其中一个动词不能单独选择一个功能范畴标记。Stewart（2001: 157–161）发现非洲语言 Igbo 中连动结构和并列句结构在完成体标记方面有差异。连动结构的动词是共享体标记的，而并列结构中动词不共享体标记。Aikhenvald（2006: 8）指出，一个语言可能是连动结构的每一个动词上都标记时、体、态或示证范畴，也可能是只有一个动词上标记这些功能范畴。如例（3）中 Lango 语连动结构两个动词都有表示习惯动作的体标记，而例（4）中 Khwe 语中连动结构的现在时标记只标记在第二个动词后。

(3) àcwɛ̀ àlê
第一人称单数+胖+习惯　第一人称单数+超过+习惯
rwoòt
国王
我比国王胖（逐字直译：我胖，我超过国王）。（Aikhenvald, 2006: 8）

(4) nǀ11 ǁ g ɛ̀ɛ-khòè-hɛ̀ yà
指示词 女性—人—第三人称单数. 阴性 来
这个女人快死了。(Aikhenvald, 2006: 8)

关于否定标记的共享，Aikhenvald（2006）认为也有两种可能：一种可能是一个连动结构仅仅有一个否定词标记，该否定词的否定范围可以是整个连动结构，也可以是连动结构中的其中一个动词，这种歧义可以在上下文中去除。另外一种可能是，连动结构中每一个动词都有相同的否定标记。不可以一个动词是肯定标记，而另外一个动词是否定标记。

用语法功能范畴是否共享来界定连动结构的问题是，具体到某一种语言中到底用哪一个或哪几个功能范畴来区分连动结构和非连动结构并不清楚。并且体标记本身和动词之间也存在语义选择关系。比如，进行体标记一般不能用于表示瞬间动作的动词。因此，即使在同一种语言中也无法用"是否共享同一种体标记"来界定所有的连动结构。并且有些连动结构中动词本身有体意义或情态意义，也没有办法再用这些功能成分是否共享来界定连动结构。关于否定共享的问题，我们在第三节再讨论。

3. 两个动词共享论元

除了功能性范畴共享以外，论元共享也往往被作为判定连动结构的标准之一。一般所指的论元共享都是指主语或宾语（或称域内论元 internal argument）共享。有的研究者认为连动结构必须共享宾语，有的研究者认为连动结构是共享主语。在对非洲语言的研究中，生成语法学派的学者指出连动结构两个动词必须处于同一子句中，有单个主语，且不能有任何显性并列连词或从属连词，两个动词必须共享域内论元（Baker, 1989; Collins, 1997; Stewart, 2001; Collins, 1997、2002）。例如非洲 Ewe 语中如（5）所示的结果类连动结构，以及如（6）所示的动作先后类连动结构。

(5) Me   nya   devi-e   dzo.
    第一人称单数 追   孩子—定指   走
    我赶走了孩子。

(6) Wo   ḍa   fufu   ḍu
    他们   煮   fufu   吃
    他们煮 fufu 吃。

　　Baker（1989）把工具义的论元也算作域内论元，所以研究范围也包括工具义连动结构。不过，总的看来，生成语法学派的定义将连动结构的范围限定得很窄，很多在其他理论框架下认定的连动结构大多在生成语法领域被否认。主语共享在连动结构中也非常常见，因此，有些研究者把两个动词共享一个主语作为判定连动结构的标准之一（Déchaine，1993）。

　　然而，另外一些研究者认为，论元共享不是构成连动结构的一个必要条件（François，2006）。Veenstra（1996：77-88）也指出主语共享和宾语共享都不是界定连动结构的标准。第一章讨论的连动结构语义类型中有很多类型就没有共享主语或宾语。例如，上面例（5）中，第二个动词是非宾格动词，没有域外论元（即通常所说主语），只有域内论元（即通常所说宾语）。所以也无所谓两个动词共享主语。Veenstra（1996：81）举了下面这个例子，他指出在这个例子中只有第一个动词的宾语是第二个动词的主语时，表示"球""进"的时候才是连动结构。而如果两个动词共享主语，表示"他进"的时候反而不是真正的连动结构，是隐性的并列结构。因为其第二个动词前面可以加时态标记，而在该语言中真正的连动结构时态标记只能在第一个动词前。所以，这个例子为主语共享时反而不是连动结构。

(7) A　　　　　　sikópu　dí　　bálu　bì　　gó
　　第三人称单数　踢　　定冠词　球　　时态　进

　　a　　dí　　　wósu
　　处所　定冠词　房子

　　*A 他把球踢进房子①。

　　B 他踢了球他进了房。（Veenstra，1996：81）

有的连动结构第二个动词是一个不及物动词，没有宾语，也就不可能宾语共享。另外，也有连动结构中第二个动词有自己的宾语。如例（8）：

(8) A　　　　　　kaií　dí　　dáta　bì　　　kó
　　第三人称单数　叫　　定冠词　医生　时标记　来

　　他叫那个医生来。（Veenstra，1996：81）

因此，从跨语言的角度来看，主语或宾语共享都是只涵盖了部分连动结构，并不能用来界定所有连动结构。

4. 两个动词功能类似一个谓语

一般认为连动结构中两个动词的作用类似一个谓语②，在语篇中的功能类似一个单句。单一谓语的功能可以体现在以下几个方面：有的语言的连动结构中两个动词采用同一个表示句法依存关系的标记，如关系从句标记或者名物化标记。如例（9）Kambera 语的例子中两个动词只有一个关系化标记（Aikenvald，2006：4）。如果连动结构内嵌在另外一个从

---

① *表示这个句子不能理解为这个意思。本书中 * 表示例子不合或不能说，? 表示例子可接受度比较差。

② 连动结构是一个谓语，和复杂谓语（complex predicate）或者其他多动词结构不同，比如和英文中的完成式 "have + Ved" 不同，因为后者的组成成分是不能单独使用的。

句中，必须是所有的动词一起内嵌，而不能某一个动词单独内嵌，如例（10）中 Tariana 语的例子。

(9) na　　　pulung　jia-ya　　　　　　　　na
　　冠词　　话　　存在—施事第三人称单数　不定冠词
　　[pa-laku　　　　ngàndi-na]
　　关系化标记　宾语—去　带—第三人称单数所有格
　　福音就是他带来的话。（直译：去并且带）
　　(Aikenvald, 2006: 4)

(10) [nhuta　　　　　　　　　nu-thaketa]-ka
　　第一人称单数+带　第一人称单数—过+使动—从句标记
　　di-ka-pidana
　　第三人称单数—看见—过去时
　　他看见我带过去了。(Aikenvald, 2006: 5)

连动结构中两个动词作用类似一个谓语，还体现在把一个连动结构翻译成非连动结构语言时，往往只对应于其中一个动词。并且在用连动结构回答问句时，往往是重复整个连动结构，而不是只重复其中一个动词（Aikenvald, 2006: 6）。不同语言中可能有不同的区分连动结构和其他谓语结构的标准。

总之，用"连动结构中两个动词功能类似一个谓语"这一功能性特点作为连动结构的界定标准也不是特别妥当。主要问题也是没有一个具体的可操作的标准。一种连动语言中不见得一定有表示句法关系的标记词。而且，第一章提到的很多语义类型也不是都适合用句法关系标记词和重复的手段来界定。用是否翻译成非连动语言中的一个动词来界定也是不严谨的，因为翻译本身会涉及很多因素，一个短语或一个词的翻译往往也不是唯一的。

5. 两个动词之间没有停顿

多个研究中都提到连动结构中停顿的使用规律和单动词从句结构是一样的，两个动词中间没有停顿（Aikhenvald，2006：7；Givón，1991）。就这一特征来说，一般文献中仅仅是作者根据语感的主观判断而已。但Givón（1991）就连动结构中的停顿做了详细的实验研究，他以新几内亚语系的 Kalam 语和 Tairora 语为研究对象，调查了不同结构中语音停顿出现的频率。他发现连动结构内部语音停顿出现的频率，并不比一个词内部的停顿高，且远远低于从句之间的停顿出现的频率。Givón 认为这说明连动结构中的所有动词是作为一个语块，在大脑里存储和词汇化。因此，连动结构中的动词在认知上类似一个动词，表达一个单一事件。

可以看出，Givón（1991）把连动结构中间没有停顿，和"连动结构认知上类似一个动词""连动结构表达一个事件"这些标准等同起来。但是，把两个动词之间没有语音停顿的语音特征作为连动结构的界定标准，也引起一些争议。因为尽管连动结构内部一般没有语音停顿，但并不是没有停顿的结构就一定是连动结构。Pawley（2008：198）也指出，仅仅依靠语音停顿这一个标准来定义一个单一事件和词汇化结构，会是一个非常宽泛的标准。如果认为任何一个没有语音停顿的词汇序列都已词汇化，可以自动提取的话，会过度概括。例如，英语中"when I was cleaning I found that fifty dollar bill that you lost yesterday"这样的复杂的从句结构中间也可以不用停顿。但是很显然，这不是一个词汇化结构。换句话说，连动结构动词之间没有停顿，但是没有停顿的不一定是连动结构。没有停顿的语调特征可能是连动结构的一般共性特征，但不是连动结构区别于其他结构的标准。Bisang（2009）也指出，语音停顿并不是 Givón 说的那样确定是跟动词的词汇化联系在一起的。因为，停顿可能和语音、句法，甚至语用都有关系。

(二) 小结及讨论

上面讨论的这些连动结构的界定标准，加上下一节中"一个事件"的语义标准，构成了一个所有可能的标准的集合。有的研究中提到的定义标准包含了集合中的全部条目（Aikhenvald，2006）。其他研究中的定义一般只包括其中几条标准。如 Déchaine（1993：799）认为连动结构是几个动词及其补足成分（如果有）在一个从句中，有一个主语，一个时体标记。下一节中我们专门讨论单一事件的语义标准，这里我们先总结一下所有可能的句法界定标准存在的不足。

从上面的讨论中，我们可以看出国际语言学界对于连动结构的定义标准并没有十分清楚：首先，定义标准数量不清楚，即具体一个语言中应该用几条标准来定义不清楚。用一条，几条，还是全部标准？其次，定义标准的重要性等级不清楚。不同的学者在研究不同地区的连动结构时选用了其中不同的条目。到底哪几条标准才是最重要的？如果选择几条标准来定义一个语言中的连动结构，选择哪几条？怎么选？因此，客观现状变成了，不同学者在研究不同地区的连动结构时用了不同的标准，包括了不同的语言现象。Aikhenvald（2006）提出了原型连动结构的概念，但这种做法并不解决问题。Bisang（2009：811）就指出无法判别存在唯一包括上述所有特征的原型连动结构，还是存有许多类因某几个特征相同而互相关联的连动结构。

仔细观察这些标准条目，笔者发现也有很多问题：一个大问题是，有的定义标准参项很难把连动结构和非连动结构区分开。比如"两个动词间没有语音停顿"在一个语言中不能把连动结构和非连动结构区分开。另外，有的语言中连动结构经常有语法化的演变。根据上述的这些标准，也很难区分连动结构和有些已经演变成介词、情态助动词、体标记等功能性成分的动词结构。因此，用上述这些标准去判断一个语言中哪些结构是连动结构时，必定是边界模糊的。

进一步说，这些标准讨论没有区分"连动结构和其他结构的区别特征"和"连动结构可能具有的句法特点"这两个概念。Haspelmath（2016）指出："有些学者的定义标准有很多，但是把定义标准（definition）和特征概括（generalization）混淆起来了。他们定义的目的，是让我们能够根据此标准挑选出来哪些是连动结构吗，还是仅仅把一些没有严格定义的语言现象的一些特征概括说明而已？"Haspelmath 指出：作为定义的标准应该是严格的、清晰的定义特征。据此可以清晰地判断一个句子是或者不是一个结构，而不是像 Aikhenvald（2006）的定义一样，模糊地宣称连动结构可以有某个特征。

关于这些标准的另一个大问题是，有些定义标准可操作性很差。一方面，有的定义标准即使在一个语言中也不能运用到对所有连动结构的判定中。例如，共享体标记的标准就不能适用于所有动词。另一方面，在一个语言中用来区分连动结构和从属并列结构的标准未必适用于另一种语言。比如用宾语前置测试来区分连动结构和并列句结构的标准就很难用于所有语言。另外，这些标准有一些重合一致的部分，也有很多不同，甚至相互矛盾的部分。例如，"两个动词功能类似一个谓语"或者"两个动词共享一个体标记"，一般情况下就肯定会"处于一个从句内"。而标准之间有差异或矛盾指的是，对于同一语言中的同一个结构，可能会出现这样一种现象：根据上面一条标准来判断是连动结构，而根据另一条标准来判断就不是连动结构。比如"两个动词共享主语或宾语"和"两个动词功能类似一个谓语"这两条标准之间就有矛盾：两个动词功能类似一个谓语的，未必共享主语或宾语论元；而两个动词共享主语的，其功能未必是类似一个谓语。

二　定义连动结构的语义标准

连动结构在语义上表达一个事件（one event）的观点，也在很多研究中提到过（Lord，1974；Durie，1997；Aikenvald，2006 等）。Lord（1974：196-197）就提到在有连动结构的语言中，如 Yoruba，连动结构中的每个动词表示了一个整体事件的组成部分或方面。在一个连动结构中，第二个动词短语所表示的动作或状态是第一个动词短语所述动作或状态的继续发展，例如其结果或目标。后来，又不断有学者提到连动结构表示一个文化习惯中认可的事件。Bruce（1988：30）发现在 Alamblak 语言中"爬—找"是一个可以接受的连动结构，而"爬—看"就不可以。因为后者不符合该语言的文化习惯。Durie（1997：322）也指出在一种语言中有些动词的组合是不能接受的，因为不符合一个典型的可识别的事件类型。他认为一个动词连用组合是否可以接受与社会经验、文化习惯、使用频率多少等有关系。

可以看出，"事件"这个语义概念比较复杂，涉及句法、认知、文化习惯等众多因素。因此，关于两个动词表达"单一事件"这一点是否能够作为界定连动结构的标准，国际语言学界争论非常大。支持者，如 Bisang（2009），甚至认为"表达单一事件"这一点，是各语言连动结构的唯一共同特征，且是否表达单一事件可以通过时制副词性成分的管辖范围确定。反对者认为这个标准模糊不清，不具有可操作性。Veenstra（1996）指出尽管很多研究者都宣称连动结构表示一个事件，但实际上非常难以测试，也非常难以证实或证伪。Newmeyer（2004）认为"单一事件"这个术语本身模糊且有争议，其定义多和具体的文化习惯因素相关。因此，难以提出一个抽象的、各文化都通用的定义。

因此，本节中我们来详细探讨，用"单一事件"的语义标准来定义连动结构的相关问题。不可否认的是，"单一事件"作为一个语义术语，本身有一定模糊性。下文中笔者首先分析当前人说连动结构表达一个事件的时候，不同的学者对于"一个事件"的理解是什么？然后，在此基础上，再来重新审视那些支持和反对"一个事件"语义标准的不同立场和角度。并探讨事件概念和句法、文化、语用等这些因素如何互动。最后点出在连动结构的事件表达上,还有哪些问题有待深入研究。

(一)一个概念事件的两种理解:宏事件和复杂事件

当前人在提到连动结构表示一个事件的时候,是想说明连动结构是一个语义上连贯的单位。但如果仔细研究这些文献,会发现不同学者对于"一个事件"的解释和理解并不一致,甚至是大相径庭的。经过梳理,我们发现前人对于"一个事件"的理解基本上可以分成两种:第一种,认为连动结构表达了非连动语言中一个动词表示的事件。两个动词各代表一个次事件,两者之间的语义关系非常紧密,是一种自然而然的逻辑关系。第二种,认为连动结构表达了一个动作序列事件,是有几个比较独立的动词事件组合起来的。把几个从句的信息压缩到一个从句中表达。动词之间关系比较松散,动词事件序列组合之间不是自然逻辑关系,而是一种人为的、依据文化或习惯选取的一些动作组成一个动作序列事件。

有几位学者所指的连动结构表示一个单一事件,都是第一种理解。例如 Lord(1974:196-197)提到在 Yoruba 语言中连动结构中的每个动词,表示了一个整体事件的组成部分或方面。其中第二个动词短语所表示的动作或状态,是第一个动词短语所述动作或状态的继续发展,例如其结果或目标。还有 Bowden(2001:297)提到 Austronesian 语系 Taba 语中的连动结构,在功能上类似非连动语言中的一个动词。因此,本族语说话者把连动结构在概念上看作一个事件,其中每一个动词表示了该事件的次事件。当 Bisang(2009)提出"表达单一事件"是各语言连动结构的唯一共性时,他所指的也是第一种理解。Veenstra(1996)把第一种解释和单一谓语联系起来。他认为只有当连动结构功能类似一个谓语的时候,才是表示一个事件。

第二种理解,认为连动结构表示一个序列动作事件,有几个相对独立的事件,根据文化习惯等原因组合在一起。这种理解的典型代表是

第二章 国际上连动结构的定义标准讨论

Pawley（2008）和 Crowley（2002）。Pawley（2008）在讨论新几内亚的 Kalam 语时发现，说话者用连动结构的典型场景，是用来表述高度重复出现的复杂事件或情景。在这种情况下连动结构是一种简洁的表达方式。在很多方面，连动结构看起来更像是，把一系列前后相关的并列句压缩到一个句子中，是一种多场景事件结构。Pawley 称这种连动结构为叙述型连动结构（Narrative SVC），表示一系列更松散的事件序列。如下面例子中的 b 句和 c 句（Pawley，2008：173）。

(11) a ...kayn ak ney Awsek am-ub,
　　　　狗　这　他　独自　去—第三人称单数重复。主语

这只（猎）狗独自出去。

b ñn ak ognap wt-sek d
　日子 这 有些 追（副词） 得到
　ap tan d ap yap
　来 上 得到 来 下
　g g suw-p,
　做 做 咬—重复 第三人称单数

有些日子他到处追来追去杀死一些猎物。

c ñn ak ognap wt-sek d ap tan
　日子 这 有些 追 得到 来 上
　d ap yap g g met nŋ-l,
　得到 来 下 做 做 不 看到—主语

有些日子来来回回追（动物）却什么都没抓到。

这种连动结构所表达的语义可以轻易地换一种多句结构来表达。用

连动结构比用多句结构的优点,主要在于更经济、更简洁和表达常规。第一章中例(2),Kilivila 语中巫师嚼了姜后说咒语的例子,也是属于这种情况。

连动结构表示一个事件,有两种意思。这一点 Van Staden 和 Reesink (2008) 就已经注意到了。他们指出,第一种理解的一个事件是一个宏事件 (macro-event),是有一定紧密语义联系的几个次事件组成。第二种理解的一个事件是一个复杂事件 (complexes),是基于语用或文化习惯联系在一起的几个宏事件组成。他们认为第一种宏事件类似 Bohnemeyer、Caelen (1999) 和 Talmy (2000) 提到的宏事件。① 另外,他们进一步指出,宏事件是把我们认知或经验连续统中的一段拿出来,作为一个实体。一个宏事件一般在时间上是有边界的,就如物体在空间上有边界。组成宏事件的次事件之间,以及宏事件与次事件之间,相互关系可以有多种。有些次事件与宏事件之间是时间关系,各个次事件先后发生。有些次事件是宏事件的组成部分。次事件是一个语言中能够词汇化的最小事件,内部不再含有其他小事件。

因此,当大家都在说连动结构表示一个事件的时候,大家所指的研究对象和语义内涵都是不一样的。一个对应宏事件结构,另一个对应复杂事件结构。讨论到现在为止,这两种理解对应的句子结构,是否都可以看作连动结构,还是有争议的。所以,为了下文讨论方便,我们暂且先称两种事件结构,分别为宏事件动词连用和复杂事件动词连用。

(二) "一个事件"语义标准与句法特征的对应关系

梳理前人文献后,笔者发现,关于宏事件动词连用类句子的句法特

---

① Talmy (2000:220) 提到了次事件之间的典型关系。一个是框架事件,表示路径、时间、状态变化、结果等;另一个是副事件,表示对于框架事件支持,一般表示原因、方式、目的、使成等。

征研究较多，而关于复杂事件动词连用类句子的句法特征研究相对比较少。更重要的是，宏事件动词连用的句子和复杂事件动词连用的句子，两者对应的句法特征既有不同之处，也有相同之处。下面我们先来看不同之处：

首先，宏事件和复杂事件不但在语义内涵上有一定差别，在时体标记或时间、地点修饰副词使用上也有差别。Van Staden 和 Reesink（2008）指出，一个宏事件有一套语义角色和时体标记。在时间上是一个事件，是动词连用，动词共享一套论元结构、否定及其他修饰成分。这种动词连用所表达的语义，不能换一种多句结构的表达方式。多数研究者认为连动结构表示一个事件都是指的宏事件，这些研究中一般也给出明确的句法证据和测试标准。例如，Bohnemeyer 等（2007）认为宏事件特征可以通过时间修饰词的管辖范围来体现，因而可以用来测试是不是一个宏事件。Bisang（2009）认为连动结构表示一个宏事件，两个动词可以共享 instantly 等这样的副词性成分。Stewart（2001：43）指出，连动结构中动词如果要表示一个事件，必须保持地点不变。两个动词如果表示两个事件，那么两个事件的地点是发生变化的。所以，可以用地点状语来测试连动结构。这些观点所共同认可的一个前提就是，单一事件对应了单一的时间、地点单位，而多事件必然对应多个时间、地点单位（Quine，1985；Zacks & Tversky，2001）。与宏事件的研究相比，针对多个宏事件组成的复杂事件的句法特征，研究却相对比较少。Pawley（2008：174）认为复杂事件及语义是一种 VP 层面的连用，每一个动词所代表的词组在句法上有一定程度的独立性。这种事件结构中多个事件之间的边界大多数情况下是清晰的。事件的边界会有几个标记：第一是地点的变化；第二是动作有边界；第三是不同词组有自己的论元或者副词修饰。这种结构中时间地点状语到底修饰哪个事件往往有歧义。

然后，我们再讨论宏事件动词连用结构和复杂事件动词连用结构，在句法表现方面的一致和相同之处。文献中可以看到，无论是宏事件还是复杂事件，在语调特征和手势特征对应上均是一致的。Senft（2008a）就提到，新几内亚地区Kiliviala语中多动词结构分为连动结构和紧邻动词结构，也基本对应本书提及的宏事件和复杂事件。虽然后者不共享时、体、态，但是处于一个语调范围内。Rebecca（2016）研究了非洲Niger-Congo Kwa语支Avatime语言中伴随连动结构产生的手势的情况。这种跟话语同步的具有时间像似性的手势（co-speech gestures），是一种无意识行为。这种手势表示概念信息，在语义和时间上都和同步产出的话语紧密相关。但同时又是独立于话语而存在的，可以表示口语中没有的额外的语义信息。这篇研究中发现，在这个语言中单一手势和整个连动结构重合，与此相对其他的复杂句则与多个独立的手势对应。因此，Rebecca（2016）认为，这证明了连动结构确实表示一个事件概念。并且其中不管是时体共享的动词连用，还是时体不共享但是也处在一个从句内的动词连用，都对应一个手势。也即无论是宏事件动词连用结构，还是复杂事件动词连用结构，在与手势单位对应上都是一样的。这几项研究都说明，宏事件概念和复杂事件概念具有一定程度的共性。两者都表示语义连贯的一个单位，都在一定程度上可以被视为一个整体事件。这也就不难解释，为何很多前人研究中将两者混在一起、不作区别了。

综上所述，前人所指的连动结构表示一个事件，包括两种语义内涵：一种是关系密切的宏事件，另一种是关系较松散的复杂事件。组成宏事件的连用动词在一个从句范围内，一般共享时体成分、地点状语修饰成分等，表示在同一时间地点发生的事件。这些连用动词之间当然也没有停顿，处于一个语调或手势单位内。组成复杂事件的动词连用，虽然两个动词不共享时体成分、地点状语修饰成分等，但是少数研究揭示，这些动词也处于一个语调和手势单位内。组成复杂事件的动词连用句子也可以换成多句的表达方式。不过组成复杂事件的动词连用两个动词是否也在一个从句范围内，需要具体看一个语言中从句边界的确定标准。

(三)"一个事件"能否作为连动结构的定义标准

现在我们来看，两个动词表达"一个事件"，能否作为界定连动结构的语义标准。这个概念有两种不同的内涵，而且不同内涵对应的句法特征并不相同。因此，如果说用"一个事件"的语义特征作为连动结构的定义标准，确实如有些学者批评的那样，存在标准模糊不清、包含了句法特征不同的两大类结构。结合第一大节中关于连动结构定义的句法标准的讨论，现在可以更加清楚各种不同条目标准之间的割裂及矛盾之处。从上一节的讨论可以得知，当连动结构表达"一个事件"作为宏事件解释的时候，这个语义标准和上一节讨论的"两个动词共享时体标记等语法功能标记"的句法标准一致；当连动结构表达"一个事件"作为复杂事件解释的时候，这个语义标准和"两个动词共享时体标记等语法功能标记"的句法标准是相互矛盾的。Aikhenvald（2006：12）的定义则囊括了两种理解，认为连动结构表示一个单独事件，或者几个密切相关的次事件，形成一个连续统。因此，其各种标准内部互相矛盾也是在所难免的了。

我们再来重新审视那些支持和反对"一个事件"语义标准的研究，其不同立场、角度和理由更加一目了然。支持用"一个事件"语义标准作为连动结构界定标准的学者，主要是认同一个事件的第一种理解，认为连动结构表达的是一个宏事件。他们提议用跟这个语义相一致的句法标准，如共享时间性修饰副词或时体标记，来具体测试一个句子是否为连动结构。同时，他们也反对将第二种表示复杂事件的动词连用界定为连动结构。如 Bisang（2009）认为只有组成宏事件的动词连用才是连动结构，复杂事件的不是连动结构。他指出用于篇章组织目的的动词连用不应该看成一个连动结构。哪怕从表面形式上来看这种语篇形式的动词连用和其他典型连动结构没有区别。Veenstra（1996）也指出，在一个具体语言中只有当连动结构是一个谓语的时候，说其表示一个事件才是比较稳妥的。

反对用"一个事件"的语义标准来界定连动结构的学者，对于这个标准的批评主要是针对第二种解释。因为如果复杂事件和文化语用相关的话，那事件的大小没有边界限制。批评者认为如果多个事件可以看成一个整体事件或复杂事件，那么事件可大可小，似乎所有的事情都可以看成一个事件。例如，Diller（2006：162）提到一般认为的连动结构表示说话者认为的符合文化习惯的动作模式，但是这样的论断没有办法用于跨语言的比较。因为人的大脑可以把所有的事件都看成一个事件，所以一个事件的标准不能排除任何东西。Cleary-Kemp（2015：126）甚至认为说话者把一些事件状态，看成一个单一事件或者多个事件，不是一个语言学问题。[①] 他认为一个事件是没有边界的。

其实，笔者认为这些讨论都进入了一种误区，混淆了事件在不同层面的意义。Bohnemeyer 等（1999：5）区分了语言中表示的事件、头脑中认为的事件和现实世界中的事件。语言中表示的事件和认知心理上构建的事件都是真实世界中事件的一种表达。这个观点并不意味着物理世界真的有这样一个事件，不意味着有一个针对这种事件的特殊理解，也不意味着真实物理世界中事件性质和语言或认知上的性质一样，仅表示语言和认知上针对事件的表达看起来好像是它们在真实世界中存在一样，好像有一些特定的性质。Van Staden、Reesink（2008）和 Senft（2008a）指出，事件是把现实经验和认知连续统上的一段截取出来看作一个实体。

---

① 关于单一事件，语言学家、哲学家和心理学家都有研究。Zacks, Tversky 和 Iyer（2001）认为，事件有颗粒度大小之分，是按等级划分的，小事件组成大事件，有的是同一层面上有多层次的事件。与连动结构相关的是，什么时候一系列动作事件被看成一个事件，还是多事件集合。Rebecca（2016）认为，这样对于区分单一事件和多事件更加有问题。因此单一事件和多事件的区分更多是一种视角和特殊事件点的问题，参照点的选择和对听话交流的方式选择很有关系。

因此，宏事件和复杂事件都截取了这样一段客观事件的实体，用语言来表达出来。①

上面我们已经讨论到，宏事件动词连用结构具有的句法特征是，共享一个时体标记、时间、地点状语，在一个从句内；而复杂事件动词连用结构两个动词不共享时体标记、时间副词、地点状语标记等，可以在一个句子内，也可以换为多句表达。两者都有共同的手势和语调特征。因此，两种结构句法上有共性，有差异。是否都是连动结构，还是一个是连动结构，另外一个不是？这完全取决于选择哪个句法特征作为连动结构的标准，是选择相同的特征部分，还是选择不同的特征部分。并且无论选择哪个方案都有优点和不足，需要衡量判断哪一种方案才是更优方案。

Pawley（2008）就提议将复杂事件结构看作连动结构，看作一个事件。这里一个需要回答的重要问题是，那么如果说多个宏事件组成一个单一的复杂事件，而不是一段故事情节（episode），那这样处理的优点或者理据是什么？既然叙述型连动结构表示的语义可以同样用多句结构来表达，那么如果说叙述型连动结构是一个事件，难道说多句结构表达的语义也是一个事件吗？Pawley（2008）认为，反对后面这种观点的一个最大论据来自叙述型连动结构是处于一个从句（clause）范围内。包含一个动词的从句被视作是典型的单事件结构。因此如果一个从句中有多个动词，很自然看作这些多个动词所表达的事件有一定程度的融合。

笔者认为，复杂事件概念对应的两个动词到底是否处于一个从句内是值得商榷的。一个从句边界的判定标准到底是什么？这一问题学界并

---

① 这个截取表达的过程本身还受一些因素的制约。Pawley（1987：330）就提到说话者口头语言表达汇报的一个事件是很多因素相互作用的复杂结果；是客观现实和说话者对于现实的主观感受之间相互作用；是习惯和预期、注意力时段限制、说话者的解读之间的相互作用，长期记忆的限制也对表述有影响，具体语言提供的语言结构本身和说话者最初的感知和记忆也有影响。

没有共识。另外,事件概念和语法结构的对应非常复杂。① Van Staden、Reesink(2008)和 Foley(2008)都曾经强调连动结构内部的事件结构非常复杂,指出语义上一个事件的概念,和句法结构上的一个句子是否对应,是非常复杂和变化多端的。

因此,问题的关键不是争论"一个事件"的概念是否可以作为界定连动结构的标准,或者争论两种事件的解释中哪一种才是真正的一个事件。而先用明确的、可操作的句法标准区分出两种动词连用的结构,然后再研究探讨两者具体句法表达有何不同和共性特征。对于宏事件概念的句法特征和界定办法有较多研究,但是对于复杂事件的句法特征和界定研究比较少。复杂事件动词连用和语用有很大关系,但是也很少有研究。所以,对于复杂事件动词连用结构来说,重要的是对该结构的内涵做出更清晰、更深入的分析,探讨多个动词连用的具体句法、语义和语用的特征及条件。

三 连动结构作为一个跨语言对比概念该如何定义?

从前面两节的讨论可以看出,不同学者关于连动结构的定义标准不同,导致大家讨论的语言现象在很大程度上是不同质的。这在共时的语言比较或者类型学研究时,非常容易导致相互对比的现象不具有可比性,进而得出错误的结论。因此,需要更严格地从跨语言适用的角度,来进一步思考连动结构的定义问题。第一节中我们提到,界定连动结构的各种句法标准中哪些才是更重要的,学界并没有充分的讨论和清晰的认识。显然,从跨语言角度来研究这个问题,会带给我们新的启发。毕竟如果一个定义

---

① Haspelmath(2016)反对用"单一事件"作为连动结构的标准,他认为一个事件和多个事件的区别就对应于单句和多句的差别。虽然"一个事件"的标准是语义的,本身比较模糊,不适合做连动结构的界定标准,但是事件和句子的对应情况并不是如 Haspelmath(2016)所说得那么简单。

标准能适用于更多的语言,也在一定程度上说明该标准更加重要。

那么能不能给出一个跨语言都适用的、一致的、关于连动结构的定义呢?有的学者对此持悲观的态度,如 Foley(2010:107)说:"有任何普遍使用的连动结构的定义吗?或许没有,尽管这个术语仍然作为一个和'重复'一样的、方便的标签来使用。"不过,也有学者在跨语言适用的定义方面做出了很有意义的尝试。如 Bisang(2009)和 Haspelmath(2016)都提议过不同的跨语言对比连动结构定义标准。本节中我们来讨论这些研究。

(一)Bisang(2009)的跨语言定义标准

Bisang(2009:802)提到,给出一个跨语言适用的连动结构定义,绝非一件容易的事情。他认为,纵观不同地区关于连动结构的研究,唯一共同的特点是,它们都表示一个单一事件。因此,从语义及认知角度来说,是否表达"单一事件"为连动结构的核心标准。Durie(1997:322)也早就通过广泛的跨语言研究指出,两个或多个动词是否可以表达一个可识别的"单一事件",是各语言中各种连动结构唯一的共同特性。笔者前面也指出,单一事件是一个语义标准,不能具体用来判断一个句子中两个动词是否表示一个事件。为了解决可操作性标准问题,Bisang(2009)借用了 Bohnemeyer 等(2007:503)通过位移事件分析得出"宏事件特征(MEP:macro-event property)"的标准,来判定一个语法成分是否表达一个单一事件:一个语法成分具有宏事件特征,当且仅当,其中用于定位一个次事件发生时间的时间状语副词、从句或时态等成分,也同时定位了其他次事件所发生的时间。据此,Bisang(2009:804)指出,通过判定时间副词性成分(时间状语副词、从句、时制成分等)的管辖范围,可以界定是不是一个宏事件。如(12)a 句中的时间副词 instantly,其管辖的范围是 push 和 shut 两个动词,(12)b 句中只管辖到动词 push,(12)c 句中只管辖到动词 shut。因此只有(12)a 句中的两个动词才构成单一的宏事件。

（12） a Floyd instantly pushed the door shut.

b FLoyd pushed the door instantly and it shut.

c Floyd pushed the door and it shut instantly.

Bisang（2009）认为，用时间副词管辖范围的测试办法，可以用在连动语言中，来判断两个动词是否构成一个宏事件连动结构。他进一步指出，Aikhenvald（2006）的所有其他定义标准，全部可以从"一个事件"的标准推断或者延伸出来，不用另外重复。因此，定义一个连动结构句法和语义的两方面标准，是完全相关的，是一个硬币的两面，语义上表达"单一事件"的判定方式，也是通过共享时体、极性、单句、语调等句法特征来实现。换句话说，Bisang（2009）认为，从跨语言角度来说，一个严格的、一致性的连动结构定义，应该以判定时间副词性成分（时间状语副词、从句、时制成分等）的管辖范围，来判定两个动词是否构成连动结构。

（二）Haspelmath（2016）的跨语言定义标准

Haspelmath（2016）在综述前人研究的基础之上，对连动结构的跨语言定义给出了两条非常有建设性的意见。他的第一条意见区分了"自然存在的概念"和"对比性概念"。他认为，连动现象之所以边界模糊，并且在跨语言比较中很难应用，原因在于之前大多研究都把连动结构看作语言中自然存在的，认为是一种普遍概念（universal category），所以不同语言中归在这个名称下的结构特点非常不同。Haspelmath（2016）指出，我们所需要的不是一个对所有语言都适用的连动结构的定义，这样的定义是不存在的。我们需要的是一个关于连动结构的对比性概念（comparative concept）。一个对比性概念不是在自然语言现象中直接存在的，而是需要语言学家界定清楚，然后用此概念去进行语言对比。如果对比的结果可以得到很多有趣的发现，那么这样的定义就是有价值的。因此，不必在意是否有一个大家一致同意的定义，而是应该大胆提出一个对比性定义。

他提出了五条比较具体的、用于语言对比研究的连动结构定义标准：连动结构是一个包含多个独立动词的、能产性强的单句结构，动词之间没有连接成分，没有述宾关系。这个定义包括了五个对应的、比较清晰的操作性标准：第一，能产性强：指连动结构的组合模式必须有能产性。第二，连动结构是单句结构：把缺少独立的否定作为一个跨语言都适用的标准来界定句子边界。连动结构中所有动词都只能有一个否定。第三，每一个动词都可以在连动结构之外独立作为动词使用：每个动词都必须满足两个条件：其一，必须是动态动词，不能是性状动词或形容词；其二，除了在连动结构中出现以外，还必须是可以单独使用的动词。第四，没有明显的连接成分：两个动词之间没有连接成分，不但包括一些明显的并列或从属标记，甚至包括一些表面上看来没有实际意义的连接词（dummy marker），或者表示非限定从句成分的标记。第五，动词之间没有述宾关系：两个动词之间没有述宾关系（predicate-argument），也即是其中一个动词不能是另外一个动词的论元，或者论元的一部分。

Haspelmath 的跨语言连动结构界定标准可操作性强，多数在跨语言中都可以应用。尽管他自己提到这些标准的选择有一定任意性，但其实并不完全是任意的，是以将"连动结构"与其他类似结构区别开来为基本原则。我们来仔细审视每一条标准。

第一条标准，连动结构是一个能产的结构，把一些已经固定为习语的排除在外。

第二条标准，连动结构是一个单句结构。几乎国际上所有的研究都把这一点当作一个标准①，我们在第二部分也讨论过。但问题是，不同的

---

① Haspelmath（2016）指出，只有 Li 和 Thompson（1981）对汉语的研究定义除外。但其定义在国际语言学界没有引起太大影响。

学者在不同的语言中采用的具体测试标准是不一样的。Haspelmath（2016）指出对比型概念的定义，必须是在所有语言中都同样适用的定义。他采用了 Bohnemeyer 等（2007：501）提出的提议，把缺少独立的否定作为一个跨语言都适用的标准，来界定句子边界。连动结构中所有动词都只能有一个否定。这一点之前的语言学家都提到过，但是很少有人把这个跟句子边界联系在一起。我们第二节提到有学者提过其他区分单句结构和多句结构的办法，如宾语前置等。但 Haspelmath（2016）认为，对宾语提问以及其他宾语前置的句法操作，不是所有语言都具有的，所以不能作为所有语言都适用的标准。

第三条标准是关于动词的，有两点要求。其中第二点要求排除了其中一个动词已经语法化为副词或介词的连动结构，也排除了其中一个动词已经演变为格标记的连动结构。

第四条标准，两个动词之间没有明显的连接成分。即便是一些语义非常虚的连接词，或表示非限定从句成分的标记都不行。有些前人研究中确实把这种带虚标记的结构包括进来了。Haspelmath（2016）认为或许这些带标记的结构，在很多方面和连动结构一致，但是给这些结构设立一个另外的名称更好。

第五条标准，两个动词之间没有述宾关系。这条标准的目的在于排除致使义结构等两个动词之间有述宾关系的结构。如第一章中 Aikhenvald 所说第三类、第四类和第五类句子，在 Haspelmath（2016）看来都不应该是连动结构。他说，如果这些也是连动结构，那么英语中的下面这些非限定性从句也都可以算连动结构了："She helped me solve the problem" "He made her cry"。不过对于这一点，笔者认为 Haspelmath 的观点有所不妥，因为在连动语言里，动词没有像英语这样的限定和非限定的区分。不能因为这两个动词之间在语义上有述宾关系，就直接断定两个动词在句法上也是从属关系。

Haspelmath（2016）关于跨语言对比连动结构概念的第二条建设性意见，是明确区分了定义标准（definition）和共性特征（generalization）两个概念。他指出有些学者的定义标准有很多，但是把定义标准和特征概括混淆起来了。他提出了以下十条关于连动结构的概括特征。这些共性特征可以在每种具体语言中证实或者证伪。

第一，连动结构中所有的动词有相同的时值。

第二，连动结构中所有的动词有相同的态值。

第三，连动结构中所有的动词不能有单独的时间或事件地点修饰成分。

第四，连动结构处于一个语调特征中，类似单句结构。

第五，如果连动结构表示因果关系，或者先后序列时间关系，那么两个动词的顺序是符合时间像似性原则的。

第六，如果只有一个表示人称、时、体和否定的标记，那么该标记处在边缘位置，要么在第一个动词之前，要么在第二个动词之后。

第七，有的连动结构中动词至少共享一个论元。

第八，一个连动语言中肯定有共享主语的连动结构，也可能有其他类型的连动结构。

第九，主语不同的连动结构中，第二个动词一定是不及物的。

第十，连动结构不能有两个不同的施事，也就是说当动词共享非施事论元的时候，施事也一定共享。

Haspelmath（2016）认为，有两类句法或语义特点不应该作为连动结构界定标准：一类是不能应用的标准，例如，"两个动词表示一个事件"，或者"两个动词功能类似一个谓语"。他认为单一事件和多个事件的区分，对应于单句和多句的区分，并且如何判断两个动词是否表达"一个事件"没有明确的、可操作性强的标准。另外一类是可以从上面的界定标准中推导出来的标准，例如，是否共享时、体、态和论元，或者语调特征。因为这些特征不能用来排除不是连动结构的句子。因此,这些特征应该当作可以被证伪的共性特征,而不是定义标准。

(三) 关于跨语言定义标准的讨论

相比前面两节中关于连动结构定义标准的讨论,可以看出 Bisang (2009) 和 Haspelmath (2016) 两者的研究明显更加深入、可操作性更强,有确定数量的标准。Bisang (2009) 虽然认为"一个事件"的语义标准是各语言连动结构的共性,但是同时给出了一条明确的句法测试标准。语义标准的问题我们上一节已经讨论过。这里分析讨论两者操作层面的句法标准。Bisang (2009) 只有一条,两个动词共享副词性时制成分;而 Haspelmath (2016) 有五条:"是一个能产的结构""两个动词共享否定""没有明显表示并列从属的标记""每个动词可以在连动结构之外作为动词独立使用"和"两个动词没有述宾关系"。

跨语言对比的定义标准,首先要明确、清晰、可操作性强;其次应该考虑哪些测试标准是最重要的。笔者认为,最重要的定义标准,是能够把连动结构和其他结构区别开来的。这个定义标准不能太宽,宽到包括了很多明显不是连动结构的其他结构。又不能太窄,窄得排除了太多前人研究中认定为是典型的连动结构。沿着这个思路,仔细观察上述两项研究,可以发现以下问题。

Bisang (2009) 提出的时间性副词成分共享,虽然可以排除一些隐性从属分句结构,但是存在两个问题。第一,用时间性副词成分共享,并不能排除所有非连动的并列性分句。因为,有的并列分句表达同时或先后进行的两个事件,也有可能两个分句只使用一个时间性副词。第二,和"否定"副词不同,一个语言中的时间性副词成分非常多。例如汉语中,就有表示短时间的副词"马上""立刻""稍后"等,以及表示长时间的"从来""终于"等很多不同的时间副词,语义差别较大。用不同的时间副词去测试两个动词是否共享,结果肯定不一样。并且"马上"这样的时间副词，也存在和动词语义搭配的选择问题，不能应用于测试所有的动词。Bisang（2009）标准的另外问题是，虽然他提到一个事件的标准可以推导出一个从句、共享其他语法功能范畴、没有语音停顿等这些句法特点，但是不能排除一些明显语法化的结构，例如已经变成介词、助动词或体词性成分的结构同样也会共享时制成分。并且 Bisang（2009）没有明确指出"两个动词之间没有明显的连接成分"这一点。这个标准是不能通过时制成分共享推导出来的。

　　Haspelmath（2016）的前四条标准，基本可以有效地把一些非连动结构排除出去，包括并列从句、从属分句及已经语法化为介词、时态、体成分的连动结构。至于 Haspelmath（2016）提出的"两个动词之间没有述宾关系"这一点，笔者认为实际情况比较复杂。因为有连动结构的语言中大多没有明显的动词限定和非限定标记，句法上是否包含一个从属的内嵌从句需要具体情况具体分析。也需要用句法测试标准来确定，比如也可以用否定来测试。如果语义上从属的动词可以被单独否定，则是有内嵌的从句，否则应该是连动结构。Bisang（2009）也指出没有标句词的补足结构跨语言中比较常见，是否看作连动结构需要小心对待。Solnit（2006：153）也发现有的语言中两个动词虽然在语义上有述宾关系，但句法上没有，应该看成连动结构。例如，藏缅语的克耶黎语中表示情态含义的结构就应该看作连动结构，如：

(13)　　ʔa　　　　　　［be　　phri］
　　　　第三人称单数　必须　买
　　　　他必须买（这样东西）。

　　因此，连动结构标准中是否包括语义上含有述宾关系的结构，需要具体问题具体分析。另外，其他几条标准虽然已经比较具体，但是在具体一个语言中执行起来还有值得进一步研究的地方。例如，是否只能局限于动态动词，需要进一步根据具体语言探讨。是否有明显连接词这一点也会分成两种情况：一是表面上没有连接词，也不能插入连接词；二是表面上没有连接词，但是可以加入连接词。这些问题，我们将在第四章和第六章中分别结合汉藏语中连动结构的具体情况给出分析。

总之，从跨语言对比角度来看，连动结构的定义标准应该有可操作性、区别性和实用性。Haspelmath（2016）的定义标准已经做出了很好的探索。不论是对跨语言对比的连动结构定义，还是对一个特定语言内连动结构的定义，都有很大的借鉴意义。有些标准内容，还需要结合具体的语言进一步确定。笔者后文针对汉藏语连动结构研究时，也会做进一步讨论。

四 小结

Lord（1993：2）早就指出连动结构不是一个独立的、普世概念，而是一种有各种特征的语法现象。对这种语法现象进行定义有两种做法：一种做法是，针对一个特定语言或者一个特定地域的语言来给出定义标准；另一种做法是，给一个严格的、可应用的跨语言对比定义标准。多数关于连动结构的研究采用了一个基于具体语言的定义标准，包括句法标准和语义标准等。但是这些标准研究存在诸多不足，主要问题是可操作性不强、很难区分连动结构和非连动结构、相互重复或矛盾、主次和数目不清等问题。无论从跨语言对比的角度来说，还是从单一语言来说，都需要一个更加清晰的、跨语言适用的定义。否则，在跨语言对比中，如果没有一致的定义，很可能导致的结果是，没有把苹果和苹果一起来对比（Crowley，2002：10）。在单一语言研究中，也会导致边界模糊等问题。

而跨语言对比定义需要标准清晰、可操作性强，能运用到所有句子的判断中。综合前人研究的分析讨论，笔者认为在确定连动结构界定标准的时候，需要遵循以下几个原则：第一，将连动结构的定义标准和连动结构的共性特征区分开来。定义标准用来确定连动结构的范围，共性特征用来在具体语言研究中证实或证伪。第二，将句法标准和语义内涵区分开来。句法标准用来作为定义标准，语义内涵需要在根据句法标准确定连动结构范围后，结合具体结构再讨论。

第三章
汉语连动结构定义标准现状解析

  国内语言学界对连动结构的研究历史很长，有直接以连动结构为对象的研究，也有间接涉及连动结构的研究。研究内容包括连动结构的定义、类型、语义、句法表现、语法化倾向等多方面。连动结构从开始就以汉语特殊句式的身份进入我们的研究视野，被学界认为是汉语不同于印欧语语法体系的特色语法结构之一。但是，学界对连动结构的研究一直充满分歧和争议，包括名称、定义标准、范围和分类等。这种争议和分歧仅从汉语语法界对其不同的命名就可以看出来。有"连动式（或连动结构）"（赵元任，1952；张志公，1957；丁声树，1979；吕叔湘，1953）和"连谓结构"（王福庭，1960；朱德熙，1982；黄伯荣、廖序东，1991）两种提法。[①] 其中"连动式（或连动结构）"的名称使用最为广泛。这一方面反映了汉语中连动结构本身的复杂程度，另一方面也反映了汉语界缺乏一个大家一

[①] 还有一种说法，叫作"递系式"（王力，1959），"递系式"指的是兼语句的连动式，所涵盖范围最窄。这些不同的名称及对名称不同的解释有交叉重合之处，也有差异之处。王福庭（1960）所指的连动式就是两个谓语。赵元任（1972）认为，"连谓"的说法不妥，因为不是连续两个谓语，而是一个谓语。因为助动词和否定的管辖范围包括两个动词，如"得脱了鞋进去"和"不能光着头出去"。

致认可的汉语连动结构界定标准,所以导致了名称及范围的莫衷一是的状态。本书为了保持术语一致,统一称为连动结构。

本书第一部分讨论国际语言学界对连动结构的定义时就提到,定义一个语言中的连动结构是一件极其困难的事情。如果简单地下一个定义,然后争论某些句式是否符合该标准,这样的争论是无休止的,也没有太多意义。并且,与国际语言学界对于连动结构的研究相比,国内汉语学界关于汉语连动结构的研究存在的问题更多。很多文献中的观点和例子甚至是互相矛盾的。学界对于连动结构整体缺乏系统的研究,也缺乏针对每类研究思路详细的辨析,这些都导致了整体研究的混乱和无目标、无标准状态。在这种情况下,如果直接下一个汉语连动结构的定义,是没有说服力的,会很快湮没在嘈杂的争论中。因此,这一章中,我们首先探讨国内现有文献在汉语连动结构定义方面,存在哪些互相矛盾或者有重大争议的问题。然后,再对比国外连动结构研究的进展,探讨、解析如何处理这些矛盾或争议,并最终给出一个基本方向和思路。所以,这一章不仅仅是讨论汉语连动结构的定义本身,更重要的是讨论如何去给出定义,寻找出哪些问题是关键的、重要的。这个梳理过程同样繁杂、琐碎,但必不可少。只有先梳理清楚这些基本问题和框架,才能推进汉语连动结构研究的深入发展。

一 汉语连动结构定义中有矛盾和争议的几个问题

(一) 连动结构中连用成分的性质界定

连动结构,顾名思义是表示两个动词连用。这样的说法表面看起来很清楚,但是在具体的语言事实中,有很多模糊地带。一方面,汉语中词类划分,包括动词和介词、形容词、助动词词类划分存在模糊的地方;另一方面,汉语动词也没有明显的限定、非限定区分,所以在具体操作中,到底哪些词连用可以看成连动结构,不同学者认定的范围相差很大。

需要重点关注的是，以下几类谓词性成分是否包括在内。

第一，介词、副动词（coverb）是否包括在内。因为语法化的原因，汉语中的介词大多是从动词虚化而来。这些词从历时层面来看，原来都是动词。但是，有些词现在已经没有动词的用法，变成了一个单纯的介词；有些还保留动词的用法，兼有介词的用法。至于这些词是否还包括在连动结构以内，不同的学者划分不同。朱德熙（1982）就把"介词+宾语+谓词性成分"划分在连动结构中，如"把这首诗抄下来""被人家发现了""比钢还硬"这些都算作连动结构（其文中称"连谓结构"）。赵元任（1972）也把第一个动词位置是"把""被""给""比""照""以""为""因""将"等这些词的结构都算成是连动结构，并且指出这些结构中宾语有时可以省略，例如，"我不懂外国话，请你给（我）翻译""这是他顶好的杯子，别给（他）打破了"。副动词是指同时保留了动词和介词用法的词，这些词作第一动词形成的结构，在很多研究中都被认为连动结构。如赵元任（1972）指出，"从""在""朝"这些副动词，作连动结构第一动词的次数（如"他在国外念书""你得从这儿走""朝东走"）和单独使用的次数差不多。Matthew（2006）也把副动词算在动词的范畴内，因为这些副动词可以单独作为动词使用，如"跟""给""为""替""帮"等。因此，他认为由这些动词作为第一个动词形成的结构都算连动结构。

第二，静态动词、形容词等谓词性成分是否包括在内。有研究者认为，"连动"表示有两个"连续的动作"（张志公，1957；许利，2010）。这个说法，一方面将动词的范围限定在动作动词以内，因而排除了静态动词。另一方面也把已经名物化的动词排除在外，如许利（2010）认为，"他念书很专心""抓住他的手不放"不是连动结构。还有研究者认为，连动结构是两个"连续的谓词"（朱德熙，1982；黄伯荣、廖序东，1991），这个说法不但包括了动词，还包括了形容词，因为汉语中形容词也可以单独作谓语。例如，朱德熙（1982）把"嫌这件衣服花哨"看作连动结构。王福庭（1960）甚至把不是动词的名词性谓语也包括进去，认为"我一只手打不过你"也是连动结构。

综上所述，关于连动结构中连用的两个成分所包括的词类范围，汉语界的限定还是过于宽泛，并且比较随意。从跨语言对比的角度及连动结构本身的内在要求来看，笔者认为形容词、名词性谓语不宜包括在内。已经虚化为只能有介词用法的词，如"把"也不应该包括在内。因为这些结构和真正的连动结构之间，虽然表面形式类似，但是句法特点已经差异很大，不宜再归为连动结构。副动词因为还有动词的用法，可以在连动结构之外的句子中单独作为动词来用，所以应该包括在连动结构以内。

（二）连动结构中两个动词短语之间是否有连接成分

很多学者都指出，汉语连动结构两个动词之间没有明显的连接成分。例如，黄伯荣、廖序东（1991）指出，"两个或者两个以上的谓词性词语连用，在意义上每个都能与同一主语发生主谓关系，谓词性词语之间没有语音停顿，也没有关联词"。但是，关于连动结构的两个动词短语之间是否有连接成分的问题，汉语学界的研究有两个很大的不足。

第一个不足是没有具体明确，带哪些连接成分的结构不能算作连动结构。多数研究都是通过举例的方式说明带关联词的不是连动结构，例如，不能带"一边……一边"或者"啦"表示并列。但是，很多研究中所举的连动结构例子，两个动词之间有一些副词性连接成分。赵元任（1972：170－171）所举的例子中就包括"再"，如（1）所示。赵淑华（1988）所列举的很多连动结构的例子中，两个动词之间有"就""才"等关联词，如（2）例—（4）例。

（1）从一大早就不舒服了。到下午再谈吧。
（2）他挽起袖子就在磨刀石上磨起来。

(3) 妈妈……把脸一沉，叫他过来，扭身就到炕上抓笤帚。

(4) 他脱下衣服才露出伤疤。

第二个不足是"两个动词之间没有明显的连接成分"，实际上可以有两种可能：一种可能是，两个动词之间表面没有关联词，也绝不能加上明显的关联词，如果加上明显的关联词就不合语法，即两个动词之间不允许有关联词；另一种可能是，两个动词之间表面没有明显的关联词，但是可以加上关联词，也是合语法的说法，即两个动词之间关联词可加可不加。这两种情况到底哪种才是真正的连动结构？例如，上文提到的四个例子中"再""就""才"都可以删除。那是否删除后的例子就是连动结构，删除前不是连动结构呢？还是无论是否删除都是连动结构，抑或都不是连动结构？汉语界前人文献中对这个问题没有讨论，也没有区分。所以现状是归在连动结构名下的句子两种可能都有。

语音停顿的问题也是同理。一般文献中提到连动结构的两个动词之间不能有语音停顿，但是也没有区分到底是绝对不能有语音停顿，还是在不改变原意及原来用词的情况下语音停顿可加可不加。因为这个问题没有明确答案，所以有一些学者仅仅把书面上没有明显标点符号隔开的都算作连动结构；另外一些学者，认为哪怕表面上没有逗号停顿，但是可以加上语音停顿的就不能算作连动结构。例如，赵元任（1972）指出，"我肚子疼不出去了"这一句话中间可以有停顿，即"我肚子疼，不出去了"。所以，这个是并列结构，不是连动结构。

笔者认为，这两个问题都需要谨慎对待。首先，连动结构两个动词之间连接词的句法性质需要认真研究。其次，两个动词之间绝对不能加连接词和两个动词之间可以加连接词，这两种情况也需要做出区分。前者是一个句法层面的问题，后者是一个语用层面的问题。只有对这些句法和语用层面的问题都剖析清楚，才能真正深入揭示汉语中连动现象的语法本质。

（三）两个连用动词间的语义关系

跟国外对连动结构的研究一样，国内很多对连动结构的定义，都讨论了连动结构两个动词间的语义关系。不同学者的分析涵盖的语义关系种类有多有寡。有的学者将连动结构语义类型分为两种，如张志公（1957）指出，连动结构表示"连续的动作"，或者"有因果关系的连续动作"；有的学者将连动结构的语义类型分为五种到十几种不等（范晓，1980；陈昌来，2000；赵元任，1952；李临定，1986；洪淼，2004）。

对于两个动词间的语义关系分类之所以存在巨大差异，除了因为不同研究界定标准不统一，因而包括的范围不同之外，还因为很多时候对于两个动词间语义关系的认定存在很大歧义。例如 Li 和 Thompson（1981）指出，"我们开会讨论那个问题"就可以表示两种语义关系，既可以表示目的关系，也可以表示情景修饰关系。有些语义关系的边界本身也比较模糊，如因果、目的和动作先后这些语义关系之间就存在很多重合和模糊的地方。

关于汉语连动结构两个动词之间的语义关系研究中，有一个经常被提及的观点，就是两个动词所表示的动作在时间上有先后关系。纵观前人研究，有的学者把这种语义关系看成是连动结构所表达的众多语义关系中的一种。例如，朱德熙（1982）提到"穿上大衣出去"表示动作先后序列。另外有更多的学者把两个动作之间有时间先后关系这一点，看作是所有连动结构的共性特点，并进一步认为这是区别连动结构和其他结构的标准。例如许利（2010：105）认为，典型的连动结构中第一个动词所表示的动作的终点，通常是第二个动词所表示的动作的起点，两个动词的顺序是不可以发生变化的。用这一时序原则对连动结构进行界定，将连动结构与一些形似结构，如并列结构、兼语句和次话题句区分开来。赵元任（1972）也把动作时间先后关系看作是区别连动结构和其他结构的标准。他指出，连动结构（其称连动式）和并列结构的区别在于，并列结构的内部词序可以逆转，连动结构的内部词序虽然可以逆转，但是意思往往变了。例如"他天天写信会客"和"他天天会客写信"意思一样。而"等一会儿去"和"去等一会儿"的意思则完全不同。高增霞（2006）也把时序原则看成是形成连动结构的基本规则，并且区分了客观物理世界真实的动作先后时序和逻辑及认知上的先后顺序。她认为，那些表面看来不是先后序列关系的连动结构，在认知逻辑和隐喻上也是符合时间先后序列关系的。

用两个动词之间的语义关系，来作为界定连动结构的标准，可操作性不强。首先，因果、目的、先后等语义关系，无法将连动结构和因果从句、目的从句、并列从句等从句结构区分开来。也就是说，连动结构可以表达这些语义关系，但是表达这些语义关系的未必都是连动结构。其次，用语义关系来作为界定标准，也是把连动结构的"界定标准"和连动结构的"句法语义特点概括"两个事情混淆了。

另外，笔者认为把时序原则作为连动结构的界定特征也非常不妥。所谓时序原则也就是时间像似性原则（iconicity principle）。首先，从跨语言的研究来看，没有其他任何国际文献将时序原则作为其他语言中连动结构的共性特征。因此，很难有充分的理由证明汉语是例外。并且语言中很多结构都是符合像似性原则。根据这个原则不能将连动结构和其他结构区分开来。Aikhenvald（2006）也提到，连动结构有的符合时间像似性原则，有的不符合。Matthews（2006）指出，表示同时发生的对称性连动结构可以顺序颠倒，如粤语中"他拍着手唱歌"和"他唱着歌拍手"，因为是同时发生，所以无论哪种顺序都符合时间像似性原则。其次，两个动词表达两个先后发生的动作，这一语义关系是非常宽泛的。很多非连动结构也可以表达两个先后发生的动作，并且这一语义特点既没有相对应的、严格的句法特点，也没有上升到更进一步的语义概念，也不揭示连动结构的事件构成特点。因而不宜作为连动结构的界定标准。至于汉语中似乎很多连动表示先后动作序列关系，这一点，我们在第四章中会详细讨论。

（四）两个连用动词间的句法关系

汉学界关于连动结构研究争议最大的问题，就是两个动词之间的句法关系。因为汉语没有英语那样明显的标句词来表示从句，也没有形态标记来区分限定动词和非限定动词，所以汉语中表面上是两个动词连用，其两者在句法关系上是非常复杂多样的，其中有很多是并列或从属关系等。除了少数研究没有将连动结构和其他句法结构作任何区分之外[①]，研究汉语的大多数学者都将其他句法关系和连动结构做了区分。如"两个或几个动词既不是并列的关系，也不是修饰的关系，更不是动宾的关系。它虽然也是承接的关系，但又与一般的承接关系不同"（缪一之，1957）。

但是，将连动结构和其他句式区别开来是一件非常复杂的工作。因为缺乏清晰的界定，一些学者甚至主张抛弃连动结构的说法。例如张静（1977）认为，各家所说的累计十八种连动式都不是连动结构，而是应该归入联合结构、偏正结构、复句、动词重叠形式等。沈开木（1986）提出可以把连动式看作联合关系。邹韶华（1996）认为，可以将其纳入偏正式。Waltraud（2008）以 Li 和 Thompson（1981）所指的连动结构为例，指出它其实包含了完全不同的句法结构关系，包括附加动词短语（adjunct VP 即是状中结构）、目的从句（purposive clause）、主语从句（sentential subject）、宾语从句（clausal complement）、宾语控制结构（object control）和降级述谓结构（secondary predicate），所以应该取消连动结构的说法。

[①] 如 Li 和 Thompson（1981）的定义最为宽泛，他们把并列句、主语从句、宾语从句等类型都包括在连动结构范畴中。国内很多以连动结构表面形式序列划分的研究，也几乎没有作区分，把表面上有两个动词的例子都算在了连动结构范围以内。这些研究具体不再复述。

这些讨论的共同特点是把连动结构归在其他句法结构中。笔者认为，这些研究之所以主张取消连动结构，是因为学界目前将不同层面的句法关系混淆在一起。我们发现前人在提到汉语的连动结构时，其实无意中将两种完全不同层面的性质内涵混淆在一起。一种连动结构的内涵是：将连动结构与并列句、主语从句和宾语从句等多句结构相对立。这是一种纵向角度的界定。另一种连动结构的内涵是：将连动关系与从属关系、并列关系相对立。这是一种横向角度的界定。而目前国内汉语学界把这两个角度的研究混在了一起，导致了纷乱不清的、像乱麻一样的现状，将真正的连动结构淹没在了乱糟糟的讨论中。宋玉柱（1992）指出，"在有些语法学家的论著中，连动式的范围太宽了，以至于模糊了他们与其他句式的界限。但是'连动'式是汉语语法中客观存在的现象，不能人为地加以取消"。

本章中我们就尝试把这两个角度的研究梳理清楚，然后对比国际语言学界的讨论，探讨解决问题的思路。因为国内语言学界对于连动结构的界定，多是用连动结构不是哪些结构的否定排除法来进行的。下文中我们就讨论学界提出的不同的排除法标准，并分析其中包含的两个角度的问题。

1. 连动结构与并列关系

汉语学界比较认可的一点是汉语中连动结构和并列结构不同。但是不同学者所指的并列结构并不相同。仔细梳理前人的研究可以发现，当大家指出并列结构不是连动结构的时候，其所指的并列结构其实有三种。

第一种，指并列动词短语不是连动结构。这种情况下，并列结构和连动结构的区别在于，是否可以两个动词颠倒顺序而意义不变。例如朱德熙（1982）指出，"不停地抽烟喝茶""连吃饭睡觉都忘了"这样的并列结构不能算作连动结构，因为其中的动词短语颠倒顺序，语义也不会发生变化。赵元任（1972）也同样指出，连动结构和并列结构的区别在于并列结构的内部词序可以逆转。连动结构的内部词序虽然可以逆转，但是意思往往变了。例如"他天天写信会客"和"他天天会客写信"意思一样。而"等一会儿去"和"去等一会儿"的意思则完全不同。

第二种，指隐性并列句不是连动结构。这种情况下，隐性并列结构和连动结构的区分在于是否有语音停顿。赵元任（1972）就认为，"我肚子疼不出去了"中间可以有停顿，"我肚子疼，不出去了"。所以，这个是隐性并列句，不是连动句。

第三种，指带有明确并列标记词的显性并列句不是连动结构。Matthews（2006）提到了粤语中连动结构和并列结构的区分。他指出下面三句中 a 句是连动结构，表示一个整体的约会事件，符合"两个或多个动词处于一个从句中，功能类似一个谓语"这样的连动句定义标准。而 b 句、c 句有并列标记"和"，以及用于列举的"啦"，是显性并列从句。

（5）a 他们一直逛街看电影。
　　　b 他们一直逛街和看电影。
　　　c 他们逛街啦，看电影啦。

仔细观察上面的讨论可以看出，各家排除在连动结构以外的并列结构加起来有三种：第一种并列其实是并列动词短语，第二种是隐性的并列复合句，第三种是有明显并列标记的显性并列复合句。我们可以发现，第二种、第三种结构与连动结构之间的区别，和第一种结构与连动结构之间的区别，完全不是一种性质的区别。第二种和第三种并列结构和连动结构的区别，在于无论是隐性并列句还是显性并列句都包含了两个从句，而连动结构包含了一个从句。第一种并列结构和连动结构的区别，并不是句法单位层级上是两个从句还是一个从句的差别。而是都在一个从句内，两个动词的句法关系一个是并列，另一个是连动。

对比国际上关于连动结构标准的讨论，我们可以发现，国际上将连动结构和并列结构区分都是指第二种和第三种，将连动结构限定为两个动词处于一个从句范围内，所以显性并列从句和隐性并列从句都是包含两个从句，而不是连动结构。国际语言学界对于第一种动词并列短语的结构，并没有否认其不是连动结构。相反，认为这也是连动结构的一种。所以，Matthews（2006）把（5a）也看成是连动结构，认为其和其他连动结构一样"表达一个整体事件"，"在一个从句内"。

朱德熙（1982）、赵元任（1972）认为，"抽烟喝茶"和"逛街看电影"这样的例子是并列结构，不是连动结构。可以看出，他们的分析落脚点不是从纵向上关心连动结构所表示的句法结构的层级到底是不是一个从句内，而是从横向上来看，一个从句内两个动词之间是否需要区分并列和连动两种句法关系。

2. 连动结构与主从、动宾、修饰关系

学界也经常将连动结构与有主从关系、动宾关系或修饰关系的结构作对比，或者认为连动结构和这些结构不同，应该是独立的结构；或者认为连动结构就是这些结构中的某一种，没有必要单列为连动结构。笔者发现，这些讨论也可以分为两种情况。

第一种情况是将连动结构等同于状中结构。反对连动结构是一个独立结构的学者中，有很多人认为动词连用是状中结构（或偏正结构）（张静，1977；Waltraud，2008；邹韶华，1996）。例如 Waltraud（2008）认为，"开会讨论那个问题"表示修饰意义的时候，两个动词之间是附加语结构，即状中关系[①]，因为表示体标记的"了"可以加在第二个动词后面。例如：

[①] Waltraud（2008）认为该句有歧义，另外一个意思是表示目的意义，是一个非限定目的从句。后一种解读是不是连动结构，我们第五章中再详细讨论。

（6）我们开会讨论了那个问题。

（7）他打电话叫了车以后还等了二十分钟。

第二种情况是将连动结构区别于主语从句结构和宾语从句结构。国内有很多学者指出这两者都不是连动结构。朱德熙（1982）指出，动宾关系的两个动词，例如"喜欢看电视"不是连动结构。赵元任（1972）认为，主语从句不是连动结构，例如"他开车是一件怪事"是包含了一个主语从句，而"他车开走了"是连动结构。两者的区别在于停顿位置不同，连动结构中停顿在主语后，"他（呀），车开走了"。主语从句中的停顿在第一个动词后，"他开车（呀），是一件怪事"。还有的研究中提到名物化的动词，不能算在连动结构以内（许利，2010），这里的名物化动词也是指主语从句或宾语从句成分。Waltraud（2008）也指出，很多表面上两个动词连用的结构，其实是主语从句结构和宾语从句结构，不应该分析为连动结构。如（8）和（9）包含了宾语从句，（10）和（11）包含了主语从句：

（8）他否认他做错了。

（9）他告诉我你头疼。

（10）大声念课文可以帮助发音。

（11）学蒙古话很不容易。

Waltraud（2008）进一步讨论了主语从句和宾语从句的句法特点，认为它们都是限定的、有独立命题内容的从句，主语从句和宾语从句可以有自己独立的否定。[①] 例如（12）和（13）中主语从句和主句都有自己独立的

[①] Waltraud（2008）认为，这和状中结构不同。她认为状中结构只能有一个否定，例如，只能说"我没打电话征求李四意见"，不能说"我打电话没有征求李四意见"。

否定副词修饰。(14) 和 (15) 中宾语从句和主句也都可以单独否定。

(12) [你不肯帮助朋友] 真不行。
(13) [在这里停车] 不违章。
(14) 他没告诉我你也参加会议。
(15) 他告诉我你没参加会议。

Waltraud (2008) 还指出,主语从句是限定的,因为第一个动词可以有体标记,如 (16) 所示。宾语从句中主句动词反而不能用"了",如 (17) 中虽然带名词性宾语时动词可以加体标记,但带宾语从句时不能加"了"。

(16) 他去了美国真可惜。
(17) *他否认了他做错了这件事。他否认了整个错误。

仔细观察这里讨论的两种情况,同样是涉及两个性质完全不同的问题:第一,连动结构和主语从句、宾语从句的区别是一个从句结构和两个从句结构的差别。主语从句和宾语从句,这些结构都包含了两个从句。如果将连动结构和这些结构作区分,实质上是说明连动结构两个动词是处于一个从句内,而这些非连动结构是有两个从句的复杂句。这是将连动结构作为一个独立的、区别于内嵌从句结构的句法结构来看待。第二,一个从句中的两个动词的句法关系,是连动关系还是状中关系的句法关系问题。状中结构是一个词组结构,并没有包含两个从句。上面有些讨论中将连动结构归为状中结构,其实质是否认一个从句中两个动词之间有连动关系的存在。

3. 小结

综上所述,将连动结构与主语从句、宾语从句、(隐性) 并列从句区分开来，和将连动结构与状中结构或并列短语区分开来或合并起来，是性质完全不同的两个问题。对于第一个问题，显然，主语从句、宾语从句及（隐性）并列从句，这些结构都包含两个从句，两个动词在两个从句内，都不是连动结构。而连动结构是一个从句中包含了两个动词，这是连动语言中客观存在的语言现象。该语言现象的存在，不受理论分析的影响，当然也不能人为取消。如果对连动结构下定义，将其与其他结构区分开来，那么首先要解决的问题就是把连动结构和这些包含两个从句的结构区分开来。连动结构和这些结构的根本不同就是作为连动结构的基本界定标准之一。

第二个问题，也就是除了并列和主从句法关系之外，到底是否存在第三种句法关系，也即连动关系的问题。这里讨论的是连动作为一种句法关系是否存在。这种连动关系是否存在的问题是一个理论问题。有的学者否认理论上存在这种句法关系，认为都可以归到并列或状中结构中（沈开木，1986；邹韶华，1996）。有的学者认为，理论上存在一种和并列、主从关系并列的另外一种句法关系。例如，赵元任（1972）指出，连动结构是介乎并列结构和主从结构之间的一种结构，但是更接近后者。他认为连动结构类似主从结构，在于第二部分大体上跟整个结构的功能相同，因而是中心，第一部分是修饰。例如"拿笔写字"和"在屋里睡觉"，但是连动式和一般副词短语不同的是，第一部分后面不能加"地"。刘丹青（2015）指出了汉语结构除了向心结构和并列结构之外，还应该有一个连动结构。连动结构会向并列和主从两个方向扩展，形成更接近并列或更接近主从的语义关系，句法上仍然属于连动结构，而非改属并列或主从结构。

关于这个问题的答案，本书不作过多理论探讨，从语言事实上来看，笔者倾向于认同刘丹青（2015）的观点。应该存在第三种句法关系，但是有的更接近并列关系，如上面提到的 Matthews（2006）所举的例子

"逛街看电影";有的更接近主从关系,如前面提到的——"我们开会讨论那个问题"。也就是说,"连动"的概念作为一种句法关系来理解的时候,它和"并列""从属"概念一样,都是跨越几个句法层级的,在词汇、词组和句子层面都有体现。从属概念在词汇和词组层面可以体现为状中复合词或状中短语,在句子层面可以体现为从属分句。并列概念同样在词汇、词组和句子层面分别体现为联合词、并列词组和并列分句。"连动"概念也是类似,在不同句法层次上都有体现。

这两个问题是相互独立的。就连动结构的研究来说,解决第一个问题的重要性优先于解决第二个问题的重要性。必须首先确定这个语法现象,将其与其他结构区分开来,然后才能来讨论其内部两个动词的句法关系是怎样的。针对第二个问题的回答,是否存在一种除了并列和主从之外的连动关系,无论答案如何,都不影响连动结构语言现象本身的客观存在。换句话说,理论上将两个动词之间的句法关系分析为状中修饰或者并列关系本身,并不能否定这些结构不是连动结构。所以,本书所指的连动结构都是第一种连动意义,是将连动结构作为区别于多句结构的一种单句结构。

二 从跨语言角度看汉语连动结构研究存在的问题

综合我们上面的所有讨论,同时对比国际语言学界对连动结构的讨论,可以发现国内对于汉语连动结构的研究,有些定义标准的讨论和国际上的讨论是吻合的,例如,是否有明显的并列从属标记,动词选择的范围应该包括哪些动词,等等。但是,也有很多重要问题几乎从来没有讨论过,或者讨论很少,还有一些问题的讨论存在很大误区。因此,我们在汉语连动结构相关研究方面还存在很大差距。

(一)连动结构的界定标准宽泛、模糊

上一章中在评论国际语言学界关于连动结构定义标准的时候,就指出很多学者把定义标准和特征概括混淆起来了（Haspelmath，2016）。定义标准是每个成员都必须符合的、区别于其他结构的特征，而特征概括则可能是全部或部分成员具有的特征的总结。定义的标准应该让我们能够依据此标准区分开连动结构和非连动结构，而特征概括是对语言现象的特征概括说明。作为定义的标准应该是严格的、清晰的，根据这个定义可以判断一个句子或者是、或者不是该结构，而不能是模糊的、不能拿只有部分连动结构具有的特征来作为界定标准。在这样的背景下，再来纵观汉语连动结构的定义研究，我们发现：首先，学界关于汉语连动结构中连用成分的范围界定比较宽松，并且没有统一的标准，有的学者甚至包括了形容词性谓语、介词性谓语和名词性谓语连用的成分。无论从跨语言研究角度来看，还是从同一语言内部方便总结概括连动结构的句法语义特征来看，都不宜太宽泛。其次，两个动词之间是否有连接成分，对于连动结构的界定很重要。但是目前学界对这个问题的处理也是比较混乱的，很多研究中把有明显关联词标记的动词连用，都看成是连动结构。同时，对于有些没有连接词的动词连用结构，也没有区分缺少连接词是必须的还是可选的。因此，用这样的标准来确定的连动结构，也一定是将句法和语用层面的问题杂糅在一起。

确定连动结构的重要一步，是将连动结构与非连动结构区分开来，包括主语从句、宾语从句、并列从句等多句结构，并找出能区分这两者的句法特征。国际语言学界也是把连动结构区别于这些多句结构的特征，当作是连动结构界定的核心标准。从上一节的讨论可以看出，汉语界之前的研究连哪些是非连动结构都没有讨论清楚。虽然传统的研究中也有很多对连动结构和非连动结构的区分，也有很多对连动结构定义的批评，但是这些研究把不同性质的问题混淆在一起。很多研究区分的重心，偏在了争论连动是不是并列关系或状中关系，而没有讨论连动结构和主语从句、宾语从句和（隐性）并列从句的核心区别。因此，这些对于连动结构的批评和其批评的对象一样，所指的内容和范围不尽相同，因而导致了其批判也存在同样的缺陷。提出取消连动结构的名称，或批评其内部句法不同质，并没有从根本上解决问题。

区分连动结构和主语从句、宾语从句和（隐性）并列从句等多句结构的关键，在于判断两个连用动词是否处于一个从句内。所以国际语言学界关于连动结构的界定标准中，一致提到了"一个从句"的标准。与国外讨论形成鲜明对比的是，国内针对汉语连动结构的研究中对这个问题鲜有讨论。虽然有文献提到主语从句、宾语从句和并列句不属于连动结构，但是从来没有学者明确提出连动结构是一个单句结构，更没有学者讨论用何种句法测试手段来判断两个动词是否处于一个从句内。① 至于为何在汉语连动结构研究中这个问题从来没有被注意到，我们分析可能有以下几个原因：汉语中句子边界的概念本来就比较模糊，很多段落甚至就是一个句子，中间一直用逗号连接。汉语中关于动词限定、非限定的区分也比较模糊，所以从句也没有明显标记和边界。

(二) 缺乏对连动结构句法、语义特点的深入类型学讨论

国内学界对汉语中连动结构的研究，不但定义过于宽泛，而且也比较缺乏对于连动结构句法和语义特征的全面、系统讨论。很多研究对连动结构的描写，仅仅限于一些表层句法或语义特征。例如表层词汇序列格式的分类、语义的分类，或者表面上只有一个主语或有处所、时间、工具等语义角色共享等。缺乏表层序列之外内涵特征的讨论，基本不揭示任何深层的句法和语义性质。对于归类到连动结构名下的各种句式中两个动词在时、体、态、极性等方面的具体语法和语义特征和差异也很

---

① 只有 Matthews (2006) 和 Waltraud (2008) 这两位国外的研究连动结构的学者提到过一个从句的说法，并且前者是在 Aikhenvald (2006) 的书中发表，受该书统一框架影响，后者指出宾语从句和主语从句不是连动结构的时候参考的也是 Aikhenvald 的观点。

少讨论。

从第二章国际语言学界关于连动结构定义的讨论可以得知，连动结构在语义上是否表达"一个事件"是争论的焦点之一。但这个语义特点在汉语连动结构的讨论中也几乎从来没有被提及。关于连动结构的语义特点，国内学界讨论最多的是连动结构表示时间先后发生的两个动作，并没有进一步讨论这两个先后发生的动作是否构成一个事件，或者在什么语义、句法、语用条件下表示一个事件。

国内针对连动结构的研究，也缺乏语言类型学或者语言共性研究的视角。因为之前大多研究都是对照英语这种没有连动结构的印欧语，来讨论汉语的连动结构，认为这是汉语所特有的。因为没有参照过其他连动语言中的连动结构研究，所以在定义和研究视野上都受到一定限制。例如 Bisang（2009）指出，很多在跨语言研究中认定为连动结构的语法结构，在汉语研究中都没有归为连动结构，如动结式和动趋式。标准不统一，导致了在语言对比的时候很多结论是站不住脚的。例如，有些汉语和非洲语言中连动结构的对比研究，对比的对象根本不同。因此根据这些完全不同的现象得出来的语言类型学观点也是有失偏颇的。总之，国内外对连动结构的界定标准和涵盖范围相差很大，从历时语言演变角度看，不利于揭示连动结构语法化路径和连动结构类型间的关系。从共时语言对比角度看，极易造成跨语言对比的困难和误区（彭国珍，2010）。

三　总结及定义汉语连动结构的基本原则

总结本章讨论，我们对连动结构的定义缺乏深入清晰的句法特征标准，导致汉语连动结构本身界限模糊，无法明确区分连动结构和非连动结构。另外，对归在连动结构名下的各类句子的语义差别、句法特点差别、动词间层次关系差别、事件表达方式和特点等缺乏深入研究。为进一步推进汉语连动结构研究，我们提出以下几个基本原则。

第一，在制定汉语连动结构界定标准的时候，首要的标准应该是能将连动结构和非连动结构区别开来。所谓的非连动结构包括已经语法化为介词结构、语法化为体标记或情态助动词等功能性成分的结构，主语从句、宾语从句、并列复合句等多句结构等。应该把连动结构和这些结构的区别特征作为连动结构的主要界定标准。

第二，汉语连动结构的界定标准应该既考虑跨语言对比的可比性和一致性，又参照汉语的实际具体情况。总体上考虑跨语言一致性，目的是确保在跨语言对比时候所比较的对象是具有一定可比性的，也可以确保把汉语连动结构的研究尽量放置在一个跨语言视角下看待，找出汉语连动结构和其他连动语言中连动结构的共性。在某些细节方面，需要结合汉语的具体情况进行具体分析。例如两个动词之间有述宾关系的动词连用是否判定为连动结构，两个连用动词之间连接词可加可不加的情况是否判定为连动结构。这些问题国际语言学界也还有很大争议，在汉语中也需继续探索。

第三，对于连动结构的语义和句法特征研究尚需继续深入。需要仔细考察每一类连动结构的语义、句法特点，包括在时、体、态等方面的表现。考察连动结构使用的句法、语义及语用条件，以及事件表达的内涵特征。

在接下来的两章中，我们将在现有讨论的基础上，提出汉语中连动结构的定义标准，将归在连动结构名下的各类句子进行分类，然后仔细考察每一类结构的具体句法特点，并从事件表达角度探讨汉语连动结构的深层语义特征，进而深入认识汉语连动结构的共性和个性。

第四章
汉语中的狭义连动结构与广义连动结构

本章中笔者将系统、全面地分析现代汉语中各种连动结构的句法和语义特点。我们首先借鉴国际语言学界关于连动结构的跨语言对比定义标准，并根据汉语的实际情况对其进行细化和调整，然后依此确定汉语中的连动结构。因为这些连动结构也符合其他语言中对于连动结构定义的标准，所以具有跨语言可比性。汉语中还有一些句子，明显不符合这个跨语言对比连动结构的定义标准，但是这些句子表面上和连动结构很像，在汉语中广泛存在，是汉语组句成篇的重要手段，且有明显不同于其他汉语复句结构的特点。为了方便讨论，我们称前者符合国际跨语言对比定义标准的为狭义连动结构，而不符合该标准但又区别于一般复句的为广义连动结构。两者之间既有质的区别，也有一定程度的句法和语义共性。国内传统研究中没有区分狭义连动结构和广义连动结构，甚至把广义连动结构当作是汉语典型的连动结构，并以此去和其他语言作对比，进而得出错误的结论。

本章中我们将深入分析两类结构的句法特点和语义特点，讨论两者的不同。具体包括狭义连动结构和广义连动结构在时、体等句法功能性成分的共享、修饰副词的运用、语法化等句法表现方面的不同特点。在此基础上，我们将分析两者在语义表达上的不同。笔者提出，两种不同的连动结构，分别表达了一个宏事件和一个复杂事件。最后，我们将讨论一些具有歧义的例子。

一　汉语狭义连动结构和广义连动结构的定义标准及语义类型

（一）狭义连动结构的定义标准

有了第二、三章关于如何给连动结构下定义的详细理论分析，本节中笔者可以直接给出汉语连动的定义标准。笔者借鉴 Haspelmath（2016）的跨语言对比的连动结构定义，并根据汉语的情况进行细微的调整。汉语连动结构是两个或多个动词处于一个从句内，中间不能有任何表示从属或并列关系的连接成分。该定义的具体操作标准包括：

其一，是一个能产的结构。

该结构有一定的能产性。已经固化的词汇，不能算作连动结构，如"杀鸡取卵"。

其二，两个动词处于一个从句内。

连动结构的两个动词处于一个从句内。判断两个动词是否处于一个从句的标准，是看两个动词是否可以一起被否定。连动结构中所有动词共享一个否定性功能成分，只能有一个否定。根据这个标准，主语从句结构和宾语从句结构都被排除在外。因为这些结构中，两个动词可以分别接受否定，处于两个从句内。例如下面的句子中，（1）包含主语从句，（2）包含宾语从句，这两个例子中主句或从句主要动词都可以单独被否定，都不是连动结构。

（1）在这里停车不违章。①

（2）他告诉我你没来开会。

---

① 本章中所讨论的例子大多出自前人文献，包括赵元任（1972）、朱德熙（1982）、Waltraud（2008）、Matthews（2006）、Li & Thompson（1981）等。下文中不再一一注出。

老师批评他没有好好复习。

其三，每一个动词都可以在连动结构之外独立作为动词使用。

连动结构中的两个动词必须是可以独立使用的动词。这些词除了在连动结构中出现以外，还必须可以单独作为谓语动词来使用。所以，有些动词已经语法化为介词，并且只能作为介词使用，不能再单独作动词使用，这些词不能包括在内。如"把""以""被""将""照""比"等都不能算作连动结构第一个动词。已经语法化为体标记的"了""着"也不能算在内。虽然有体意义，仍然可以独立作为动词使用的"完""掉"等动词可以包括在内。"跟""陪""帮""替""为"等副动词，可以单独作为谓语动词使用，也可以带体标记，所以也包括在连动结构的第一动词中。

汉语连动结构中的动词可以是动态动词，也可以是静态动词，但不能是形容词性谓词和属性判断动词，如"是""有"等。这一点和Haspelmath（2016）的标准略有不同，他的定义标准里面只包括动态动词，不包括状态动词。因为汉语中形容词的作用类似于其他语言中的状态动词。所以我们这里主要排除了形容词和表示属性的动词。[①] 根据这条标准，下面这些句子都不是连动结构：

（3）把杯子打了。

被人家发现了。

（4）有病不能来。

[①] 朱德熙（1982）认为，动词"是"和"有"组成的结构都是连动结构。是字句如"都是我不好"、"是他把电视机弄坏了。"有"字句主要有以下几种类型：（A）有可能下雨；（B）有事情做；（C）有个青年叫小晚；（D）有话慢慢说；（E）有病不能来；（F）有三尺长。这些"是"字句和"有"字句可能有部分特征和本书中的连动结构类似，但是不同之处更多。本书暂排除在连动结构之外。

是他叫你。

（5）嫌这件衣服花哨。

其四，不能有明显的连接成分。

两个动词间不能有明显的连接成分，包括：不能有明显的并列或从属标记，例如"和""然后""一边……一边""啦"等标记；不能有明显的副词性连接成分，如"再""就""才"等；不能有明显的标点符号，如逗号和顿号。根据该标准，下面这些结构也被排除了。例如：

（6）到下午再谈。

（7）扬手，打了他一巴掌。

根据第二章的讨论，因为汉语动词没有限定和非限定的明显区分，两个动词之间有述宾关系的句子是否看作连动结构需要谨慎对待。所以，笔者暂且没有把 Haspelmath（2016）定义中的"没有述宾关系"这一标准包括在内。不过本章中所讨论的连动结构两个动词之间都没有述宾关系。下一章中我们专门讨论，有述宾关系的这一标准能否作为汉语连动结构的界定标准之一。

下面，我们来看根据本标准确定的连动结构的语义类型。

（二）狭义连动结构的语义类型

为讨论方便，笔者把两个动词及其宾语分别计作 VP_1 和 VP_2。根据两个动词短语的论元共享情况及语义关系①，可以把汉语的连动结构分为以下几类。

---

① 从下面的例子中可以看出，无论是主语共享，还是宾语或其他成分共享都不是所有连动结构的共性特征，只是部分连动结构有。这一节为了分类描写方便，根据论元共享和语义类型将连动结构进行分类。

第一大类，VP$_1$ 和 VP$_2$ 共享一个主语。其中 V$_1$ 可以是不及物动词，不带宾语。或者 V$_1$ 是及物动词带宾语，该宾语不在 VP$_2$ 中充当论元角色。这一大类包括三小类。

其一，趋向位移类：表示位移趋向加动作。趋向动词可以在动作动词之前，也可以在其后。

(8) 我去买菜。
你去打电话。
带着介绍信去。
到北京来。

其二，方式类：一个动词动作表示另外一个动词动作的方式，或伴随动作。伴随动作多为静态或姿势动词，另外一个动词多为动态动词。

(9) 开着窗户睡觉。
躺着看书。
坐着看报。
哭着出去了。

其三，受益类：表示为某人做某事。其中一个动词是副动词"为""给""替"等表示受益含义的词，另一个动词是动作动词。

(10) 给他补衣裳。
替我说几句好话。

第二大类，VP$_1$ 和 VP$_2$ 不但共享一个主语，而且 VP$_1$ 的宾语也充当 VP$_2$ 事件中的语义角色，如可能是 VP$_2$ 的工具、受事或施事等。具体包括以下三小类。

其一，帮陪协同类：表示伴随、帮助某人做某事。其中一个动词是伴随、协助意义动词，如"带""领""陪""跟""搀""扶"，或学习、模仿意义的动词，如"学"。另一动词是动作动词。这一类连动结构中不但两个动词表示的动作都是一个主语发出的，而且 V$_1$ 的宾语一般也参与 V$_2$ 所表示的动作。①

（11）我陪他去医院。
他学你弹钢琴。
帮他洗碗。
找人聊天。

其二，动作承接类：表示两个先后自然紧密承接相继的动作。这一类连动结构中第一个动词一般是取得义动词、制作义动词和给予义动词。两个动词不但共享一个主语，而且共享一个宾语，也可以称为宾语共享类连动结构。其中 V$_1$ 的宾语从语义上可以理解为 V$_2$ 的宾语。

（12）买一份报看。
讨一杯水喝。
找点事儿做。
倒碗茶喝。

---

① 这和后面提到的兼语句不同，"叫小王当班长"这样的兼语句中 V$_2$ 的动作只能是 V$_1$ 的宾语发出，不能是 V$_1$ 的主语发出。这一类兼语的情况我们第五章再讨论。

借点儿钱用。

其三，工具类：表示用某种工具做事。其中一个动词一般是持拿义动词，另外一个动词是动作动词。两个动词动作都是主语发出，并且 V_1 的宾语充当 V_2 动词动作的工具角色。

（13）拿刀切菜。
倒杯水吃药。
用筷子吃。

第三大类，VP_1 和 VP_2 不共享一个主语，但是 V_1 的宾语是 V_2 的主语。具体包括以下两小类：

其一，动结式：表示动作结果意义。动结式中第一个动词一般是活动动词，第二个动词一般是不及物动词，表示第一个动词动作的结果。[①] 这时 VP_1 和 VP_2 不共享主语。仅从表面语义上理解，V_1 的宾语是 V_2 的主语。

（14）武松打死了老虎。
我们赶跑了敌人。

其二，动趋式：这一类和动结式很类似，唯一的不同在于动趋式中其中一个动词是趋向动词，两个动词既可以紧邻在一起，也可以被名词性成分隔开。

---

① 动结式中 V_2 是及物动词的情况，如"我看懂了这本小说"，也是连动结构。属于主语宾语都共享的一类。

(15) 他送了一个箱子来。

他端上来了一碗汤。

上面这八类都符合严格的、跨语言对比的连动结构定义——都是能产的结构,其中的所有动词均可以独立作为动词使用,不能有明显的表示并列或从属的连接成分,处于一个从句内。前面两点再无须多余的证明。下面我们看一下第三点和第四点。

首先看第三点标准,两个动词之间不能有明显的表示并列或从属的连接成分。这八组例子中,两个动词之间表面都没有明显的语音停顿成分,也没有明显的连接词,并且也绝不能加上明显的语音停顿或连接词。如下面(16)所示,两个动词之间插入停顿之后是不合法的。(17)中,两个动词之间插入连接成分"就"也是不合法的。①

(16) ＊我去,买菜。

＊开着窗户,睡觉。

＊给他,补衣裳。

＊我陪他,去医院。

＊买份报,看。

＊用筷子,吃。

＊武松打,死了老虎。

＊他送箱子,来。

(17) ＊我去就买菜。

＊开着窗户就睡觉。

---

① 这组例子中有少数在特定语境中还是能说的,如"开着窗户就睡觉",但这时已经不是表示方式,不是连动结构的语义了。

第四章　汉语中的狭义连动结构与广义连动结构　　95

*给他就补衣裳。

*陪他就看医生。

*买份报就看。

*用筷子就吃。

*武松打就死了老虎。

*他送箱子就来。

再来看第四点标准，两个动词处于一个从句范围内。这八组例子中，两个动词都可以用一个否定词进行否定，并且否定副词的管辖范围是包括两个动词的。这说明两个 VP 共享否定，处于一个从句内。如下所示，八类例子都可以用"没"或者"没有"同时否定两个动词。

（18）我没（有）去买菜。

没（有）开着窗户睡觉。

没（有）给他补衣裳。

我没（有）陪他去医院。

没（有）买份报看。

没（有）用筷子吃。

武松没（有）打死老虎。

他没（有）送箱子来。

连动结构中否定副词可以同时否定两个动词，这一点在其他例子中都没有任何争议，只有表示动作承接意义的宾语共享类连动结构需要特别说明一下。就是"买一份报看""倒一杯水喝"这一类句子。有学者认为，这类结构中否定的是两个动词的共享宾语成分。袁毓林（2000）提到这类句子一般可以受"不"和"没有"否定，但是否定焦点一般是

"兼语成分"。这从否定式相应的肯定式可以看出来。否定式相应的肯定式只能是（19）中的形式，不能是（20）的形式。如果要使 V_2 成为否定的焦点，那么需要特别的表达形式，如（21）所示：

(19) 我没有倒开水喝，我倒了一杯橘子汁喝。

我们不包饺子吃，我们包馄饨吃。

(20) ? 我没有倒开水喝，我倒开水凉着。

? 我们不包饺子吃，我们包饺子卖钱。

(21) 我们包饺子不是为了吃，而是要卖钱。

袁毓林（2000）认为，这个测试说明宾语共享类句子中否定的焦点是兼语。笔者[①]认为这个测试说明，否定副词其实是同时否定了 VP_1 和 VP_2，所以（19）中的更正形式必须将 VP_1 和 VP_2 全部补全，而不是仅更正兼语或者 VP_1。(20) 的不合法性说明了如果否定副词在两个动词的前面，不能理解为仅仅是否定 VP_2。并且 VP_2 也不能单独被否定，例如（22）中的说法也都不能说。

(22) *我倒开水不/没喝。

*我们包饺子不/没吃。

如果一定要否定 VP_2 的话，必须用（21）的说法。但是（21）中"我们包饺子"已经变成了一个话题，不是连动结构，和"我们包饺子吃"完

[①] 彭国珍（2010）详细分析了"倒一杯水喝"类结构的句法和语义特点，论证其中两个 VP 共享域内论元、体和否定，因此是处于一个从句内，表达一个整体事件，是典型的域内论元共享的连动结构。该结构在句法特征和层次关系上更类似汉语的动结式。

全不同。因此宾语共享类句子中 VP_1 和 VP_2 前的否定词可以管辖到两个 VP，并且 VP_2 不能单独被否定。工具类的连动结构"没拿筷子吃"和这里宾语共享类的连动结构在否定这一点上是表现一致的。① 都是表面看来是否定 VP_1 中的宾语，其实是否定整个连动结构。因此，这八类例子中，两个动词共用一个否定副词，处于一个从句内，所以是典型的连动结构。

另外需要单独指出的一点是，本书中把动结式归为连动结构，因为动结式完全符合连动结构的定义。② 而且从第一章其他语言中关于连动结构的研究中也可以看到，大多研究中都把这种表示动作结果意义的连动结构作为典型连动结构。但国内汉语学界从来没有把动结式看作是连动结构。③ 这里面有诸多原因。一方面因为原来对于连动结构的研究，是以英语等印欧语为比较对象的，从来没有去参照其他连动语言中的连动结构的种类，所以习惯上倾向于把两个动词间有名词间隔的形式看作连动结构，而把动结式这种两个动词紧邻的情况忽视了。从第一章的介绍可以看到，动词紧邻、没有名词性成分间隔的连动，在其他连动语言中是非常普遍的。另外一个原因可能是在汉语中动结式被很多人看作是词汇形式，而不是一种句法结构。④ 彭国珍（2011）就论证了动结式是一种多

---

① Baker（1989）认为，工具类的连动结构是一种宾语共享类的连动结构，认为工具宾语是一种真正的宾语。

② 有些研究把动词重动句也看成是连动结构，例如赵元任（1972）说，"做寿做完了"是连动结构。这个说法非常模糊，到底是说重复的两个动词构成连动，还是重复的动词和后面的动结式整体构成两个动词连动，抑或是重复动词和动结式构成连动？按照本书的分析，动词重复的各种形式，如 VV、V-V、V 不 V 等（"谈谈"、"谈一谈"、"谈不谈"）都不是连动结构。

③ Matthews（2006）将粤语中动结式包括进了连动结构中，并且认为是一种动词紧邻形成的连动结构。不过 Matthews 也是 Aikhenvald（2006）编著中的一章，所以也是采用了 Aikhenvald 的基本定义和框架。

④ 刘丹青（2017）从语言库藏及演变的角度认为在共时层面动结式已经是和连动结构无关的句式。书的观点与此不同，本章中讨论的各种句法特点分析都显示，动结式和其他狭义连动结构是一致的。已经语法化为介词和虚化体标记的结构在共时层面已经不是连动结构，但是动结式在共时层面和其他狭义连动结构并无不同。

产的句法结构,不是词汇。因此,本书把动结式归为连动结构,不但是因为动结式完全符合连动结构的定义标准,而且从跨语言对比的角度来看,也是非常恰当的,因为国际上绝大多数连动语言中的动作结果义典型的表达方式也都被看作是连动结构。

我们归为连动结构的这八类例子,暂且没有包括 V_1 和 V_2 有述宾关系的例子。所以这些例子不但符合本书的连动结构定义,两个动词之间也没有述宾关系,所以也完全符合 Haspelmath（2016）关于连动结构的五条定义标准。从跨语言对比的角度来说,也完全具有可比性。因此,我们把这八类称为狭义连动结构,也简称为连动结构。

（三）广义连动结构定义标准及语义类型

汉语中有些表示先后动作序列的句子,以往大多数学者都把它们看成是连动结构（朱德熙,1982;赵元任,1972;高增霞,2006;Li & Thompson,1981;等等）。他们文中提到如下这些例子。

(23) 回到家发现门开着。
我弟弟开车出事了。
穿上大衣出去。
进去买了票。

但是这些例子其实并不符合上面提到的汉语狭义连动结构定义。这些句子中的两个动词其实是属于两个从句,是隐形并列从句。这可以通过否定测试来确定。[①] 这些表示先后次序的并列句,不能用"不"和"没

[①] 用分裂测试也可以确定这类并列复合句结构和狭义连动结构的不同。在并列结构中,名词短语不能移出,因为这违反了并列结构孤岛条件。例如都不能说:"学校,我穿上大衣去""北京,我吃了饭去""床,他脱了鞋上"。

有"同时否定两个动词。这一点袁毓林（2000）就发现了，他指出下面（24）b和（25）b是不能说的。但如果在其中加入"就"就可以说了，如（24）c和（25）c。

(24) a 吃了饭回家。
　　 b *不/没有吃饭回家。
　　 c 不/没有吃饭就回家。
(25) a 脱了鞋上床。
　　 b *不/没有脱鞋上床。
　　 c 不/没有脱鞋就上床。

袁毓林（2000）猜测上述例子说明"就"是否定辖域的警示标志，因为"就"表示很短时间内即将发生，所以不能受"不"和"没有"的否定。例如不能说"我不/没有就回来"。笔者认为，"就"是否定辖域的标志，不是因为"就"表示短时间内发生，而是因为"就"的出现证明了两个VP是属于两个句子。因为"一……就"是紧缩复句的标志，这里用"就"说明了存在两个句子。因此这里真正阻断否定辖域的是从句，"就"只不过是从句边界的标志而已。因此，此类句子其实是隐形的并列从句。①

这种表示动作先后序列的动词连用结构，两个动作之间有时间先后发生的关系。两个动作是同一个主语发出的。根据上下文不同，除了表示单纯的动作先后关系之外，还可以解读为不同的意义关系。例如表示

---

① Tsai（1995：292-293）也认为该类例子是两个并列的句子，其结构如下：[TopP [[Top 阿 Q] [CP Op_i [IP e_i 穿了拖鞋] [CP Op_i [IP e_i 上（了）课]]]]。

因果目的关系,或前者表示后者发生的情景。① 例如,下面的几个例子可以表示目的意义。

(26) 到商场买东西。
   倒开水吃药。
   去上海联系业务。

这种表示目的关系的动词连用句子,包含了一个隐性目的从句。这一点同样可以用否定测试来证明。目的从句中可以用否定词修饰,但是否定的辖域却仅仅涵盖 VP_1 而已,不是涵盖两个动词。如下面这三个句子中,否定副词"不"和"没"都是只否定了 VP_1。

(27) 不/没到商场买东西。
   不/没倒开水吃药。
   不/没去上海联系业务。

袁毓林(2000)就注意到这类句子可以接受"不"和"没有"的否定,并且否定的焦点是在前段,也就是 VP_1。"不/没有去上海联系业务",可以表示"可能出去联系业务了,但不是去上海"。这三个句子中否定的都

---

① Li 和 Thompson(1981:595-596)认为,先后动作序列的动词连用还可以表示两个动作交替进行。如"他天天唱歌写信""他骑马抽烟",笔者认为这种动作先后序列的不可能作交替进行的理解。并且这两个例子其实都是很不自然的,我们可以说"天天唱歌跳舞",因为"唱歌""跳舞"是一种类似的活动,可以放在一起表示一类活动。而"唱歌"和"写信"直接连用则非常奇怪,除非是有明显的连接词,如"唱唱歌啦,写写信啦"。Li 和 Thompson(1981:597)还提到两个动作序列可以表示情景,如"我一个人晚上出去很害怕"。笔者认为这一种结构两个动词也不能共享一个否定,也是包含了两个从句的结构。和 Waltraud(2008)观点一致,我们也认为这是一个降级述谓结构,所以不属于狭义连动,也不属于广义的先后序列连动结构。

是主句动词。因为目的从句包含一个主句和一个从句,两个句子有自己独立的否定辖域。所以从句动词也可以单独被否定,如(28)所示,否定的是第二个动词,也就是从句。这和其他主从结构的句子类似,比如主语从句结构中从句和主句可以分别被否定(Waltraud,2008),如(29)。

(28) 他去上海没联系业务,而是看望朋友。
(29) 在这里停车不违章。
　　　他没来真奇怪。

隐性目的从句结构表面看上去,和狭义连动结构中的"倒一杯水喝"宾语共享结构类似,似乎从语义上说"喝"也可以理解为"倒"的目的。但前面讨论过,宾语共享的连动结构中 VP_1 和 VP_2 前的否定词可以管辖到两个 VP,并且 VP_2 不能单独被否定。而目的从句类句子中 VP_1 和 VP_2 前的否定词只管辖到 VP_1,VP_2 可以单独被否定。所以目的从句结构中两个动词分别处于主句和从句中,而宾语共享类结构中两个动词处于同一个从句内。

表示先后动作序列义的句子,除了不符合"两个动词处于一个从句内"这条狭义连动结构的定义标准之外,也不符合另外一条标准——"两个动词之间不能有任何明显的连接成分"。先后动作序列义的句子,两个动词之间虽然表面上没有任何停顿或连接词,但是可以直接换成是带有明显语音停顿,或副词性连接词的说法。如下面的例子所示,直接在两个动词之间加上逗号表示停顿,或者加上副词性的连接成分"就"或"才"都是可行的,意思不变。

(30) 穿上大衣,出去。
　　　吃了饭,回家。

脱了鞋，上床。

到商场，买东西。

去上海，联系业务。

回到家，发现门开着。

（31）穿上大衣就出去。

我吃了饭就回家。

他脱了鞋就上床。

他到商场就买东西。

去上海就联系业务。

回到家才发现门开着。

这也是另外一个证据证明这类句子包含两个从句。也就是说，对于狭义连动结构来说，表面没有明显的语音停顿成分，也没有明显的连接词，并且也不能增加语音停顿和连接词。但是，对于动作先后序列意义的句子来说，虽然表面也没有明显的语音停顿和连接词，但是可以换成一种有停顿和连接词的说法。那么，这里有一个需要解释的问题是，和加了停顿和连接词的句子相比，这种表面上没有停顿和连接词的句子，如下例子所示，有什么优势或作用？换句话说，既然两种说法都是合语法的，说话者为何选择没有停顿和连接词的说法，这样的说法语用上有什么效果？

（32）穿上大衣出去。

我吃了饭回家。

他脱了鞋上床。

他到商场买东西。

去上海联系业务。

回到家发现门开着。

显然，(32) 与 (30) 和 (31) 相比，在表达上更紧凑、经济，更加凸显两个动词之间的连贯。一般用来表达说话者主观上认为是相关的一系列事件，或者表达根据计划、生活习惯、工作常规或文化习惯等惯常联系在一起的事件。这类句子表面上和狭义连动结构非常相似，所以我们称为广义连动结构。① 广义连动结构表面上是连动结构的形式，但深层的句法层次关系上不是连动结构。广义连动结构深层句法层次上，是隐性并列从句或隐性目的从句，都不能用否定副词同时去否定两个动词，都是包含两个从句。而真正的狭义连动结构中两个动词是处于一个从句内，共享一个否词副词。对比狭义连动结构的定义标准，我们提出广义连动结构的定义标准如下。

其一，是能产的结构。

其二，两个动词处于一个句子内（sentence），标志是两个动词之间没有句号。

其三，每一个动词都可以独立作为动词来使用。

其四，表面上两个动词之间没有明显的连接成分，但是可以加上语音停顿或者"才""就""再"等时间性副词成分，即可以变成多句结构来表达相同的意思。

其中标准一、标准三和狭义连动结构的定义标准相同。标准二和标准四和狭义连动结构的定义标准明显不同。狭义连动结构两个动词是处于一个从句范围内，是以否定的管辖范围为标志。而广义连动结构两个动词不是处于一个从句内，但是中间没有句号，是处于一个句子内。狭义连动结构两个动词表面没有，也不能加上语音停顿或表示时间意义的

---

① 这类结构不符合狭义连动结构的定义。另外起一个名称，不叫连动结构也可以。笔者考虑到两者表面上的一致性暂且称之为广义连动结构。给这类结构贴一个什么标签不重要，重要的是将其和狭义连动结构区分开来，研究清楚这类结构在句法和语义特征上和狭义连动结构有什么区别。

"才""就""再"等连接词。而广义连动结构两个动词之间虽然表面没有，但是却可以加上这些连接成分，句子语义内容不变。因此，广义连动结构是篇章表达手段，是一种语用层面的动词连用。特别需要说明的一点是，狭义连动结构的定义特征是跨语言一致的，是普遍适用的。而广义连动的定义特征不一定是各语言中都完全一致，可能不同语言中的连动结构有一定共性句法特征，也有一定语言特定的个性特征。我们在第六章讨论藏缅语的时候会进一步讨论这个问题。

汉语中广义连动结构包含两个隐形的从句，这一点类似复句。但是其表面形式又没有逗号（没有从句标记），这一点又类似单句。因此，广义连动结构，是一种处于中间状态，处于从复句到单句的语法化过程当中。高增霞（2006）的研究①，从句子语法化的层面揭示了广义连动结构在语法体系中处于过渡中间层次的状态。

国内传统关于连动结构的研究，大多没有区分从句与句子，也没有注意到，表面没有连接词的动词连用其实也分为两种情况：一种是绝对不能加停顿和连接成分，另一种是可以加停顿和连接成分。所以才笼统地把这两类都归为连动结构，或者把广义连动结构作为汉语连动结构的典型例子。我们的讨论显示，这两类句子其实相差很大。下一小节中我们逐步探讨两类结构在体标记运用、副词使用和语法化类型等方面的不同表现。然后来分析两者事件表达的不同：狭义连动结构表达一个宏事件，而广义连动结构表达两个先后序列的宏事件组成的复杂事件。

二 狭义连动结构和广义连动结构的句法特征

下面我们主要看完成体标记"了"和经历体标记"过"在两类连动

---

① 高增霞（2006）文中所说的连动结构几乎都是广义连动结构。

结构中的标记规律。① 我们从两方面来讨论：一方面是看体标记可以插入的位置是在 V_1 后，还是 V_2 后，还是两个位置皆可；另一方面是看体标记插入后是否为 V_1 和 V_2 共享。然后我们会讨论两类连动结构在副词使用方面的差异。通过这些讨论，我们可以比较出狭义连动结构和广义连动结构的句法共性特征的差异。

（一）狭义连动结构的句法特征

完成体标记"了"，在表示方式义、协同伴随义、趋向位移动作义和动结式这四类狭义连动结构中，都出现在相同的位置。"了"不能加在 V_1 的后面，只能加在 V_2 的后面，并且在 V_2 后表示 V_1 和 V_2 两个动作的完成，也即 V_1 和 V_2 共享完成体标记"了"。受益类连动结构，当表示受益义的动词在 V_1 位置的时候，"了"也是只能加在 V_2 后，也是表示两个动作的完成。如下面例句所示。

(33) a *躺了看了书。　　　　　b 躺着看了书。
　　　a *坐了看报。　　　　　　b 坐着看了报。

(34) a *我陪了你吃饭。　　　　b 我陪你吃了饭。
　　　a *我跟了她学习唱歌。　　b 我跟她学习了唱歌。

(35) a *他去了看病。　　　　　b 他去看了病。

(36) a *我们赶了跑敌人。　　　b 我们赶跑了敌人。
　　　a *武松打了死一只老虎。　b 武松打死了一只老虎。

(37) a *给了他补衣裳。　　　　b 给他补了衣裳。
　　　a *替了我说几句好话。　　b 替我说了几句好话。

---

① 与"了""过"相比，"着"使用受动词自身的语义限制较多。并且"着"很多时候并不是作为一个进行体标记，而是表示情景或伴随状态，所以这里我们没有讨论"着"的标记情况。

动趋类、宾语共享类和工具类这三类狭义连动结构中，"了"均既可以出现在 V_1 后，也可以出现在 V_2 后。但无论出现在哪个位置，都表示 V_1 和 V_2 两个动作的完成，也即 V_1 和 V_2 共享完成体标记"了"。哪怕是在 V_1 后，V_2 的完成意义也不能取消，我们不可能说"他送了一个箱子来，但是箱子没来""今天包了饺子吃，但是没吃"。受益类连动结构中当表示受益义动词在 V_2 位置的时候，"了"也是两个位置均可，但都是表示两个动作的完成。例：

(38) a 他送了一个箱子来。　　　b 他送一个箱子来了。
　　　a 他们赶了两只狗出去。　　b 他们赶两只狗出去了。
(39) a 今天包了饺子吃。　　　　b 今天包饺子吃了。
(40) a 拿了刀切菜。　　　　　　b 拿刀切了菜。
(41) a 送了一本书给他。　　　　b 送一本书给了他。

下面我们看经历体"过"的情况。"过"在各类连动结构中的共享情况，和"了"基本一致，但是有些细微差异。方式义、协同伴随义、趋向位移动作义、动结式、动趋式，这五类连动结构都表现相同，"过"不能加在 V_1 的后面，只能加在 V_2 的后面，并且在 V_2 后表示的是 V_1 和 V_2 两个动作都曾经发生过，也即 V_1 和 V_2 共享完成体标记"过"。受益类连动当表示受益义的动词在 V_1 位置的时候，"过"也是只能在 V_2 后出现，管辖范围涵盖两个动词。例：

(42) a ＊躺过看书。　　　　　　b 躺着看过书。
　　　a ＊挥过手说再见。　　　　b 挥手说过再见。
(43) a ＊我跟过她学习唱歌。　　b 我跟她学习过唱歌。
　　　a ＊我陪过你吃饭。　　　　b 我陪你吃过饭。

(44) a *去过看病。　　　　　　b 去看过病。
(45) a *他们赶过两只狗出去。　b 他们赶两只狗出去过。
　　 a *大家都走过进来。　　　b 大家都走进来过。
(46) a *我们打过跑敌人。　　　b 我们打跑过敌人。
　　 a *武松打过死一只老虎。　b 武松打死过一只老虎。
(47) a *给过他补衣裳。　　　　b 给他补过衣裳。
　　 a *替过我说几句好话。　　b 替我说过几句好话。

宾语共享类和工具类连动结构中，"过"均既可以出现在 V_1 后，又可以出现在 V_2 后。但无论在哪个位置，都是表示 V_1 和 V_2 两个动作曾经发生过，也即 V_1 和 V_2 共享经历体标记"过"。受益类连动当表示受益义动词在 V_2 位置的时候，"过"在两个位置均可以出现，并且两个动词共享该体标记。

(48) a 今年包过饺子吃。　　　b 今年包饺子吃过。
(49) a 拿过这把刀切菜。　　　b 拿这把刀切过菜。
(50) a 送过一本书给我。　　　b 送一本书给过我。

综上所述，在狭义连动结构中，体标记只出现一次，有的在 V_1 后，有的在 V_2 后。至于体标记是出现在哪个动词后，与连动结构的语义类型和两个动词的语义中心有关。体标记一般标在语义上处于中心地位的动词上。关键的一点是，不论体标记是标在 V_1 后还是 V_2 后，两个动词都是受这一个体标记的管辖，也即两个动词在体的表达上，只有一个值（value）。

狭义连动结构中两个动词之间关系比较紧密，中间不能插入其他成分。上一节中已经提到两个动词之间不能加表示连接性质的副词

"就"。另外，表示瞬时性的时间副词"马上"也不能处于两个动词之间，但是可以放在两个动词的前面，来修饰整个连动结构所表示的两个动作。这说明两个动词在时的表达上，也只有一个值。如下面例子所示。

(51) a ＊我去马上买菜。　　　　b 我马上去买菜。
　　 a ＊她哭着马上出去。　　　　b 她马上哭着出去。
　　 a ＊妈妈给她马上补衣裳。　　b 妈妈马上给她补衣裳。
　　 a ＊我陪他马上去医院。　　　b 我马上陪他去医院。
　　 a ＊我买份报马上看。　　　　b 我马上买份报看。
　　 a ＊他用筷子马上吃。　　　　b 他马上用筷子吃。
　　 a ＊我们赶马上跑敌人。　　　b 我们马上赶跑敌人。
　　 a ＊他送箱子马上来。　　　　b 他马上送箱子来。

(二) 广义连动结构的句法特征

广义连动结构中动词的时体标记情况比较复杂。完成体标记除了"了"以外，还有其他表示完成义的体标记动词可以出现在广义连动结构中。如例 (52) a 中的"上"和"到"，都分别表示"穿"和"回"的动作已经完成。这些体标记形式在狭义连动结构中是不出现的。另外，在广义连动结构中，即使一个动词已经有其他完成义体标记，还可以加体标记"了"。如下面例子所示。

(52) a 穿上大衣出去。　　　　　b 穿上了大衣出去。
　　 a 回到家发现门开着。　　　b 回到了家发现了门开着。

我们先看完成体标记"了"单独使用的情况。① 上文中我们提到广义连动结构的语义类型是根据不同的语境有不同的解读，可以表示单纯的动作先后发生，也可以表示因果、目的等意义。无论是哪一种情况，"了"都是既可以出现在 V_1 后面，也可以出现在 V_2 后面。如：

（53）a 脱了鞋上床。　　　b 脱鞋上了床。
　　　a 去了上海联系业务。　b 去上海联系了业务。

我们发现当"了"在 V_1 后面的时候，无论是表示先后动作序列，还是表示目的关系，都只表示 V_1 的动作完成，并不一定意味着 V_2 动作的完成。例如上面两例 a 句中 V_2 动作都未必已经完成。当"了"在 V_2 后面的时候，情况比较特殊，一方面因为"了"在 V_2 的后面肯定表示了 V_2 动作的完成；另一方面，因为两个动作之间有时间先后发生的关系，所以如果 V_2 动作已经完成，V_1 动作一般也都是已经完成了的。这时候其实并不是"了"表示两个动词动作的完成，不是两个动词共享完成体标记。"了"仅仅是表示 V_2 的完成，V_1 的完成是逻辑上推导出来的。

因为两个动词并不共享一个完成体标记，所以理论上来说，"了"应该也可以分别出现在两个动词后面。如下所示，"了"出现两次，分别标记在每个动词之后，都是可以的。但是，实际语言运用中，为了避免重复，这种情况比较少，往往只标记一次。或者为了避免重复，一个用"了"标记完成体，另外一个动词用其他完成体标记，如"到"。

---

① "过"是经历体标记，在表示先后动作序列义的广义连动结构中，"过"的出现非常受限制，一般不能用。例如不能说"脱过鞋上床""脱鞋上过床"，或"穿过大衣出去""穿大衣出去过"。所以这里只讨论完成体标记"了"的使用情况。

（54）脱了鞋上了床。

去了上海联系了业务。

她听到这个消息哭了。

在副词的使用方面，表示动作先后序列义的广义连动结构和狭义连动结构也是不同的。上文中已经提到过表示连接关系副词"就"可以插在两个动词之间。表示瞬间短时意义的副词"马上"可以放在两个动词之间，也可以放在两个动词前。但是当其在两个动词之前的时候，既可以理解为修饰第一个动词，也可以理解为修饰两个动词，这种歧义在具体的上下文中可以消除。如下例所示。

（55）a 穿上大衣马上出去。　　　b 马上穿上大衣出去。

a 我吃了饭马上去北京。　　b 我马上吃了饭去北京。

a 他脱了鞋马上上床。　　　b 他马上脱了鞋上床。

a 他到商场马上买东西。　　b 他马上到商场买东西。

a 跑上海马上联系业务。　　b 马上跑上海联系业务。

对比狭义连动结构和广义连动结构，狭义连动结构是单句结构，而广义连动结构是隐含目的从句或并列从句结构。这是两者的根本性、定义性差别。这一节中我们继续探讨了这一根本差别在其他句法特征方面的体现。我们发现狭义连动结构中体标记只出现一次，可以只出现在 V_1 后或者只能出现在 V_2 后，但是无论在哪个位置，两个动词共享一个体标记。两个动词中间不能插入副词性成分，副词性成分只能在两个动词之前，修饰两个动词。广义连动结构中体标记可以出现两个。"了"既可以出现在 V_1 后，又可以出现在 V_2 后，也可以两个动词后都出现。或者一个是完成体标记"了"，另外一个是"上""到"等其他表示完成义的标记成分。且体标记无论出现在哪个动词后,都仅仅标记该动词的动作完成,两个动词不共享体标记。两个动词中间可以插入副词修饰成分。

(三) 实际语料中两种连动结构的体标记及状语使用情况

1. 体标记使用情况

上一节中我们通过体标记使用的句法测试,从理论上讨论了狭义连动结构和广义连动结构的不同。这一节中我们结合前人研究,来分析实际语料中"了"标记在两类连动结构中的使用情况。赵淑华(1990)统计了小学语文课本中带"了"的连动结构119句,详细分析了"了"出现的位置和不同语义类型连动结构的关系。我们发现狭义连动结构和广义连动结构的区分,以及我们对于两种结构中体标记出现位置和共享情况的理论分析,能完美地解释赵淑华(1990)文中发现的实际语料中呈现的规律和差别,也能解释其文中不能解释的现象。

赵淑华(1990)把带"了"的连动结构分为四类:V_1和V_2表示先后动作、V_2表示目的、V_1表示方式和工具、V_2表示结果,然后内部再分次类。显然该研究中并没有区分狭义和广义连动结构,也没有注意到这两类连动结构的差异。但其发现的规律正好清晰地印证了我们对于这两类结构的区分。她文中的V_1和V_2表示先后动作和V_2表示目的意义的连动结构,刚好对应我们的广义连动结构。她文中的V_1表示方式和工具、V_2表示结果的连动结构,刚好对应了我们的狭义连动结构。下面在赵淑华(1990)研究的基础上,我们来看一下实际语料中体标记"了"出现的规律,以及和两类连动结构的关系。下面的例子都来自该研究。

首先,我们来看狭义连动结构。上一节中,我们通过句法测试指出,在狭义连动结构中"了"只能出现一次,或者在V_1后,或者在V_2后,根据连动结构语义类型和语义中心不同而不同。赵淑华(1990)的发现与我们的理论预测是一致的。她发现，V_1 为"来""去"的连动结构，V_1 表方式或工具的连动结构，"了"只出现在 V_2 后。

（56）他们来问了几道数学题。
小刚去借了两把椅子。
我们从坝顶乘电梯下了大坝。
他们只得借钱买了点稻草、芦席和毛竹……
王冕用省下来的钱买了画笔、颜料……
我用恐怖的眼光瞅了瞅父亲。
小周哽咽着接过了绑腿。

宾语共享类、受益类的连动结构中，"了"在 V_1 的后面。这两类连动结构都表示 V_1 动作后取得一个结果，然后 V_2 再对这个结果进行处置。赵淑华（1990）发现，这时即使 V_2 是已经完成的，也无须再用"了"。

（57）这时候，永良也抓了一条鱼放进桶里。
我先夹了一块山芋吃。
熊妈妈摘了几个西红柿给小熊。
母亲倒了一杯茶给张老师。

这些发现都印证了我们的观点，在狭义连动结构中，两个动词只有一个体标记"了"，"了"是两个动词共享的，无论其出现在 V_1 后，还是 V_2 后，都是标志着两个动作均已完成。

然后，我们再来看广义连动结构。我们通过理论分析得出，对于该类连动结构来说，理论上"了"可以出现在 V_1 后，也可以出现在 V_2 后，也可两个动词后都出现。但是，在实际语言运用中哪一种情况居多？朱德熙（1982）提到，表示动作先后发生的连动结构，最容易在 V_1 后加"了"。如"摘了手套握手""见了面慢慢谈""花了钱受气""过了春季回学校"。赵淑华（1990）在实际的语料调查中也发现，"了"一般出现在 V_1 的后面。她提到的以下两种"了"出现在 V_1 后的连动结构，都是属于本书定义的广义连动结构。

一种是，V_1 和 V_2 表示先后发生的两个动作，"了"往往也出现在 V_1 之后。一般 V_1 这个动作结束之后，才会发生 V_2。但两个动作是否处于完成状态，有不同的情况。如果 V_1 已完成，V_2 未完成，"了"出现在 V_1 后。如果 V_1 和 V_2 都已完成，"了"往往也出现在 V_1 之后。如下面（58）组例子中第一个例子中 V_1 是"进"，有完成体标记"了"，已完成。V_2 "走向鸡窝"是未完成的。第二个例子中 V_1 是"睡"，有完成体标记"了"，已完成。V_2 "起来"可以在上下文中看出来该动作是已经完成的。

（58）早上，我进了鸡栅走向鸡窝。
　　　我睡了个懒觉起来。

另一种是，V_1 和 V_2 表示因果关系的时候，"了"也是出现在 V_1 后。如下例所示：

（59）老师傅听了哈哈大笑。
　　　大家看了这两个人都非常失望。

我们发现，这两组广义连动结构的例子显示，两个动词是不共享体标记的，（58）中的例子显示两个动词可以有自己独立的体标记。并且两个动词的体可以一致，都表示完成；也可以不一致，一个表示完成，另一个表示未完成。(59)的两个例子中,两个动作也都是完成的。其中 V_1 动作的完成通过"了"来体现。V_2 虽然没有明显体标记,但是都是复杂动词短语,如"哈哈大笑"和"非常失望",也是表示动作或状态已经完成。因此,这两组广义连动结构中的两个动词可以有两个独立的体标记,其中一个体标记是"了",另外一个可以是已完成,也可以是未完成。也就是说,两个动词在体的表达上,可以有两个值。用"了"完成体标记的一般是第一个动词,这是因为从语义表达上来说,这种先后动作序列义的广义连动结构,往往倾向表达一个动作结束之后另外一个动作开始。这和狭义连动结构是完全不同的,狭义连动结构中两个动词只共享一个体标记,只有一个体值。

赵淑华(1990)发现,当 V_1 和 V_2 表示目的关系的时候,"了"出现在 V_2 后面。V_2 表示 V_1 的目的,虽然 V_1 在 V_2 之前已经完成或实现,也不需要在 V_1 后用加"了"。

(60) 大家上街买了一些当地的土特产。
罗盛教钻出水面吸了口气。

有目的关系的两个动词中,第二个动词往往是语义的中心,所以这种情况下"了"用在 V_2 后面也是自然的。这时一般两个动作都已完成。前面我们提到过,这种情况下两个动词也是不共享完成体标记的。表示目的的动作已经完成,可以根据常识推断为了达成目的而做的动作也一定先完成了。上面的第二个例子也显示,其实 V_1 也可以有自己独立的体标记"出"来表示完成。

赵淑华(1990)还发现了有少数例子中,"了"既可以放在 V_1 后,也可以放在 V_2 后。如下例所示。她认为这不符合"'了'只能放 V_1 后或只能

放 V_2 后"的规律，是例外情况。她不能解释为何会出现这样的例外。

（61）a 他搬个凳子坐了下来。
　　　b 他搬了个凳子坐下来。
（62）a 我找个干净地方放下了箱子。
　　　b 我找了个干净地方放下箱子。

其实根据笔者的分析，这种情况也很容易解释。因为这些广义连动结构的例子都是单纯表示先后发生的序列动作。两个动词都可以是已然的，在语义上重要程度又等同。所以很自然两个动词都可以用"了"表示完成。但实际运用中，为了避免重复，往往一个用"了"，另外一个用其他体标记表示已经完成。如果放在 V_1 后，V_2 可以通过其他体标记表示已经完成。如果是放在 V_2 后，V_1 因为时间先后序列关系也可以推断出来已经完成。所以，这样形成的客观现象就是赵淑华（1990）所观察到的，"了"既可放在"V_1"后，也可放在"V_2"后。

因此，赵淑华（1990）关注的焦点在于"了"出现在什么位置，试图找出"了"出现的位置和连动结构语义类型的关系。她没有注意到尽管表面上看来，狭义连动结构和广义连动结构似乎都只有一个"了"，但是"了"在两类结构中的管辖范围是不同的。在狭义连动结构中只能有一个完成体标记"了"，且两个动词共享该体标记。而在广义连动结构中，两个动词可以有两个独立的体标记，其中一个体标记是"了"。"了"的管辖范围仅限于一个动词，两个动词不共享体标记"了"。换句话说，虽然狭义连动结构和大多广义连动结构表面上都只有一个"了"，但是狭义连动结构中两个动词只有"了"一个体标记，只有一个体值；而广义连动结构中可以有两个不同的体标记，可以有两个体值，"了"仅仅是两个体标记之一。

尽管赵淑华（1990）观察到两个动词表示先后动作的含义时，两个动词不一定都使用完成体，可以一个是完成体，另一个是未完成体。不过，我们发现，先后序列型的连动结构中，两个动词的体标记往往还是趋于一致的。如果一个是完成体，另外一个往往也是完成体。如果一个是未完成体，另外一个往往也是未完成体。如下面例子中第一句两个动词"背"和"来到"都是完成体。

(63) 背起吉他来到了地铁口。

但这种广义连动结构中体标记的一致，并不等同于狭义连动结构中的一个体标记范畴管辖范围涵盖两个动词。这里每个动词有自己独立的体标记。

综上所述，实际语料中的发现完全印证了我们的理论分析。即狭义连动结构中体标记只能出现一次，是共享的。而广义连动结构中两个动词不共享一个体标记，每个动词可以有自己独立的体标记，两个体标记多数情况下在完成状态上是一致的，也会有不一致的情况。

2. 状语及副词的使用情况

赵淑华（1988）讨论了连动结构中状语的位置及语义修饰关系。其发现也非常吻合我们关于狭义连动结构和广义连动结构的区分①。首先，赵淑华（1988）发现有的连动结构中表示范围、语义或关联意义的状语都出现在两个动词之前。而有的连动结构中表示关联作用的状语就处于两个动词之间。而这种状语出现的两种不同位置，正好对应于我们的狭

---

① 状语性修饰成分和副词有很多种，这里只探讨三类跟狭义连动结构和广义连动结构及语义区别相关的修饰性成分。赵淑华（1988）还探讨了表示动作情状的状语修饰成分，这类修饰成分都可以修饰两类连动结构，没有区别性，所以这里不再提。

义连动结构和广义连动结构的区分。试比较下面例（64）和例（65）：

(64) 野炮、山炮、榴弹炮、火箭炮，各式各样的炮，<u>都</u>排成一字形的横列前进。（表方式）

我一句话也说不上来，<u>竟</u>扑倒在他怀里哭了。（动结式）

来参观的老师<u>也</u>帮着维持秩序。（表陪伴协同）

(65) 他脱下衣服<u>才</u>露出伤疤。（先后序列）

雨来的小朋友铁头和三钻儿几个人，听到枪声<u>都</u>呜呜地哭了。（先后序列）

妈妈……把脸一沉，叫他过来，扭身<u>就</u>到炕上抓笤帚。（先后序列）

第一组例子中"都"、"竟"和"也"都是出现在两个动词之前，而第二组例子中"才""都"和"就"都是出现在两个动词之间。根据我们的分析，这个现象很容易得到解释，前面一组例子分别表示方式义、动结式和协同义，是狭义连动结构，两个动词处于一个从句范围内，副词性修饰成分不能插入两者之间。后一组是表达先后序列动作义的广义连动结构，两个动词处于两个从句范围内，中间可以插入副词性修饰成分。

另外，赵淑华（1988）还发现，有的连动结构中，前后两个动作可以有自己的介词修饰状语，表示处所或方向等。而这些例子也正对应于我们所说的广义连动结构。如下面一组中第一个例子中"从石缝里"修饰第一个动词短语"抠土"，第二个例子中"向四周"修饰第二个动词短语"望去"。

(66) 大家<u>从石缝里</u>抠土垫树坑。

我们站在月台上<u>向四周</u>望去。

而对于狭义连动结构来说,表示处所或方向的状语成分,是修饰两个动词短语的,一般在 VP₁ 前,甚至在 VP₂ 前也说得通。例如下面例子中的状语性成分"从延安"可以在第一个 VP"乘飞机"的前面,也可以在第二个 VP"到重庆去"的前面。但无论在什么位置,都是修饰两个动词短语。

(67) 抗日战争时期,有一次,周恩来同志从延安乘飞机(从延安)到重庆去。

(四) 狭义连动结构和广义连动结构的语法化

狭义连动结构和广义连动结构,不但在句法结构、时体标记共享和副词及状语的使用等方面呈现出明显的、系统化区别,而且在语法化方面也有显著区别。狭义连动结构的语法化结果往往是语法化为体标记、介词等句法功能性成分,或者词汇化产生出许多固定搭配。而广义连动结构语法化的结果,一般是演变出一些表示篇章意义的功能性成分。

狭义连动结构语法化为体标记、介词等句法功能性成分,这种研究在国内外都非常多,也已经相对深入。很多研究中提到连动结构是很多语法化现象的来源。这些研究中所指的连动结构一般都是本文中所说的狭义连动结构[1]。典型的研究如认为动词前宾语标记"把",是来源于表示把持意义动词"把""将",是由动词演变为介词(张赪 2002 等)[2]。

---

[1] 在关于古汉语及语法化研究中,有人称这些语法化来源的词加动词组合结构为连动结构,有人称并列结构。古汉语句法和现代汉语差别很大,本书不再深入讨论古汉语中连动结构如何界定。

[2] 即使都是狭义连动结构,不同的种类语法化的路径可能也不一样。Waltraud(2008)指出,在讨论连动结构语法化时,应该具体明确是哪一种类型的连动结构才能语法化。她指出,虚化的宾语标记介词"把"来自哪一个连动结构,历时研究中没有说清楚,是宾语共享(如"将鸭私用")这个例句没问题吧?我看不懂是什么意思的把字句,还是工具意义的把字句(如"卿将玉仗敲花瓣")? Waltraud(2008)认为前一种结构不能语法化为介词,只有后一种结构才可以。

"在"由表示地点的动词,语法化为表示进行的体标记。动词"给"语法化为表示被动的标记(Peyraube,1988)。汉语及很多方言中言说动词语法化为标句词(Chappell,2008)。很多动词也都慢慢虚化为表示时体意义的虚词。例如,徐丹(2006)讨论了"来""去"表示虚化的时体意义。玄玥(2018)讨论了完结补语虚化后表示完成体的意义。

狭义连动结构词汇化的研究也有一些。宾语共享类或动结式类容易演变成固定的四字格结构或复合词。Matthews(2006)指出粤语中对称的连动结构容易词汇化,例如,很多四字格成语都是来源于对称的连动结构,如"看菜吃饭""借刀杀人"。王姝(2012)、谭景春(2008)提到有些动词结构紧缩导致动词语义增值和扩展。

广义连动结构的语法化现象和狭义连动结构不同。广义连动结构本身表示动作的先后时间序列,很多高频使用的动词在广义连动结构中,往往语法化为语篇层面的功能性成分。例如,高增霞(2006)中提到的"完了""回头"等,是由连动结构语法化出来的,表示语篇连接的成分。她提到的连动结构就是本书中的广义连动结构。李宗江(2006)一文中详细分析了"回头"语法化的条件和过程,认为"回头"从表身体动作的词组词汇化为一个词,最后语法化为一个表示时间性的副词和篇章连接成分,主要用于非现实句。王丹凤(2016)讨论了"张嘴"在未语法化的连动结构中,主要引进伴随动作或前提条件性动作,但是在后接表示抽象动词的连动结构中演变成单纯的连接性成分。这些固化的语法化成分,都是在广义连动结构的语境中语法化为篇章连接成分。这与广义连动结构本身功能更倾向于表达篇章功能的本质有关。

总的来说,狭义连动结构的语法化研究最多,狭义连动结构的词汇化研究、广义连动结构的语法化及词汇化研究都偏少。

(五)狭义连动结构与广义连动结构的事件表达

第二章中我们讨论过,语言学界针对连动结构表达"一个事件"有两种理解：一种理解是认为，连动结构表示非连动语言中的一个动词事件，是一个由次事件组成的宏事件；另一种理解认为，连动结构是把几个从句的信息压缩到一个从句，表示一种由宏事件组成的复杂事件。前者动词之间语义关系比较紧密，类似于原因结果的语义关系链条。而后者动词之间关系比较松散，它是由说话者选取一些相关动作组成一个更大的语义连贯的组合事件。这样的事件序列组合，相互之间不一定有客观逻辑关系，而是一种人为选择的动作组合。汉语中的狭义连动结构和广义连动结构，其语义便分别对应了这两种事件表达结构。

狭义连动结构表示一个次事件组成的宏事件。次事件和次事件之间的关系比较多样化：可以表方式或工具，如"躺着看书"和"拿刀切菜"；可以表示动作结果或动作位移，如"送一个箱子来""洗干净衣服""去买菜"；可以表示先后相继发生，如"做饭吃"；可以表示两个动作协同发生或相互依存，如"陪他吃饭"和"替他补衣裳"。次事件之间语义联系紧密，次事件是宏事件不可分割的组成部分。例如，表示方式或工具使用的动作"躺着""拿刀"一定是伴随后面的主要动作"看书""切菜"进行。表示动作、结果和协同意义的两个动作也不可分割，"送""洗"的动作过程也是"来""干净"的动作过程。"买"的过程必定隐含着"去"的过程。"陪他吃饭"中"吃饭"的动作不断进行就是"陪他"的过程，"给他补衣裳"中"给"的抽象动作也是依托"补"的动作完成。"做饭吃"中"做饭"的自然目的和后续动作就是"吃"。因此，狭义连动结构中两个动词之间的语义联系，是一种客观的、必然的、内在的联系，两个动作不可分割。并且狭义连动结构中两个动词短语之间的紧密联系，也体现在两个动词短语的论元共享上，回顾我们第一章第（二）节关于狭义连动结构的语义类型讨论，可以发现，狭义连动结构中如果 V_1 是不及物的，两个动词只共享主语；如果 V_1 是及物的，则 V₁ 的宾语也在 VP₂ 中充当语义角色。所以两个动作的语义联系非常紧密。

而与此相对，广义连动结构表示两个先后发生的序列动作。两个动词所表示的动作语义关系没有那么紧密，比较松散①。如"回到家发现门开着""穿上大衣出去""到上海联系业务"，这些结构中两个动作之间的联系不是客观必然的，而是受生活习惯、文化习俗、具体语境等因素的制约。在这些因素的制约下，两个动作临时形成一个有关联的复杂事件。比如"到商场"的目的，不一定是"买东西"，还可能是"找人"。"穿上大衣"以后，也不一定非得"出去"。"到上海"和"联系业务"之间也没有必然的目的关系。因此，"到商场买东西""穿上大衣出去"和"到上海联系业务"组成的三个事件，是一种临时的、跟具体语境相关的、语用层面的事件。两个动词所表示的事件，紧密性不强，是一种临时的语篇叙述表达方式。当然，这种语义联系有时会受社会文化习俗和生活习惯的影响，形成程序式的、相对固化的一组动作，如"上街买菜""举杯敬酒"。但总的来说，两个动词短语表达两个相对独立的事件，两个事件之间的关联来自生活习惯、文化习俗或具体的语境等，表示受社会文化和生活习惯制约的日常行为活动，是一种说话人根据具体语境人为选择两个先后发生的动作，构成一个复杂事件。广义连动结构中两个动词短语的语义关系松散性，也可以在两个动词短语的论元共享中体现出来。与狭义连动结构不同，广义连动结构中 VP₁ 和 VP₁ 仅仅是共享主语，没有其他语义角色的共享。所以两个动作的语义联系也更为松散。

再仔细观察两类连动结构的事件构成特点，我们可以发现，狭义

---

① 这种关系松散性，朱德熙（1982）就注意到了，他提到这属于"VP₁ 中的宾语和 VP₂ 没有直接意义联系"的连动式，两个动词结构分别代表先后发生的两个动作。

连动结构表达的是一个整体事件，两个动词所表达的两个次事件在时空上高度重合或紧密相连。在方式义（"躺着看书"）、工具义（"拿刀切菜"）、协同义（"陪他吃饭"）、动趋式（"送一个箱子来"）、动结式（"洗干净衣服"）、受益义（"替他补衣裳"）这六类狭义连动结构中，第一个动词所表示动作持续的时间过程和发生的空间，和第二个动词所表示动作持续的时间过程和发生空间，都是完全重合的。而位移动作类的"去看病"和宾语共享类"包饺子吃"中，第一个动词所表示的动作和第二个动词所表示的动作，其发生时间和空间，也是紧密连续在一起，中间没有任何间隔。因此，狭义连动结构有的是两个动作同时发生，不是遵循时间像似性原则的。有的是前后紧密衔接发生，遵循时间相像性原则。而广义连动结构是一个由宏时间组成的复杂事件。两个动词所表示的两个动作所发生的时间和空间，都是不重合的，是先后发生的，有时候中间也可以有时间间隔。也就是说，广义连动结构两个动作一定是遵循时间相像性原则的。例如"穿上大衣"和"出去"，"到上海"和"联系业务"前后两个动作发生的事件和空间都不重合，相对独立。只是两个动作在说话者叙述中，从认知上作为一个语义连贯的事件。

知道了两类连动结构的事件构成特点差异，我们就不难理解两类连动结构的句法表现差异。狭义连动结构两个动词所表示的动作语义结合紧密，两个次事件是一个整体、不可分割，功能上相当于一个谓词，所以体标记"了"只出现一次，两者共享一个体标记。因为两个次事件是在同一时空发生，所以两个动词共享一个介词地点状语，连接词"都""也""才"等都不能插入两个动词之间，也不能换成两句的表达方式。而广义连动结构中两个动词表示两个独立事件组成的复杂事件，两个事件之间有时间先后关系。所以两个动词不共享体标记，甚至每个动词可以用不同的体标记成分。两个动词词组可以分别带不同的地点状语。两个事件之间的联系,没有狭义结构次事件之间联系那么紧密,所以既可以换成多句表达的方式,也可以在中间插入不同的副词性连接成分。

总之,狭义连动结构和广义连动结构,在事件结构上的差异之处在于:狭义连动结构是一个由次事件组成的宏事件,两个次事件语义联系紧密,可以有多种语义关系链条,例如,原因结果、方式动作、路径终点等,是不可分割的整体。两个动词所表达的整个事件在一个时空中发生,因此两个动词功能类似一个谓语,时体标记只有一个,处于一个从句范围内。而广义连动结构是表示有几个宏事件组成的复杂事件,两个组成事件之间的关系受文化、习惯等因素的制约,表达一个说话者认定的有一定相关的事件。组成事件一般涉及时间、空间的变换,因此两个动词可以分别有自己的体标记,处于两个从句范围内,也可以换成多句的结构来表达。

狭义连动结构和广义连动结构的语义也有一致之处,都是表达一个语义连贯的单位。之前国内的研究将两类连动结构混在一起,没作区别,也是仅仅注意到了两者之间的共性,没有注意到两者的差别。这种语义共性也体现在时间状语的使用上。无论是狭义连动结构,还是广义连动结构,都可以共享一个非瞬时性时间状语或副词。也就是这类副词一般都放在两个动词短语前,且修饰两个动词。例如下面例(68)是狭义连动结构,其中的时间状语"每天"修饰两个动词"靠"和"活"。例(69)是广义连动结构,时间状语"日里"修饰两个动词"到"和"捡"。

(68)那时,我和妹妹每天就靠吃目前讨来的一点儿剩饭活着。
(69)我们日里到海边捡贝壳去。

上一节我们讨论到狭义的连动结构可以用表示瞬时性的"马上",而广义连动结构不可以①。但这里例（68）和例（69）中，如果用非瞬时性的时间词或副词修饰成分测试，无论是狭义连动结构还是广义连动结构，时间状语都可以管辖到两个动词短语。因此，狭义连动结构中两个动词，既可以共享一个表示瞬时性的时间修饰成分，又可以共享非瞬间性时间修饰成分；而广义连动结构中两个动词不一定能共享瞬时性时间修饰成分，但是可以共享非瞬时性时间修饰成分。因为前者是一个宏事件，而后者是包含两个宏事件的复杂事件。共享非瞬时性时间修饰成分也说明，广义型的连动结构表达的事件也是一个语义完整的整体，是相互有语义关联的复杂事件。

三 有歧义的连动结构

上文中我们已经提到狭义连动结构中，两个动词所表达的动作在时间上和空间上都是同时展开或者紧密相连，表达一个整体事件。而广义连动结构中两个动作却是先后发生的，在时间上和空间上都不重合，表达一个复杂事件。对于大部分动词连用的情况来说，只会表达其中一种语义关系。但是，也有少部分动词连用的时候，存在歧义，可以作两种理解。有歧义的主要是方式义和工具义的例子。方式义的例子如"挥手说再见"，这句话可以有两种理解：我们既可以理解为"挥手"是"说再见"的方式，两个动作同时进行。这时"挥手说再见"是一个狭义连动结构，表达一个宏事件。两个动词只有一个体标记"了"，两个动词共享这个标记。如（70）所示。另一种理解是先"挥手"，再"说再见"，两

---

① Bisang（2009）认为，可以通过测试时间性修饰成分是否管辖两个动词，来确定两个动词是否构成连动结构。如果时间性修饰成分管辖范围是到两个动词，那么该结构是连动结构。第二章中我们就指出，时间性修饰成分本身有时间长短的差别。用不同的时间性修饰成分去测试的结果是不一样的。所以不适合用做界定连动结构的标准。这一节的讨论也显示广义连动结构和狭义连动结构在非瞬时性的时间状语修饰方面并没有区别。

个动作先后进行。这时是两个先后序列的宏事件组成的复杂事件，是一个广义连动结构。这种情况下，两个动词之间可以加停顿，第一个动词可以加完成体标记"了"，"了"也仅表示第一个动作的完成。如（71）所示。

（70）挥手说再见。挥手说了再见。
（71）挥手说再见。挥手，说再见。挥了挥手，说再见。

同理，表示工具义的"拿刀切菜"也是类似，可以作两种理解，分别强调方式或者强调两个动作。前者是狭义连动结构，后者是广义连动结构。分别如（72）和（73）所示。换句话说，当理解为表示工具义时，两个动词之间是不能加停顿的。只有理解为先后两个动作的时候，两个动词之间才可能加停顿。

（72） a 拿刀切菜。 b 拿刀切了菜。
（73） a 拿刀切菜。 b 拿刀，切菜。 c 拿了刀，切完菜。

这种可以有歧义理解的结构，在时体标记上也有两种倾向。朱德熙（1982）就注意到"躺着看书"不能说成"躺了看书"。但是"提着箱子出去"可以说成是"提了箱子出去"。根据本文的分析，这种现象就不难解释。我们认为这两个例子的差别正是因为对于"躺着看书"来说只能有一个方式义的理解，所以只能是狭义连动结构。而对于"提箱子出去"这件事来说可以有两种理解。既可以理解为方式，所以可以用狭义连动结构"提着箱子出去"，又可以理解为先后两个动作，可以用广义连动结构，所以可以说"提了箱子出去"。赵淑华（1990）也注意到，表示方式类的连动结构中 V₁ 后既可以用"着"也可以用"了",如下面例子中既可以说"带着"也可以说"带了"。这里道理也是相同的,用"着"的时候是狭义连动结构,用"了"的时候是广义连动结构。

(74) 第二天清晨,我们背上枪,带了(着)一只猎狗出发。

四 小结

总结本章的讨论,我们区分了狭义连动结构和广义连动结构,给出了两类连动结构的定义标准,并且详细讨论了两类连动结构的句法和语义特征不同。分别总结如下。

汉语狭义连动结构是一个能产的结构;两个动词处于一个从句内,共享一个否定副词;每一个动词都可以在连动结构之外独立作为动词使用;两个动词之间不能有明显连接成分,包括:不能有明显的并列或从属标记或副词性连接成分,如"和""然后""一边……一边""啦""再""就""才"等,不能有明显的标点符号,如逗号和顿号。从语义类型上看,狭义连动结构包括趋向位移类、方式类、受益类、帮陪协同类、动作承接类(宾语共享类)、工具类、动结式、动趋式八种语义类型。

对比 Haspelmath（2016）关于连动结构共性特征的概括,结合本章的讨论,我们总结出汉语狭义连动结构的句法共性特征包括以下几点。

1. 狭义连动结构中两个动词有相同的时值,两个动词共享同一时间状语。

2. 狭义连动结构中两个动词有相同的体值,两个动词共享一个体标记。

3. 狭义连动结构中每个动词不能有单独的时间或事件地点修饰成分,两个动词共享一个时间或地点修饰成分。

4. 狭义连动结构有一个语调特征,两个动词之间没有停顿。

5. 狭义连动结构中有的符合时间像似性原则,有的不符合时间像似性原则。

6. 狭义连动结构中只有一个体标记和一个否定标记。

7. 狭义连动结构中动词至少共享一个论元，两个动词组除了共享主语论元之外，还可以同时共享其他论元角色。

狭义连动结构表示一个次事件组成的宏事件。次事件和次事件之间语义联系紧密，次事件是宏事件组成不可分割的组成部分。两个动词所表达的两个次事件在时空上高度重合或紧密相连。狭义连动结构一般语法化的结果是介词、体标记或标句词等。

汉语的广义连动结构是能产的结构；两个动词处于一个句子内，两个动词之间没有句号；每一个动词都可以独立作为动词来使用；表面上两个动词之间没有明显的连接成分，但是可以加上语音停顿或者"才、就、再"等时间性副词成分，即可以变成多句结构来表达相同的意思。广义连动结构的基本语义是表示两个先后发生的序列动作。在不同的语境中，这种先后发生的动作序列可以被理解为目的关系、因果关系等。结合本章的讨论，广义连动结构的句法共性特征可以总结概括如下。

1. 广义连动结构中两个动词不一定共享一个瞬时的时间状语，但是可以共享一个非瞬时的时间状语性修饰成分。

2. 广义连动结构中两个动词可以有相同的体值，也可以有不同的体值。

3. 广义连动结构中每个动词可以有单独的地点修饰成分。

4. 广义连动结构两个动词之间可以有语音停顿或者副词性连接成分。

5. 广义连动结构中两个动作符合时间像似性原则。

6. 广义连动结构中两个动词可以分别有自己的体标记，每个动词可以独立被否定。

7. 广义连动结构中两个动词仅仅共享主语论元，没有共享其他论元角色。

之前的所有前人研究均将两者混为一谈，或者以两者中的一种作为连动结构的代表，进而造成了结论的模糊和不确定。这一章的主要贡献在于，在现代汉语连动结构研究中首次区分了狭义连动结构和广义连动结构，并详细论证了两者在句法、语义、语法化和事件表达方面的系统区别。这种区分将会推进汉语连动结构的研究向深入发展。

第五章
致使义结构、次级概念结构与多动词结构

这一章中我们专门来探讨一些汉语中模糊的、有争议的结构,看是否处理为连动结构。首先是两类比较有争议的结构:一类是致使义结构,如"我请他吃饭",这类结构中,从语义上看第一个动词的宾语也是第二个动词的主语,所以文献中也一般称之为兼语句;另一类是比较有争议的,我们称之为次级概念结构,这类结构中,一个动词类似半情态助动词,表示"想""打算""希望"等跟情态相关的语义,从表面上看,似乎第二个动词是第一个动词的宾语,两者有述宾关系。这两类动词跟其他动词连用是否处理为连动结构,在国际语言学界有争议。从第一章讨论中可以看到,Aikhenvald(2006)把连动语言中出现的这两类结构都看作是连动结构。在第二章讨论连动结构界定标准时,我们提到 Haspelmath(2016)认为这两类结构的动词之间有述宾关系,不应该算作连动结构。Bisang(2009)认为这种结构是否看作连动结构需要小心对待。

笔者认为汉语中这两类结构是否算作连动结构,不能简单地从主观上随意认定,关键还是分析其句法和语义。上一章中我们区分了汉语中的狭义连动结构和广义连动结构,并指出狭义连动结构和广义连动结构

的关键区别在于,是包含一个从句还是两个从句。狭义连动结构中两个动词处于一个从句内,表达一个宏事件。而广义连动结构包含两个从句,表达一个由先后两个序列动作组成的复杂事件。在这些讨论的基础上,本章中我们再来分析致使义结构和次级概念结构。汉语中这两类句式的实际情况都比较复杂,包含很多次类,其句法表现也不是同质的,是否为连动结构不能一概而论。所以本章中我们来详细讨论这两类动词连用句子的句法和语义。下面第一节,我们讨论致使义结构的不同语义种类,及其句法是否符合狭义连动结构定义。第二节,分析次级概念结构的语义及句法,看其是否符合狭义连动结构定义。第三节,探讨两个动词之间的从属关系和狭义连动结构、广义连动结构的关系。第四节,我们再探析各种连动结构混合连接形成的多动词结构。最后是小结。

一　致使义结构

(一)　致使义结构的语义分类

汉语中致使范畴的表达有多种形式(牛顺心,2008;郭锐,2001;等等),有词汇型致使,也有分析型致使。从形式上看,动词连用、形式上类似连动结构的,主要是分析型致使结构。分析型致使结构中的动词,我们称为致使动词。其中引起致使动作的语义角色为使事(causer),受致使动作影响的语义角色为成事(causee)。分析型致使结构,根据其中致使动词的选择、致使的语义、使事和成事的选择不同,可以分为四类。

第一类和第二类致使结构,分别是使令式致使结构和致动式致使结构。分别如(1)和(2)所示。(1)中表示致使义的动词为使令动词,如"要""劝",表示命令和劝说的语义。其他类似的动词还包括"命令""通知""劝""逼""叫""盼咐"等。(2)中表示致使义的动词为致使动词,如"让",表示单纯的致使义。其他表示致使义的动词还有

"使""令""教"① 等。

（1）警察要他出示驾照。
　　她劝丈夫少喝酒。
（2）这件事很让我失望。
　　他离开后一个电话也不打，让家人很担心。

这两类分析型致使结构是前人文献中讨论最多的。尽管所使用的术语和所包括的具体动词不尽相同，汉语语法学界一般都同意把这两组句子及其对应的动词类型归为两类，不过不同研究中所使用的术语及所包括的动词会略有不同。② 这两类致使结构不但在致使义动词的选择上有差别，而且在致使意义表达上也有分工（牛顺心，2008；汤廷池，2000）。使令式致使结构的使事，一般都是充当"施事"语义角色的、生命度较高的指人名词短语，如（1）中的"警察"和"她"。成事一般也都是生命度较高的指人名词短语，如（1）中的"他"和"丈夫"。进入使令式致使结构中的第二个动词一般是动态动词或活动动词，如"出示"和"喝酒"；而与此相对，致动式致使结构的使事，可以是表示起因的无生命名词短语，如（2）中的"这件事"，甚至是小句形式，如"他离开后一个电话也不打"。成事常以"感受者"（experiencer）或"客体"充当，如（2）中的"我"和"家人"。致动式致使结构中的第二个谓词性成分一般是静态动词或形容词，如（2）中的"失望"和"担心"。

---

① "教"也有人写作"叫"。"使""令""叫""让"本身也可以作使令动词用，并且这四个词在意义上还有细微的差别。这不在本书的讨论范围之内。
② 例如，牛顺心（2008）分别称上面两类句子为"使令式"致使结构和"致动式"致使结构。汤廷池（2000）分别称其中的动词为"宾语控制动词"和"致使动词"。因为（4）中第一个动词语义上的宾语也是第二个动词语义上的主语，所以在很多文献中也经常称其为兼语句，称其中的动词为使令动词。

还有两类结构,意义上也是属于致使义的范畴,形式上也是两个动词连用。但是这两类结构前人文献中讨论比较少,一般被大家所忽视。第三类是允准义致使结构(permissive causative),表示某主体允许或禁止另一主体做某件事情。其中的致使动词一般表示允许义或禁止、反对义。这一类结构中使事和成事一般均为生命度较高的指人名词短语。例如:

(3) 妈妈反对他卖房子。
老师同意他选这个课题。

第四类是表示认定义的致使结构,表示某施事认定另外一主体具有某种属性、身份或特征等。这类致使动词如下面例子中的"选""评"等。这一类结构中使事和成事也是一般均为生命度较高的指人名词短语。例如:

(4) 我们选他当班长。
同学们评他为优秀学生。

这四类致使义结构在传统研究中也被称为兼语句。因为从表面来看,V_1的宾语是V_2的主语。但是,"兼语"的标签仅仅说明V_1和V_2两个动词之间有论元共享而已,并不说明这两个动词是否构成连动结构。需要具体分析讨论每类的句法特点。

(二)致使义结构的句法分析

上一章中我们讨论过狭义连动结构的定义特征。接下来我们先来分析这四类致使结构是否符合狭义连动结构的定义。上一章中提到汉语狭义连动结构是一个能产的结构;两个动词处于一个从句内,共享一个否定副词;每一个动词都可以在连动结构之外独立作为动词使用;两个动词之间不能有明显连接成分、明显的标点符号，如逗号和顿号。狭义连动结构表示一个宏事件，两个动词共享体标记，所表达的两个次事件在时空上高度重合或紧密相连。对于致使义结构来说，因为第一个动词的宾语是第二个动词的主语，两个动词之间是不会有其他连接成分或停顿的。所以关键的句法测试，是两个动词是否共享一个否定、处于一个从句内。下面我们以否定测试为主要句法判断手段，再辅以体标记运用、时间地点状语修饰成分的运用和语义上是否表达一个宏事件等讨论，来研究致使义结构是否为狭义连动结构。

我们发现对于致动类、允准类和认定类致使来说，情况比较简单直接，可以很容易判定其是否符合狭义连动结构的标准。而对于使令类致使结构来说，情况比较复杂。下面我们就来分别讨论各类致使句的句法和语义。

1. 致动类、允准类和认定类致使结构

首先，我们来看致动式致使结构。学界一般认为，汉语中的致动式致使结构包含一个内嵌的子句。也就是说，致使动词 V_1 是主句动词，处于主句内；V_2 是补语动词，处于内嵌的补语从句中。致使动词 V_1 和实义动词 V_2 是处于两个子句内，是两个独立的谓语（汤廷池，2000；彭国珍，2012）。我们可以用否定副词的使用，来判断两个动词处于两个从句中。致动式致使结构中两个动词不共享一个否定。虽然致使动词 V_1 一般不用否定词否定，但是动词 V_2 可以直接用"不"或"没（有）"来否定，如（5）所示。这说明，致动式致使结构中 V_2 处于一个单独的从句中，两个动词不是在一个从句范围内。

(5) 他的话 {使/教/让} 我久久 {不能忘怀/睡不着}。

交通阻塞使我 {没能/没（有）} 及时赶到台北。

该类结构中致使动词本身不容易带上体标记,但其补语动词则可以,如(6)a和(6)b所示。并且这些体标记也是仅仅标记动词V_2,不是V_1和V_2共享,也是符合多句结构的句法特征。所以,致动式致使结构不符合狭义连动结构定义标准,不是狭义连动结构。

(6) a 他的技术使/让 ＊｛了/过/着｝我佩服。
　　b 他的话｛使/让｝我｛吓了一跳/一直想着这件事情｝。

根据否定测试也可以确定,允准类致使句也是包含了内嵌的从句,两个动词分别处于主句和补语从句中,不是狭义连动结构。否定词"没有"或"不"可以放在V_1前的位置,这时仅仅否定了动词V_1所表示动作的发生,并没有否定动词V_2所表示动作的发生,如(7)所示。同样,否定词"不"也可以放在V_2前面,这时候仅仅否定V_2的动作。① 如(8)所示。这说明两个动词处于两个从句内,不是狭义连动结构。

(7) 妈妈没有(不)反对他卖房子。
　　老师没有(不)同意他选这个课题。
(8) 妈妈同意他不去北京。
　　老师同意他不参加期中考试。

并且,允准类致使句中V_2动词组可以有自己的时间或地点状语来修饰。进一步说明,两个动词所表示的动作不是在一个时空范围内进行,

---

① "反对"因为本身表示禁止,有否定的意味,所以这个语义上后面一般再用否定词不是特别自然。这是动词语义的问题,不是句法的问题。"同意"后面的第二个动词完全可以单独用否定词进行否定。

这也和狭义连动结构不同。例如:

(9) 妈妈反对他去上海买房子。
妈妈同意他毕业后去北京。

与前两类相反,认定类致使结构中,否定副词可以放在两个动词之前,其否定范围是涵盖两个动词的,如(10)所示。并且 V_2 不能单独被否定,如(11)的句子都不能说。这符合狭义连动结构定义标准,所以是狭义连动结构。

(10) 我们没(不)选他当班长。
同学们没(不)评他为优秀学生。
(11) *我们选他没(不)当班长。
*同学们评他没(不)为优秀学生。

V_2 后一般不加"了",V_1 后可以加"了"。并且,V_1 后加"了",表示两个动词动作的实现,如(12)所示,这也说明两个动词是表示一个宏事件,符合狭义连动结构的句法、语义特征。

(12) 我们选了他当班长。
同学们评了他为优秀学生。

2. 使令类致使结构

使令类致使结构的情况比较复杂。根据使令动词的不同,分析也不同。有的使令动词形成的致使结构,很明显是包含了一个内嵌的补语从句。如"叫""逼""劝"形成的致使结构中，使令动词 V_1 是主句动词，V_2 是补语动词，处于内嵌的补语子句中。因为使令式致使结构中 V_2 可以借助情态动词"要"与否定词"不"来否定，如（13）所示。

(13) a 他 {叫/逼/劝} 我去。
   b 他 {叫/逼/劝} 我不要去。

V_2 可以接受独立的否定，因此，动词 V_2 是处于一个有独立言外之力（illocutionary）的从句。使令动词 V_1 和实义动词 V_2 处于两个子句内，是两个独立的谓语。两个动词也不能共享一个体标记，如下面（14）所示，V_2 后面加经历体标记"过"，表示两个动作都发生过，是不能说的。

(14) * 我叫他去过。

使令类致使结构包含一个内嵌的补语从句，这一点汤廷池（2000）、Waltraud（2008）和笔者（2012）都曾经指出过。汤廷池（2000）还详细论证了使令动词和致使动词所包含的子句性质不同。他（2000：206）提出，使令动词，如"叫"，是以主事者名词组为主语、终点名词组为宾语，并以事件子句或者活动子句为补语的三元述语结构。其所包含的从句含有非限定、时制（+tense，-finite）语素，其主语是 PRO。而致使动词，如"让""使"是以起因名词组为主语，并以命题子句为补语的二元述语结构。其补语从句含有非时制、非限定（-tense，-finite）语素，因而无法使用 PRO 主语。因此，"叫"、"逼"、"劝"这些使令动词形成的使令类致使结构，和致动类致使结构一样，也不是狭义连动结构。尽管两个从句的性质有一些细微的差异，但都是包含了一个内嵌的从句。

第五章 致使义结构、次级概念结构与多动词结构

但是,另外的使令动词,如"请",形成的致使结构,就没有那么简单。用动词"请"的例子如下所示:

(15) 我请他们吃饭。

因为"请"本身的语义表示一个邀请和礼貌的动作,所以一般其后面跟的是一个动词的肯定式,所以一般不可能单独对 V_2 进行否定,如(16) a 所示。否定副词可以放在两个动词前面,如(16) b 所示,这时否定词的管辖范围涵盖了两个动词,也就是说两个动词共享一个否定。因此,用否定句法测试来看,这是一个狭义连动结构。并且,经历体"过"可以放在第二个动词后,如(16) c 涵盖的范围是两个动词,表示"请他"和"吃饭"两个动作都发生过,这两个动作构成了一个整体宏事件。

(16) a??? 我请他们不要吃饭。①
　　 b 我没有/不请他们吃饭。
　　 c 我请他吃过饭。

但是,问题并不是这么简单。Matthews(2006)指出,这个例子可以有两种句法分析,既可以分析成连动结构,也可以分析成非连动结构。证据来自经验体标记"过"的使用。如果"过"加在第二个动词后面,如上面(16) c 所示,表示两个动作的完成。但是如果加在第一个动词后,那么 V_2 所表示的动作则未必完成,便不是一个宏事件,如(17) a。

---

① 这句话当"请"理解为"花钱请吃饭表示热情好意"的时候是不能说的,如果说觉得可以说,那"请"表示类似"让"的意思——"让某人不要吃饭"。这里讨论的是第一个意思。因为后一个意思句法跟前面的"让"和"叫"类似。

并且，两个动词中间也可以加状语，如（17）b所示，这说明V_1和V_2所表示的两个动作的时空都是不同的。

(17) a 我请过他吃饭。
　　　b 我请他下个星期吃饭。

因此，对于（15）这样的例子来说，两种分析都可以，既可以分析成连动结构，也可以不分析成连动结构。因为V_1动词语义的限制，V_2不能接受单独的否定，两个动词可以共享一个否定、一个体标记，是狭义连动结构。同时，体标记的使用和时间状语的使用测试说明，该句子中两个动词也可以不共享体标记和时间地点状语，是包含一个从句的主从复合句。

综上所述，认定义的致使结构是狭义连动结构；致动式结构包含了内嵌的从句，不属于狭义连动结构；而使令类致使结构处于一个中间地带，有的使令动词，如"叫"，形成的致使结构句子是包含一个内嵌从句的主从复合句结构。还有些使令动词，如"请"形成的句子结构和语义有歧义，可以有狭义连动结构和内嵌从句两种句法结构分析。

（三）致使结构形式与语义的像似性关系

致使义根据使事和成事的能动性不同，以及致使动作状态变化的方式、手段不同，可以分为直接致使义和间接致使义。直接致使义中，使事一般是一个有意志力的人或物，成事一般是受事或主题（theme）。使事对成事施加动作影响，一般有直接的物理接触，直接导致其状态变化，表达直接致使义。如英语中的"break"、汉语中的"打破"。间接致使义中的成事一般是有生命的或者有意识的，并且对其状态的变化有一定的控制力（control）。使事对成事做出一些命令或指示。但是，最终事件的完成或状态的变化还要依靠使事的能动性参与。如一些表达命令和请求的致使义。

众多关于致使结构的类型学研究成果都发现,许多语言都会运用不同形式来区分直接致使义和间接致使义,语言形式的紧凑性和致使意义的直接性相关,直接致使义总是用更紧凑的语言形式表达,而间接致使义总是用不太紧凑的语言形式表达。从分析型、曲折型到词汇型的形式连续统,对应了从间接致使义到直接致使义的意义连续统(Comrie,1989:171;Dixon,2000:77)。Haiman(1983:783-788)也指出,这说明致使结构形式和语义之间符合像似性原则:如果一个语言中有两个结构形式不同的致使结构,那么这两者之间的语义差别在于原因(cause)和结果(result)之间的概念距离不同,且概念距离对应两者之间的形式距离。即一种语言中形式较为简单紧凑的致使结构表示直接致使义,原因和结果事件基本融合在一起;而较为复杂的致使结构则表示间接致使义,原因和结果不一定同时同地发生,一般通过命令实现间接致使行为,且成事一般是有生命或者有意识的。

在这些理论背景下来看汉语中分析型致使结构,我们会发现,汉语中上述四类致使结构显然都是分析型致使结构,表达间接致使意义。但是内部的句法和语义并不同质,而是有不同的程度差别,但其语义和句法关系完全符合像似性原则:从致动式致使结构到认定类致使结构,在句法结构上是由两个分句结构到一个分句的连动结构,形式越来越紧凑。语义上由间接致使义到接近直接致使义,语义距离越来越近。因此,其句法和语义都形成一个连续统。

这个连续统的一端是分析性最强、间接致使义最典型的致动式致使结构,如"使""令""让"等,表达典型的间接致使义。使事发出命令,或者使事是一些特定情景或特征的事物,或者是一个命题,这些都不能直接导致 V_2 动作的完成或状态的实现。V_2 动作的完成是由成事发挥主动性和能动性来完成的。允准类结构也是类似,表示典型的间接致使义。也就是说，对于间接致使义来说，V_1动作的本身并不能直接导致V_2动作的结果实现，而是成事本身的能动性对V_2动作结果的实现有决定性意义。在句法上，致动式致使结构和允准类致使结构中，V_1和V_2明显构成两个从句，一个是处于主句内，另一个是处于内嵌的补语从句内。

这个连续统的另一段是分析性最弱，间接致使义最弱，接近直接致使义的认定类致使结构。这类致使结构的语义，不如"打破"这样的直接致使义那么直接，没有物理的接触。但是V_1动作的完成基本决定V_2动作的实现，虽然成事也一般是人，但是对结果的控制力较小。例如"评他为三好学生"中"评"的动作完成就意味着"为三好学生"动作的实现。虽然"我们选他当班长"中"他"对"当班长"有一定的控制能力，但是和"使""令""让"等结构中的成事相比，该句中"他"的能动性和主动性都差很多。一般被选上担任某一职务的人都有履行责任的义务，很难推脱。因此，从语义上来说，认定类致使结构所表达的致使意义更加接近直接致使意义。从句法上来说，认定类致使结构中两个动词是处于一个从句范围内，是一个单句的狭义连动结构。

处于连续统的中间是分析性和间接致使义都处于中间状态的使令类致使结构，如"请""劝""叫"之类。这类致使结构中使事和成事对于V_2结果的实现所起的作用基本对等，如"我请他吃饭"中"我"和"他"对于吃饭这个动作的完成所具有的控制力不相上下。或者随具体致使词汇不同，使事和成事之间的分工有些细微的差异。例如"请"和"逼""劝"的致使力度就有差异。因此，从语义上来说，使令类致使结构表达的致使义处于一种中间状态。我们前面的分析也显示，其句法上也呈现一种中间状态。"逼""叫""劝"类致使结构是一个主从复合句结构，而"请"类致使结构可以有两种分析，既可以是狭义连动结构，也可以是包含内嵌从句的主从复合句。

进一步来说，使令类结构会允许有两种结构的分析，这与使令动词本身表示的致使意义强弱有关系。从致动式致使到认定类致使结构的连续统中，随着致使意义从间接致使义过渡到接近直接致使义，V_1动词的致使力也越来越强。致动式中的"使""让"致使力较弱，不能直接导致V_1动作结果的实现。认定类致使中"选""评"致使力较强，基本可以导致V_2动作结果的实现。而使令类致使结构中的动词处于一种中间状态，其中的使令动词致使力强弱有差别。如"叫""嘱咐"这样的动词致使力较弱，而"请""派"这样的动词致使力较强一些。并且，这种致使力强弱不仅受动词语义的影响，也受语用因素的制约。如受客观世界中两个动作主体之间的权利关系、社会地位、时间场合限制等众多因素的影响。所以有时候致使力很强，V_1动作发出以后，V_2的动作基本都会容易实现。例如"请人吃饭"中，发出邀请的人处于交际中优势地位，一般被请的人出于礼貌多会同意完成"吃饭"的动作，"请"和"吃"结合很紧密，两个动作发生的时空紧密相连。有时候被邀请的人处于交际中的优势地位，"请人"动作的发生并不意味着"吃饭"动作的发生，或者并不意味着同时发生。因此，我们说在使令类致使结构中，当动词致使力强的时候，V_1的动作导致V_2动作的完成，两个动词形成一个整体宏事件，构成狭义连动结构。当动词致使力弱的时候，V_1动作和V_2动作是两个事件，不是狭义连动结构，而是包含一个补语从句的主从复合句。

二 次级概念结构

"次级概念"（Secondary concept）的说法来自 Dixon（1991：88），表达这些概念的词汇可以给其他动词提供语义上的修饰。次级概念动词和另外的动词组成的动词连用结构都被 Aikhenvald（2006）归为连动结构。表达次级概念的动词有两类：第一类是表示义务、可能、开始、尝试等意义的动词。这类动词不会给连用的动词增加论元角色。第二类是表示打算、希望、计划等意义的动词。这类动词可能会给连用的动词增加一个论元角色。

次级概念动词在汉语中比较多。有些动词已经完全变成助动词，特别是表示义务、可能等情态意义的词，都已不能单独作谓语动词使用，如"可以""可能""应该"等。但是汉语中还有很多次级概念动词完全可以作为独立动词来使用，表达具体的意义。这些动词与其他动词连用是否构成连动结构，在汉语连动结构研究中讨论很少。笔者认为这些不能一概而论，也需要具体情况具体分析。

首先来看第一类次级概念动词和其他动词连用，如"开始""准备""起头""接着""尝试"等。这一类赵元任（1972）提到过。他指出，有一类连动结构表示第一动作加在第二动作上。如（18）中的例子：

（18）起头儿做事。
　　　开始工作。
　　　接着说下去。

这类次级概念动词不会给后面的动词增加论元角色，也就是说，两个动词是共享一个主语的。如果用否定测试来检验，我们可以发现，这类动词连用中两个动词共享一个否定副词，如（19）和（20）中的 b 句所示，并且 V_2 不能单独接受否定，如（19）和（20）中的 c 句所示。所以这类动词连用可以分析成狭义连动结构。

（19）a 开始工作。
　　　b 没/不开始工作。
　　　c * 开始不工作。
（20）a 准备买书。
　　　b 没/不准备买书。

c *准备不买书。

因为这些次级概念动词一般表示未然状态,所以一般不带"了""着""过"等体标记,但是如果有时间状语或地点状语,既能放在两个动词之前,也能放在两个动词之间。不论放在哪个位置,该状语都是修饰两个动词,如(21)和(22)所示。这也说明两个动词形成一个紧密连接的宏事件,表达的动作在一个时空范围内。

(21) a 在办公室开始工作。

　　　b 开始在办公室工作。

(22) a 明天准备买书。

　　　b 准备明天买书。

再来看第二类,表示打算、计划、希望等意义的词与其他动词连用。这些次级概念动词和其他动词连用,既可以增加后面动词的论元,也可以不增加。也就是说,两个动词既可以共享一个主语,也可以第二个动词有自己的主语。我们先看两个动词共享一个主语的情况。如下面的例子中,"希望""打算"和"想"组成动词连用的句子。用否定副词的使用来测试,可以发现否定副词只能放在两个动词前面,一起否定两个动词,如下面三例中b句所示。不能只放在第二个动词前面单独否定第二个动词,如下面三例中c句所示。所以两个动词共享否定,是处于一个从句内的,是狭义连动结构。

(23) a 我希望报考这个学校。

　　　b 我不希望报考这个学校。

c＊我希望不报考这个学校。①

（24）a 她打算考研究生。

b 她没/不打算考研究生。

c＊我打算不考研究生。

（25）a 我想学钢琴。

b 我没/不想学钢琴。

c＊我想不学钢琴。

有些次级概念动词可以不和后面动词共享一个主语，第二个动词有自己的独立主语，如"希望"和"想"，如（26）和（27）的 a 句所示。这种情况下，第二个动词可以用"不要"单独否定，如（26）和（27）的 b 句所示。如果否定词放在第一个动词之前，如 c 句所示，否定词"不"管辖的范围只是第一个动词。因此，在这种情况下，两个动词不共享一个否定，处于两个从句范围内，不应该分析成狭义连动结构。这里动词"希望"和"想"后面带的是一个宾语从句。

（26）a 我希望你报考这个学校。

b 我希望你不要报考这个学校。

c 我不希望你报考这个学校。

（27）a 父母想孩子学钢琴。

b 父母想孩子不要学钢琴。

c 父母不想孩子学钢琴。

---

① 这三句中的 c 句的接受程度，不同的人可能有不同程度的差异。但可以肯定的是 c 句没有 b 句自然。

因此，总结本节的讨论，可以发现，表示"开始""准备"等意义的次级概念动词和其他动词连用构成狭义连动结构。表示"希望""打算"等意义的次级概念动词和其他动词连用，如果两个动词共享一个主语，则是狭义连动结构。如果两个动词不共享一个主语，则构成宾语从句结构。不过，表示次级概念意义的动词汉语中有很多，本节的分析还比较有限，是否都是如此还需要进一步对这类词形成的句式作系统、全面的分析。

三　从属关系与连动结构定义

上面讨论的两大类结构，致使义结构和次级概念结构，其在和另外一个动词连用的时候，两个动词从语义上看都有从属关系。致使义结构中第二个动词从语义上看，是第一个动词的补足性成分。次级概念动词连动中第二个动词从语义上看，是第一个动词的宾语。传统研究中也经常称这类为谓词性宾语。无论第二个动词是第一个动词的补足性成分，还是第一个动词的谓词性宾语，都只是说明这两个动词在语义上有从属关系。因此，这里需要讨论的一个重要理论问题就是，两个动词如果在语义上构成从属关系，是否句法上还是连动结构。

我们在第二章讨论如何定义连动结构的时候提到，关于两个动词之间有述宾关系的动词连用是否构成连动结构，前人的观点就是有分歧的。Haspelmath（2016）认为，致使义结构和次级概念结构中两个动词之间有述宾关系，不应该算作连动结构。因此，他在跨语言连动结构的定义标准中特别单列出一条标准，即"两个动词之间不能有述宾关系"。而Bisang（2009）指出，很多连动语言中动词在形式上不区分有定和无定，所以致使义结构是否属于连动结构需要谨慎对待。

纵观本章前面两节的讨论，我们可以发现两个动词在语义上有从属关系，跟句法上是否构成连动结构，这两者之间没有必然的因果关系。

上面的讨论中，笔者已经证明这些结构中有的是狭义连动结构，有的不是狭义连动结构。换句话说，两个动词之间的语义关系和句法关系并不是完全对应的。进一步说，两个动词的语义从属关系，并不影响该结构从句法上是否分析为狭义连动结构。狭义连动结构和多句结构的关键区别在于，前者的两个动词是处于一个从句内，两个动词功能类似一个谓语，共用一个体标记，表达一个宏事件。上面的讨论中我们已经证明，认定类致使结构和主语共享的次级概念结构在句法上都是只包含了一个从句，是狭义连动结构。我们在第三章讨论两个动词之间的句法关系时就提到，"并列""从属"的关系在语法的各个层面都是存在的，在词汇、词组、从句和句子层面都存在。所以即使是狭义连动结构，两个动词之间语义上也不一定完全对等。

此外，从上面的分析中可以得出，有些结构包含两个从句。例如，致动式致使结构、允准类致使结构和主语不共享的次级概念结构。那接下来一个问题是，这些结构是不是广义连动结构？因为上一章中我们提到，广义连动结构中两个动词也是处于两个从句中，如"穿上大衣出去"也是包含了两个从句。既然上面提到的这几类结构不是狭义连动结构，并且也是包含了两个从句，有没有可能是广义连动结构？我们上一章中提到广义连动结构是一个隐性的并列从句。表面上两个动词之间没有明显的连接成分，但是可以加上语音停顿或者"才""就""再"等时间性副词成分，即可以变成多句结构来表达相同的意思。两个动作之间有先后发生的关系，由同一个主语发出。根据上下文不同，除了表示单纯的动作先后关系之外，还可以解读为因果、目的等关系。广义连动结构中两个动词的连用是基于文化、社会生活习惯等语用因素连在一起。因此，对比广义连动结构的概念，可以发现致动式致使句、允准类致使结构和主语不共享的次级概念结构不是广义连动结构。两个动词之间不能加上其他连接成分，两个动词之间的连用关系不是一种语用上的连用，而是基于致使动词本身的语义和论元结构需求的连用。所以这些结构是主从复合句结构，两个动词所属的两个从句之间是主句和补足语从句关系。

综上所述，对于狭义连动结构的界定来说，不论两个动词的语义上是否有从属关系，只能从句法表现上来判断其是不是连动结构。如果两个动词在句法上属于一个从句，那么两个动词功能类似一个谓语，就不是句法上的从属关系（述宾关系）。尽管一个从句内两个功能类似一个谓语，在语义地位上一个稍强、一个稍弱，或者一个为主、一个为次。换句话说，如果两个动词之间有语义从属关系，当两个动词处于一个从句的时候，句法上两个动词构成连动句，功能类似一个谓语。当两个动词处于两个从句时，句法上两个动词构成主从关系，一个是主句动词，一个是从句动词。也就是说，两个动词语义上的从属关系和句法上的从属关系只有当两个动词属于两个从句的时候才是对应的。因此，对于狭义连动结构来说，"一个从句"句法标准的本身，已经排除了动词之间有"从属（述宾）关系"。对于广义连动结构来说，两个从句之间是隐性并列从句，所以也没有从属关系。

四 多动词结构：连动结构的连用

至此，我们已经讨论了狭义连动结构和广义连动结构的定义及其各种句法区别。上面举的例子多数是两个动词，也有少数三个动词的例子，如"上街去买菜"。实际语言运用中，三个及三个以上的多动词连在一起的现象也非常普遍。对于多个动词连用，前人在汉语连动结构研究中讨论较少，只有少数提及多动词连用情况。朱德熙（1982）认为，多动词连用是简单连动结构构成的复杂连动结构，指出复杂连动结构也可以由前后两个直接成分组成，如"没有工夫跟着你到处乱跑"有"没有工夫"和"跟着你到处乱跑"两个成分组成，后者又有"跟着你"和"到处乱跑"两个成分组成。赵元任（1972）称这种复杂的连动结构是链条式连动结构。

我们发现,当多个动词连在一起的时候,有很多情况,既有狭义连动结构和狭义连动结构的嵌套,如(28)的两个句子:

(28) 抓了一条鱼放进篮子里。
　　　帮他去买菜。

也有狭义连动结构和广义连动结构混合在一起连用,或者广义连动结构连用、嵌套。如(29)的几个句子:

(29) 外婆……到外边跟人家悄悄地说话。
　　　那个男孩小心翼翼地端着一碗汤走过来。
　　　他用油纸包包了藏在鸭圈的顶棚里。
　　　他从上衣口袋里掏出钱包不情愿地拣出一张贰拾的。
　　　有人从楼上跳下来摔死了。

如果是狭义连动结构和狭义连动结构套用,形成三个动词连用,这种情况下其句法表现及事件结构组成和狭义连动结构是一致的。三个动词共享一个否定,处于一个从句内。所表示的事件也是处于一个时间和空间范围之内,仍然是表达一个宏事件。因此,还是狭义连动结构。

但是,如果狭义连动和广义连动混和连用,每个动词表示的动作已经不是处于同一时空之内,就不是狭义连动结构了。Matthews(2006)指出,多个动词连用,如"他跑回来找人去喝茶""他跑回来找人去帮你还钱给银行"仍然是一个句子,每个动词都不能被独立否定。但是,实际语言运用中,这种语义表达经常会被拆成两个句子来说。他认为这种多动词结构是一种语篇组织手段,类似英语中的句子链(clause-chaining)

篇章组织方式。笔者也认为，这样的多动词连用是一种语用上的叙述手段或者篇章组织手段。这和刘丹青（2015）的观点不同。刘丹青（2015）认为，凡是在一个句子中先后出现的几个动词，可以打包表达一个说话者认为的事件信息，都是连动结构，例如"他今天上山砍柴背回家炖了肉吃"。笔者认为，这样的多动词连用是狭义连动和广义连动的混合截搭，是一种语用的选择和篇章层面的表达方式。

对于多动词结构来说，重要的问题不是去讨论其和狭义连动结构及广义连动结构的区别，而是探索多个动词连用的语义限制条件和使用的语用条件。因为，即使在连动语言里，也不是所有的动词都能任意连用，都是有一定语义限制的。比如"他今天上山砍柴背回家炖了肉吃"这句话在实际的语言运用中，真的会这么说来表达这个意思吗，还是会用几个句子来表达这样的意思？这就需要去详细研究多动词连用的规律。第一个需要研究的问题是，哪些语义类型的狭义连动之间可以相互截搭。因为并不是任意类型的两类狭义连动结构都能截搭在一起形成地道的汉语句子。例如"上山砍柴"是表示趋向位移的连动结构，"背回来"也是表示趋向位移，实际语言运用中两个趋向位移义的连动真的会截搭在一起吗？第二个需要研究的问题是，语言使用中一个不带停顿的句子中多动词连用时涉及的空间位移转换有次数限制吗？"他今天上山砍柴背回来炖了肉吃"其中涉及了四次空间的位移和转换，"上山""砍柴""回来""炖了肉吃"都是不同的空间和位移。一句篇章组织形式的动词连用最多可以允许有这么多次的空间位移吗？笔者在收集的例子中发现这样篇章层面的多动词连用，连用的动词数量可以有五个甚至六个。但是没有发现趋向位移连动和趋向位移连动的截搭。笔者发现多动词连用的可以是帮陪义连动和帮陪义套用，也可以是趋向位移义和一个已经虚化的趋向位移义连动链接在一起，或者趋向位移义连动和动作承接义的宾语共享连动，或者动结式链接在一起，等等。并且连用动词所表达的空间位移和转换也没有四次那么多，一般多为两次。如（30）中的几个句子：

（30）可以找几个工人去帮你抬。
　　　自己不晓得走到哪里去买去。
　　　他们都搬到西雅图去找一个房子租下来了。

总之，关于哪些动词可以链接、截搭在一起形成多动词连用结构，学界还没有相关研究，尚需深入钻研。同时，多动词结构连用很多时候是一种语用的选择，说话者也可以选择多句的表达方式来表达同样的语义内容。那在什么语用条件下，说话者才会选择多动词连用的格式？这种关于多动词结构使用的语用条件研究也几乎是空白。

另外，多动词连用时很容易引起某些动词的语义虚化。因为如果有多个动词连用，在实际语言运用中，动词在语义和句法上有主次之分，语义上次要的动词就慢慢虚化，变成多动词之间的连接成分。朱德熙（1982）发现，多词结构中有很多趋向动词，"来""去""上""下"等，这些动词可以是主动词，可以和方式动词组合，也可以仅在多个动词之间起连接作用。例如：

（31）用坚韧不拔的精神去克服困难。
　　　他们打算用这个办法来帮助我。

我们发现在多动词连用的时候"去"是使用频率最高的链接词。特别是在五个、六个等更多动词连用的时候，几乎一定有"去"在中间作为连接词。如（30）中的句子都有"去"。因为多动词连用会涉及多场景事件的转换，所以用"去"来连接不同的动词也是一种词汇上的多场景事件衔接手段。

五 小结

这一章主要探讨一些比较复杂的结构是否属于连动结构。我们首先讨论了两类前人研究中极有争议的结构：致使义结构和次级概念结构。我们发现对于这两类句子来说，内部是不同质的，致动式致使结构、允准义致使结构和主语不共享的次级概念结构都是包含内嵌补语从句的复合句结构，认定义致使结构和主语共享的次级概念结构是狭义连动结构。使令式致使结构中，有些动词形成的是补语从句结构，有些动词形成的结构可以有狭义连动结构和补语从句结构两种可能的分析。作这些区别的关键标准还是看两个动词是否在一个从句内，而不是语义上是否有从属关系。对于狭义连动结构来说，尽管两个动词语义上有从属关系，在句法上也是处于一个从句内，没有句法从属关系。广义连动结构包含一个隐性的并列从句，所以两个动词之间也没有句法从属关系。因此本章中分析的这些补语从句结构也是区别于广义连动结构的。不过，致使义动词和次级概念动词的种类非常繁多，本章的分析是否适用于所有情况，还需要更多的深入研究和讨论。

同时，我们论证了致使义结构和致使义表达之间有像似关系。从句法分析上来看，致动式致使结构和允准类致使结构对应两个从句结构，认定类致使结构对应一个从句结构，即连动结构。使令类致使结构处于中间状态，有些包含内嵌从句，有些可以有内嵌从句和连动结构两种分析。从语义上看，致动式致使结构和允准类致使结构表达间接致使义，认定类致使结构表达意义更接近直接致使义，使令类致使结构表达的意义介于中间状态。所以句法形式的紧凑性对应了致使意义的直接性。

最后我们讨论了多个连动结构嵌套形成的多动词结构。我们发现不同狭义连动结构和广义连动结构相互链接、套用，可以形成多动词连用。当狭义连动结构和广义连动结构连接形成三个动词连用的时候，还可以算作狭义连动结构。但是如果连用动词数量超过三个，或者狭义连动结构和广义连动结构链接，或者广义连动结构之间链接，都是语篇层面的组织方式和手段。但是，至于多个动词连用的语义和语用限制条件是什么，需要更多的研究和讨论。

第六章
藏缅语连动结构及与汉语对比

藏缅语中也有丰富的连动结构，Matisoff（1969）早就注意到藏缅语中动词连用的现象，他描述过拉祜语（Lahu）中的动词连用现象及其功能。近些年来国内也有学者不断关注境内藏缅语中的连动结构，并与汉语连动结构进行对比。讨论到的语言包括彝语（胡素华，2010、2014）、景颇语（戴庆厦，1999）、哈尼语（李泽然，2013）、仡佬语（何彦诚，2011）、苗语（李一如，2016）、傈僳语（余德芬，2014）等。除了对单个语言中连动结构的描写之外，还有少数针对藏缅语和汉语连动结构的对比研究，主要有戴庆厦和邱月（2008a、b）和黄成龙（2014）。这些研究主要是对藏缅语中连动结构进行描写，描写的基本框架有两个：传统的研究主要是沿用了戴庆厦（1999）的框架，最近的研究主要参考了Aikhenvald（2006）的框架。

下面第一节我们先简要述评藏缅语连动结构研究和汉藏语连动结构对比研究。第二节中再结合本书前面的内容，探讨藏缅语中狭义连动结构和广义连动结构的界定，并与汉语连动结构的形式及句法结构等进行初步对比，找出共性和差异。第三节中我们对现有研究作出总结，并探讨藏缅语连动结构研究及汉藏语连动结构对比研究有哪些问题需要进一步深入。

一 藏缅语连动结构研究现状

（一）传统的藏缅语连动结构研究

戴庆厦（1999）对景颇语中的连动结构做了详细的描写。他文中也是用的"连动式"的说法，指出"连动式是指一个以上的动词连用，是从动词连用这个角度划出的语法结构。连动式中的不同动词，都应当是由一个主体发出的。动词连用，其中间大多不加别的词，但也有加的。插入别的成分的连动式，插入成分可多可少，其范畴难以界定，所以语法学家对插入式的连动算不算连动式，看法不太一致"。不过，戴庆厦（1999）还是把有插入成分的动词连用也算作连动式。戴庆厦和邱月（2008a）进一步把带插入成分的称作为宽式连动式，与之相对，没有插入连词的为窄式连动式。

戴庆厦（1999）认为，连动是一种语法手段，是通过动词的连用来表现各种语法关系。他认为，动词连用属于动词的表层关系，而连动所包含的各种语法关系，如并列、修饰、补充等关系，则是动词间深一层的语法关系。他按照动词间这四种语法关系将景颇语中的连动结构做了分类。

国内其他几篇关于藏缅语连动结构的研究，基本上都是参考了戴庆厦（1999）的框架。如李泽然（2013）关于哈尼语的连动结构研究，也是从类型上将连动结构分为了并列、修饰、补充和支配关系四种。符昌忠和王琪（2014）对于黎语的连动结构采用的也是戴庆厦（1999）的描写框架，描写了 VO 型语言黎语中的四种类型连动结构、语法化和带插入成分的连动结构情况。

另外，何彦诚（2011）和李一如（2016）也分别对仡佬语和苗语的连动结构作了研究。他们虽然不是用戴庆厦（1999）的框架，但是也都是根据句法和语义关系对语言事实进行基本描写。何彦诚（2011）主要论述了仡佬语中连动结构的词汇化情况,指出了该语言中第一个位置的动词语义相对自由,第二个位置意义相对集中,所以语义和认知上结合越来越紧密,进而产生词汇化现象。李一如(2016)对苗语连动结构的研究也是类似。

概括起来讲,这些关于藏缅语连动结构的研究主要讨论了三个问题。第一,藏缅语连动结构是如何分类的,特别是语法关系上如何分类。第二,藏缅语连动结构产生了哪些虚化的语法现象。第三,藏缅语的连动结构和汉语的连动结构有何差异。

关于第一个问题,藏缅语中连动结构的分类,戴庆厦(1999)、戴庆厦和邱月(2008a、b)根据动词间语法关系不同,将景颇语中的连动结构分为四类。以景颇语为例:第一类是并列关系。两个动词之间有并列关系,可以有动作先后关系,先行动作在前、后行动作在后;或者没有动作行为先后关系,主要动词在前、次要动词在后。分别如(1)、(2)所示[①]:

(1) $\int i^{33}$　$n^{55}ta^{51}$　sa^{33}　$kǎ^{31}lo^{33}$　lom^{31}　sai^{33}
　　　他　　房　　　　去　　做　　　　参加　　(句尾)
　　　他去参加盖房子了。(戴庆厦,1999:2)

(2) $ŋai^{33}$　$\int at^{31}$　$\int ǎ^{31}tu^{33}$　$kjin^{33}$　si^{33}　$ŋa^{31}$　$n^{31}ŋai^{33}$
　　　我　　饭　　煮　　　　忙　　死　　在　　(句尾)
　　　我煮饭忙得要死。(戴庆厦,1999:2)

第二类是修饰关系。一个动词从状态、方式上修饰另外一个动词。

---

① 本章中引用的藏缅语中的例子的标注及翻译均直接采用原文的格式。

(3) tʃǎ³³khji³³   mǎ³¹liŋ³³   e³¹   kǎ³¹wam⁵⁵   khom³³
    麂子   森林   里   逛   走
    ŋa³¹   ai̇³³
    在   (句尾)

麂子在森林里逛走着。(戴庆厦，1999：3)

第三类是补充关系。后一个动词从状态上补充前一个动词。

(4) kǎ³¹ʃa³¹ni³³   phe⁵⁵   kǎ³¹pje³¹   po³¹   sat³¹   kau⁵⁵
    孩子们   (助)   踩   破   杀死   掉
    ja³³   na³³   phe⁵⁵   tsa̠ŋ³¹   ai̇³³.
    给   要   助词   担心   (句尾)

(它）担心孩子们被踩死。(戴庆厦，1999：3)

第四类是支配关系。后一个动词支配前一个动词。

(5) nan⁵⁵   nau³³   ni̇³³   phe⁵⁵   lam³³   khom³³
    你   俩   兄弟们 (助)   路   走
    ʃǎ³¹ʒin⁵⁵   ja³³   mǎ³¹te³¹   ka³¹!
    教   给   (句尾)

请教兄弟们学走路吧。(戴庆厦，1999：3)

(6) ŋai³³   n²²   sa³³   kui⁵⁵   n³¹ŋai³³.
    我   不   去   敢   (句尾)

我不敢去。(戴庆厦，1999：4)

与此相同，李泽然（2013）关于哈尼语连动结构的研究也是按照这四种进行分类。并列关系主要指两个动词的语义基本对等，如"xho^{31} khu^{31} dza^{31}饭盛吃（盛饭吃）"。修饰关系指一个动词修饰另外一个动词，如"a^{55}tɕhu^{55}si^{31}lɤ^{31}dza31香蕉剥吃（剥香蕉吃）"。补充关系，主要指第二个动词补充第一个动词，如"dza^{31}dɛ^{33}a^{55}吃饱了（吃饱了）"。支配关系主要指第二个动词表示"会""能""要""愿意"等能愿意义的动词。

动词之间有连词插入的结构，在戴庆厦和邱月（2008a）中被称作是宽式连动结构。以景颇语为例，插入的连词包括 let^{31} "一边"、the^{31} "和"、n^{31}na^{55} "之后"、n^{31}thom^{55} "之后"、matho^{31} "因为"、tim^{51} "即使"等。如（7）和（8）所示：

(7) an^{55}the^{33}　tŋ^{33}　n^{31}na^{55}　tʃǎ^{31}tha^{231}　tʃai^{33}　ka^{233}！
　　　我们　　　坐　　以后　　　聊天　　　玩　　（句尾）
　　　我们坐下聊天吧。（戴庆厦，1999：7）

(8) ʃat^{31}　ʃa^{55}　n^{31}thom^{55}　sa^{33}　ka^{233}！
　　　（我们）吃饭后去吧！（戴庆厦，1999：7）

哈尼语中带插入词的连动结构，李泽然（2013）也提到了，包括连词 tɕhi^{31}dz^{55}……hi^{31}dzɛ^{55} "一边……一边"、ɤo^{31}……ɤo^{31} "又……又"、zo^{55}nɛ^{33} "和"、a^{55}nɛ^{33} "之后"、nɔ^{55}xhɔ^{33} "之后"等。如（9）：

(9) a^{31}jo^{31}　mɛ^{31}　lo^{31}lo^{31}　a^{55}nɛ^{33}　mja^{33}　tɕhi^{31}
　　　他　　　牙　　刷　　　之后　　　脸　　洗
　　　他洗脸刷牙。

传统研究讨论的第二个问题，是藏缅语连动结构中的动词虚化现象。

戴庆厦（1999）认为，连动结构中动词在功能上不完全相同，有主次之分，所以久而久之，次要的动词就虚化了。有的动词虚化为表示"态"或"语气"的后缀。如景颇语中的 tʃai³³ "玩"表示"随便"的意思。ŋa³¹ "在"虚化为表示存在，ti²³¹ "断"虚化为表示动作"由上向下"。有的动词虚化为表示动词的情貌和状态，如 ʃa⁵⁵ "吃"虚化后表示前面的动作行为是必然承受的；si³³ "死"虚化后表示前面的动作行为是激烈的；ju³³ "看"虚化后表示前面的动作行为是随意的；还有的动词在主要动词前虚化，如 khan⁵⁵ "跟"、khap³¹ "接"。景颇语中泛指动词还会虚化为表示状语的标记。关于哈尼语中连动结构产生的虚化现象，李泽然（2013）主要提到：li³³ "去"表示动作行为衰败、减少；la⁵⁵ "来"表示动作行为发展壮大。dza³¹ "吃"虚化为表示获得或正在进行的意思；xu³³ "看"表示尝试；shi⁵⁵ "死"表示动作强烈。

  传统研究讨论的第三个问题，是藏缅语连动结构和汉语连动结构的不同。戴庆厦和邱月（2008a、b）有两篇文章谈到了藏缅语的连动结构，并与汉语进行了对比。其中提到的藏缅语有景颇语、哈尼语、彝语、藏语、喀卓语、阿昌语、勒期语、羌语、傈僳语、拉祜语、纳西语、波拉语、仓洛门巴语、白语、载瓦语、浪速语、基诺语、怒苏语、仙岛语等。文章中作者对这些语言中的连动结构进行了一个总体的概况描写，描写的基本框架仍然是基于戴庆厦（1999）的研究，包括：四种句法关系的连动结构、宽式和窄式连动结构，以及表示"来""去""看""死""吃"等意义动词的虚化情况。关于藏缅语中连动结构和汉语连动结构的共性及不同，作者主要提出了以下五点看法：第一，汉语与藏缅语都存在连动结构，而且都有不同的句法结构类型，都有语法化现象。第二，由于 VO 型汉语和 OV 型藏缅语的语序差异，使得汉语中连用动词可以被宾语隔开，而藏缅语中不管两个动词带有同一个宾语还是其中一个动词带宾语，都不影响动词的连用。第三，汉语连动结构不如藏缅语连动结构紧密。汉语连动结构比较松散，两个动词之间可以比较灵活地插入宾语、连词和助词等成分。而藏缅语大多连动结构中动词紧密相连，不易插入其他成分。第四，藏缅语和汉语连动结构中位置居后的动词都容易语法化。高频率的动词、单音节的趋向动词等都容易语法化。第五，连用的动词之间遵循"临摹原则"的制约，因为 OV 型、VO 型语序的差异，该原则对于 VO 型语言的解释力强于 OV 型语言。①

（二）最近关于藏缅语连动结构的研究

最近几年关于藏缅语中连动结构的研究都受 Aikhenvald（2006）关于连动结构类型学研究的影响。胡素华（2014）关于彝语的研究、余德芬（2014）关于傈僳语的研究和黄成龙（2014）关于藏缅语连动结构整体概括的研究，都在很大程度上沿用了 Aikhenvald（2006）的观点及框架。首先，关于连动结构的定义，这些最近的研究基本上采用了 Aikhenvald（2006）的定义，认为连动结构表达一个事件、有一个主语、处于一个语调单位内、动词共享时和情态等。其次，这些研究对连动结构的分类均采用了对称性连动结构（symmetrical SVC）和不对称性连动结构（asymmetrical SVC）的区分。前者指两个或多个连用动词都是实义动词，其语义都没有虚化，句法形式也相同，并且能进入该结构的动词数量是开放的。后者指连动结构中的一个动词相对固定，且在意义上有虚化的倾向，例如一个动词为趋向动词或情态动词、致使义动词等。

黄成龙（2014）不但讨论了藏缅语各语言中的对称性连动结构和不对称性连动结构，还介绍了连动结构的形态句法特征和演变趋势，特别

---

① 作者得出该结论，主要依据趋向动词"来""去"在连动结构中的位置，认为汉语中趋向动词形成的连动结构完全遵循临摹原则。而藏缅语中"来""去"既可以在另外一个动词前，也可以在其后，所以不太符合临摹原则。这个结论并不十分准确，首先即使在汉语中"来""去"等趋向动词，也是既可以在另一动词前，也可以在另一动词后。另外，无论是在汉语还是藏缅语中，趋向动词在前和在后的语义是有差别的。

是准助词或多功能词表示的各种体貌意义。最后指出藏缅语中连动结构运用的总体规律及特征：北部、西部藏缅语连动结构不太丰富，南部、东南部藏缅语连动结构很丰富。北部、西部藏缅语一般只有非对称性连动结构，南部、东南部藏缅语中两种类型的连动结构都存在。北部、西部藏缅语连动结构多为中心词连动形式，少有中心词加论元连动形式；南部、东南部藏缅语连动结构中两种形式皆可。

胡素华（2014）首先描写了彝语中的对称性连动结构和不对称性连动结构的类型，然后讨论了连动结构中次要动词的语法化。她认为，语法化的结果有两种表现：其一，连动结构中一个动词语法化为表功能的语法词，动词义减弱或消失。包括动词 ta^{33} "放""停""留"演变为表示动作达成或动作结果保留的体助词。si^{31}（si^{44}）"拿""牵"虚化为表示工具或材料的格助词。ka^{33} "整""弄""打"语法化为表示处置义的助动词。其二，连动结构演化为状谓结构或动补结构。胡素华（2014）指出，彝语中几个动词连用时，它们之间有动词先行体/完成体标记时，连动句子除了表示两个动作的先后顺序外，其语义相关性得到强调和细化。如果两个动作间含有因果、方式、目的、结果和工具关系等语义，在合适的语义环境中，作为第一个动词的达成体标记 ta^{33} 可能进一步虚化为方式状语助词。

（三）藏缅语连动结构研究的不足之处

从上面的讨论可以看出，无论是研究范围还是研究内容，国内对藏缅语连动结构的研究都更加不系统、更加薄弱。并且因为描写及研究框架主要参照了国内汉语连动结构研究和少数连动结构类型学研究，所以也沿袭了这些研究存在的缺陷和不足。我们在第二章和第三章中讨论过的、国内外关于连动结构研究所存在的大部分问题，在藏缅语连动结构研究中都是普遍存在的，这里不再赘述。另外还有几点问题，再强调如下：

首先，对藏缅语中连动结构的描写还远远不够。因为，关于很多藏缅语语言本身的描写都还十分欠缺，所以对于这些语言中连动结构的系统描写及深入研究也是凤毛麟角。从现有的研究来看，关于藏缅语连动结构的研究还是简单的、蜻蜓点水式的描写，并且描写的框架主要参照、比附了汉语结构语法的体系。例如，将连动结构两个动词之间的语法关系分为并列、修饰、补充和支配四类，仅是对比汉语相应的说法，做了简单的比附。并没有任何句法上的测试或证据证明存在四种不同的句法结构。这个分类基本上是一种简单的直觉印象。最近的参考连动结构类型学框架的研究，根据对称性连动结构和不对称性连结构的分类，对语料进行了重新梳理，但是在现象描写广度和理论讨论深度上还需深入。另外，对于藏缅语中连动结构语法化的描写，主要集中在描写动词向表示体貌意义的助动词演化方面，而对于其他语法意义的语法化描写和解释很不充分。

其次，与国际连动结构研究相比，藏缅语研究中关于连动结构的定义更加随意及模糊，缺少明确的标准。藏缅语多为 OV 型语言，由于语序的原因，这些语言中一般所有名词性成分居左，所有动词性成分居右。因此，从表面看来动词连用几乎是这些语言中组词成句的基本方式和唯一方式。在一定程度上来说，如果说这种连用是连动结构，似乎这些语言中所有包含两个动词的句子都是连动结构。甚至有明显连词标记的句子在汉语中确定不属于连动结构，在藏缅语中也一般被认定为宽式连动结构。OV 型语序的客观事实造成了藏缅语中连动结构的丰富性及界定的模糊性。因此，在 OV 型藏缅语的研究中，更是非常有必要探讨连动结构的边界在什么地方，探讨这些语言中是否有一部分结构对应其他语言中的连动结构，还是这些语言中连动结构是一种更为基本的成句方式，涵盖几乎所有的单句结构。这个问题鲜有人探讨。对比我们第二章中关于国际连动结构定义及特点的讨论，我们可以看出，对于藏缅语连动结构的讨论很少涉及连动结构的内涵特征或标准，很少讨论时体标记、助词、否定、副词、连词等语法性成分在不同连动结构中的分布。具体区别出不同动词连用在这些句法特征表现方面的不同，是探索 OV 型藏缅语中连动结构的重要一步。

最后，关于藏缅语连动结构和汉语连动结构的对比研究非常缺乏。现有的少数研究多是对具体语言的连动结构进行语义归类和描写。研究者已经注意到藏缅语中连动结构比汉语中连动结构结合更为紧密，例如戴庆厦和邱月（2008a、b）指出，"汉语连用动词之间可以灵活插入宾语、连词和助词成分，而藏缅语大多紧密相连，不易插入其他成分"。但是，该表层形式的不同是否反应了更深层的不同，他们并未做深入分析和探讨。其一，并不是汉语中所有连动结构都可以插入这些成分，也不是所有藏缅语连动结构都不能插入其他成分。也就是说，"藏缅语中连动结构比汉语中连动结构紧密"是一个整体的、概括的印象。具体在不同类型的连动结构中，藏缅语连动结构比汉语连动结构紧密，到底体现在哪些方面？其二，这个"更加紧密"仅是表面形式的差别，还是反映了深层句法结构关系或句法层级的差别？其三，表面形式的差异对两种语言中连动结构的语法化是否有影响？这些问题都没有人讨论过。另外，现有针对汉语和藏缅语连动结构的对比还是笼统的整体对比，没有就某一语义类型连动结构的具体对比。例如关于致使义、给予义、工具义、动作先后义连动结构在两种语言中的差异都没有研究过。聚焦到一种语义类型的连动结构，讨论其在不同语言中句法特征及句法结构的差别，更有助于我们更加深入地了解两种语言之间的差异。

二 汉藏语连动结构的对比思路及探讨

这一节中我们结合现有文献中提到的语料和上一节指出的研究方向，来探讨汉语和藏缅语连动结构对比研究的可能思路及初步设想。我们主要关注 OV 型藏缅语和汉语中连动结构的对比。

（一）藏缅语中连动结构的界定及分类

要对汉语和藏缅语中连动结构进行对比，第一步还是需要对藏缅语中的连动结构做出界定和分类。特别是需要讨论不同动词连用的句法特征有何差别。我们先来借鉴汉语连动结构的研究成果。在第四章中我们参考国际语言学界关于连动结构的跨语言对比的定义，结合汉语的具体实际情况，在汉语中区分了狭义连动结构和广义连动结构。我们将狭义连动结构定义为：两个或多个动词处于一个从句内，中间没有任何表示从属或并列关系的连接成分。具体操作标准包括：其一，是一个能产的结构；其二，所有动词处于一个从句内，共享一个否定性功能成分；其三，所有动词必须可以在连动结构之外独立作为动词使用；其四，两个动词之间没有明显连接成分，也不能加明显连接成分。我们将广义连动结构定义为：第一，是一个能产的结构；第二，两个动词处于一个句子内，标志是两个动词之间没有句号；第三，每一个动词都可以独立作为动词来使用；第四，表面上两个动词之间没有明显的连接成分，但是可以加上语音停顿或者"才""就""再"等时间性副词成分，即可以变成多句结构来表达相同的意思。

汉语中狭义连动结构和广义连动结构的区分，是否可以适用于藏缅语中连动结构的界定？上一节中提到，藏缅语研究中一般根据是否有连接词，将连动结构分为窄式连动结构和宽式连动结构。汉语中的狭义连动结构和广义连动结构的区分，是否对应藏缅语中窄式连动结构和宽式连动结构的区分？要完美地回答这个问题需要在多个藏缅语言中进行充分的论证和讨论。本章中我们只能先基于目前已有文献中的语料例子，进行初步的讨论和判断。笔者认为，不能简单地说汉语中的两类连动结构是否对应于藏缅语中的两类结构。因为一个结构总是包括形式和意义两方面的内容，一方面内容的对应未必意味着另一方面内容的对应。我们首先对藏缅语中的两类结构进行辨析，搞清楚其根本区别。然后再从句法结构、表面形式和语义类型等多个方面与汉语中两类结构作对比。

首先来看藏缅语中的窄式连动结构。根据文献中的语料,可以初步判断藏缅语中的窄式连动结构是狭义连动结构。判断一个结构是不是狭义连动结构,最关键的两条标准,是两个动词在一个从句中、中间没有明确连接词。第一节中（1）到（5）都是符合这两条标准的。藏缅语的很多语言中有句尾词,可以明确标记句子的边界,如（1）到（5）是景颇语中的例子,句尾词都在两个动词的后面。在有明确句尾词来界定句子边界的情况下,两个动词共享一个否定性功能成分,仍然是判定狭义连动结构的关键特征。狭义连动结构中的否定词范围是涵盖所有动词的。如（6）所示,否定词在两个动词前面,否定范围涵盖这两个动词。戴庆厦和邱月（2008b）提到,藏缅语的否定副词修饰连动结构时有两种语序,一种是在整个连动结构前面,如拉祜、勒期、羌语等语言;另一种是在两个动词中间,如彝①、纳西、努苏等语言。无论是哪种语序,否定词的管辖范围都是包括两个动词。如下面两个例子所示:

(10) 拉祜语: ta^{53}xe^{21}　tshi^{33}　zɔ^{53}　ma^{53}　te^{33}　ga^{53}
事情　　这　　他　　不　　做　　肯

这事情他不肯做。(戴庆厦和邱月,2008b:7)

(11) 彝语: tshŋ^{33}　te^{31}ʑi^{33}　hɯ^{31}　a^{31}　ʐɿ^{33}.
他　　电影　　看　　不　　去

他不去看电影。(戴庆厦和邱月,2008b:7)

这两个例子都是狭义连动结构。这充分说明狭义连动结构中两个动

---

① 胡素华（2014）指出,彝语中辖域为两个动词的否定词有三种位置:在句末体助词前,在第二个动词前,或另外加一个动词然后在其前加否定副词。

词共享一个否定性功能成分。

下面再来看藏缅语中的宽式连动结构，也就是带有连接词的动词连用句。如（7）、（8）景颇语的例子，和（9）哈尼语中的例子所示。我们把（7）和（8）重复如下：

(12)　an^{55}the^{33}　tuŋ^{33}　n^{31}na^{55}　tʃă^{31}tha^{731}　tʃai^{33}　ka^{733}！
　　　我们　　　坐　　　以后　　　聊天　　玩　　句尾
　　　我们坐下聊天吧。（戴庆厦，1999：7）

(13)　ʃat^{31}　ʃa^{55}　n^{31}thom^{55}　sa^{335}　ka^{733}！
　　　饭　　吃　　之后　　　去　　句尾
　　　（我们）吃饭后去吧！（戴庆厦，1999：7）

这两个例子也都是表达两个先后发生的序列动作，从这一点上看其语义内容类似汉语的广义连动结构。从句法上看，首先，这两个例子中有明显的连接词来连接两个动词，如例 n^{31}na^{55} 和 n^{31}thom^{55}，都是表示"之后"、"以后"的意思，所以肯定不属于狭义连动结构。其次，这里面两个动词也不能共享一个否定副词。这一点也跟狭义连动结构形成明显对立。如（14）所示，景颇语中如果两个动词之间有明显连接词，在两个动词前直接加否定词的说法是不合法的。既不能理解为否定两个动词，表示"没有吃饭，也没有去"，也不能理解为否定第一个动词，表示"没有吃饭就去"，如（14）a句所示。如果要表示"没有吃饭就去"的意思，只能用b或c的说法，都是包含有明显的从句连词或连接词，是两个从句。

(14)　a　＊ʃat^{31}　n^{55}　ʃa^{55}　n^{31}thom^{55}／n^{31}na^{55}　tʃoŋ^{31}
　　　　　饭　　没　吃　　之后　　　　　　　　学校

　　　　te⁷³¹　　　sa³³　　na³³

　　　　方位名词　　去　　非完成体

　　　拟表达义：没吃饭就去学校/没有吃饭，也没有去学校。

　b　ʃat³¹　　n⁵⁵　ʃa⁵⁵　　tʃaŋ³³　　　　　tʃoŋ³¹

　　　饭　　　没　吃　　表条件从属连词　　学校

　　　te⁷³¹　　sa³³　na³³

　　　方位名词去　非完成体

　　　没有吃饭就去学校。

　c　ʃat³¹　　n⁵⁵　ʃa⁵⁵　　ai³³　　　　the⁷³¹

　　　饭　　　没　吃　　名物化标记　并列连词

　　　te⁷³¹　　sa³³　na³³

　　　方位名词 去　非完成体

　　　没有吃饭就去学校。

所以，这种中间带连接词的动词连用和狭义连动结构是呈明显对立的，语义上也是表达两个先后发生的序列动作。为了讨论方便，我们还是称藏缅语中这种动词连用为广义连动结构。也就是说，藏缅语中也存在狭义连动结构和广义连动结构的区分。

我们在第四章的讨论中提到，汉语中狭义连动结构和广义连动结构在体标记使用方面也有差别。汉语狭义连动结构中两个动词只有一个体标记，其管辖范围涵盖两个动词。而广义连动结构中两个动词可以有各自的体标记，即使只有一个体标记，其管辖范围也只有一个动词。这种区别在藏缅语中也是成立的。戴庆厦和邱月（2008a）提到藏缅语中的体貌范畴必须加在两个动词后面，如（15）、（16）所示的载瓦语和浪速语。如果在第一个动词后面加体貌范畴的话，两个动词必须直接加连接词，如（17）所示的哈尼语。这一语法事实其实恰好说明，前者是狭义连动结构，两个动词只有一个体貌标记助词。后者是广义连动结构，所以第一个动词可以有自己独立的体貌标记助词。

(15) 载瓦语： vu^{55} mě^{21}non^{51} le^{51}
　　　　　　　看　　妒忌　　　　助词
　　　　　　　看了妒忌。（戴庆厦和邱月，2008a：76）

(16) 浪速语： kjɔ^{35} nak^{55}mjan^{31} ʒa^{55}
　　　　　　　听　　同情　　　　助词
　　　　　　　听了同情。（戴庆厦和邱月，2008a：76）

(17) 哈尼语： ŋa^{55}du^{33} mi^{31}kho^{31} xe^{31} sa^{31} a^{55}ne^{33} li^{33}.
　　　　　　　咱们　　　柴　　　　砍　助词　连词　　　去
　　　　　　　咱们砍完柴后去。（戴庆厦和邱月，2008a：76）

不过，狭义连动结构和广义连动结构在体标记使用方面的差别，还需要大量语言中相关现象的深入描写。需要指出的是，藏缅语中的广义连动结构虽然两个动词并不共享一个否定，但是处在一个从句中。因为在有句尾词的语言中，广义连动结构的两个动词后面也只有一个句尾词。也就是说两个动词之间尽管有连接词，但在一个从句内。因此，汉语中广义连动结构句法和藏缅语中广义连动结构句法不同。汉语广义连动结构的两个动词处于两个从句内，连接词表面上没有，但是可以加连接词。而藏缅语中广义连动结构的两个动词处于一个句尾词标记的句子内，表面上必须有连接词连接。也就是说，广义连动结构的定义不是跨语言一致的，而是基于不同语言有一些不同的特定特征。从汉语和藏缅的对比来看，两种语言中广义连动结构一致的句法特征是有明显连接词和两个连接词不共用一个否定性功能成分,表达的语义都是先后序列动作。这种共性是不是所有连动语言中广义连动结构的共性,需要更多研究。

(二) 汉藏语连动结构的对比

戴庆厦 (2008a、b) 提到,藏缅语的连动结构比汉语的连动结构结合更加紧密。这是一种概括的描述,是基本准确的。下面我们就来具体分析,在不同类型的藏缅语连动结构中这种紧密性是如何体现的。

1. 汉藏语狭义连动结构对比

第一章中我们提到,连动结构按照动词连用形式不同,可以分为中心词连动结构和中心词加论元连动结构 (Foley & Van Valin, 1984: 77, 190, 197; Solnit, 2006: 146)。① 在前一种连动结构中,动词中心词紧邻在一起,中间不会有名词性论元成分,在 VO 语言中的表现形式是"VVOO",在 OV 语言中的表现形式是"OOVV"。而后一种中心词加论元的连动结构形式,动词中心词之间可以插入名词性论元成分,因此在 VO 语言中的表现形式是"VOVO",在"OV"语言中的表现形式是"OVOV"。

从同一语言内部来看,不同语义类型的连动结构可以是中心词连动形式,或中心词加论元连动形式。例如汉语狭义连动结构中,动结式连动是中心词连动,如"打败""洗干净"。表示趋向动作义的连动是中心词连动,如"去买菜"。而表示帮陪义、动作承接义、工具义的连动都是中心词加论元连动形式,如"陪他去医院""包饺子吃""拿刀切菜"。而动趋式、给予义连动可以有两种形式,如"拿来一本书/拿一本书来""送给他一本书/送一本书给他"。

从跨语言的角度来讲,同一语义类型的连动结构可能在一种语言中

---

① 国内有些学者也注意到这两种不同形式的连动结构,如杨伯峻 (1963) 将连动分为几个动词连用和几个动宾结构连用。

是中心词连动形式,在另一种语言中是中心词加论元连动形式。例如汉语中表示动作结果义的动结式是中心词连动,而在非洲 Ewe 语言中是中心词加论元连动;汉语中表示动作承接义的连动是中心词加论元连动,而在非洲的≠Hoan 语言中是中心词连动。如:

(18)　Ma　qo　kí-　　tsaxoˈ　am　‖　aⁿe.
　　　我　要　重复-　煮　　　吃　　　肉
　　　我要煮肉吃（重复动作）。

　　藏缅语中的狭义连动结构多是中心词连动形式。前人的研究早已涉及,藏缅语中动词连用序列一般不被名词性成分隔开。对比汉语和藏缅语中同一语义类型的连动结构,我们可以发现,凡是汉语中用中心词连动形式的,藏缅语中肯定是中心词连动形式,如下面（19）载瓦语和（20）纳西语的例子;汉语中用中心词加论元连动形式的,藏缅语中大多是中心词连动形式。例如下面（21）景颇语的例子,只能用 a 句中心词连动的说法,不能用 b 句中心词加论元连动的说法。而与之相对应的汉语翻译是中心词加论元的连动格式。

(19)　载瓦语:　ŋo^{51}　thaŋ^{21}　xo^{51}　e^{51}　le^{51}
　　　　　　　我　　　柴　　　　找　　去　　（谓语助词）
　　　　　　　我去找柴。（戴庆厦和邱月,2008b:6）
(20)　纳西语:　thɯ^{33}　çi^{55}　ly^{31}　xə^{31}.
　　　　　　　他　　　戏　　　看　　去
　　　　　　　他去看戏了。（戴庆厦和邱月,2008b:6）

(21) a ʃi³³ phe⁵⁵ ŋa⁵⁵kǎ³¹ pa³¹ ʒim³¹ paŋ³³
       他   助词   鱼   大   抓   放
       ja³³ u⁵¹ai³³.
       给   句尾词
       他抓了大鱼给他。（戴庆厦，1999：5）

   b * ŋa⁵⁵kǎ³¹ pa³¹ ʒim³¹ ʃi³³ phe⁵⁵
       鱼   大   抓   他   助词
       ja³³ u⁵¹ai³³.
       给   句尾词
       拟表达义：他抓了大鱼给他。

其他的例子如下面所示，给予义连动在汉语中两个动词之间有宾语名词隔开。而在藏缅语中很多都是中心词连动，主语、直接宾语和间接宾语三个名词都在动词左侧，两个动词紧邻，如（22）—（24）景颇语、哈尼语、羌语和勒期语的例子。

(22) 景颇语：ŋai³³ nu⁵¹ phe⁵⁵ pǎloŋ³³ lǎ⁵⁵ŋai⁵¹
              我   妈妈   宾助   衣服   一
              mi³³ mǎ³¹ʒi³³ ja³³ sǎ³³ŋai³³.
              一   买   给   句尾词
              我买一件衣服给妈妈（或：我买给妈妈一件衣服）。（戴庆厦和邱月，2008a：76）

(23) 哈尼语：ŋa⁵⁵ a³¹ma³³ jɔ⁵⁵ phe⁵⁵xɔ³¹ tɕhi³¹
              我   妈妈   宾助   衣服   一
              xɔ³¹ ɣɣ⁵⁵ bi³¹.
              件   买   给

我买一件衣服给妈妈（或：我买给妈妈一件衣服）。（戴庆厦和邱月，2008a：76）

(24) 羌语（荣红）： qa　the：　Fa　a-qai
　　　　　　　　　我　他　衣服　一件

　　　　　　zə-pə-ŋi　de-la：.

　　　　　　方向—买—　方向—给：将行体：
　　　　　　状语标志　　第一人称单数

我买一件衣服给他（或：我买给他一件衣服）。（戴庆厦和邱月，2008a：76）

(25) 勒期语： ŋo⁵³　ŋjaŋ³³　le⁵⁵mǎ³³　khɔn⁵⁵　khu：n⁵⁵
　　　　　　　 我　　他　　宾助　　　歌　　　唱

　　　　　　mɔ：ʔ⁵⁵　pjɛ³³.
　　　　　　教　　　 了

我教他唱歌。（戴庆厦和邱月，2008b：7）

藏缅语中也有少数语言中给予义或致使义连动结构采用中心词加论元的连动形式。如：

(26) 土家语： ŋa³³　pha²¹phu⁵⁵　tɕiau²¹　tshã²¹　kã⁵⁵
　　　　　　 我　　爷爷　　　　叫　　　场　　　赶

我叫爷爷赶场。（戴庆厦和邱月，2008b：7）

(27) 彝语： tsɿ³³　thɯ³¹ẓɿ³³　nbi³³　a⁴⁴ẓɿ³³
　　　　　　他　　书（直宾）　分　　孩子（间宾）

　　　　　bɿ³¹　ndʐɔ³³.
　　　　　给　　进行体

他在分书给孩子。(胡素华,2010:24)

综上所述,可以看出 OV 型藏缅语中狭义连动结构多采取中心词连动形式。同一语义类型的连动结构在汉语中采用中心词加论元连动形式,在 OV 型藏缅语中多采用中心词连动形式。因此,从表面形式上看,藏缅语中连动结构形式动词紧邻,更为紧密。不过,不同藏缅语的紧密程度有差异,例如彝语和土家语中心词加论元连动形式会多一些。

但是,需要着重强调的一点是,表面形式上看藏缅语的中心词连动比汉语的中心词加论元连动更加紧密。但是两者都是狭义连动结构,在句法表现上是一致的,都是处于一个从句内,共享一个否定,共享一个体标记。也就是说,在实质的句法结构和层次上并没有紧密性差异。因为狭义连动结构的定义是一个跨语言对比的、各语言都适用的定义。因此在各语言中所指的句法结构及其特性具有一致性。所以藏缅语狭义连动结构和汉语狭义连动结构在句法上也是一致的。

从语义表达来看,藏缅语中狭义连动结构表达的语义类型和汉语狭义连动结构非常类似。都可以表示趋向、情态、方式、结果、使动、受益等意义。不过藏缅语中连动结构表示的语义丰富性更强于汉语。藏缅语中的句法结构形态不如汉语的句法结构形态丰富。因此,不光汉语中用连动结构表达的语义在藏缅语中用连动形式表达,而且汉语中用其他句法结构形式表达的语义在藏缅语中也是用狭义连动形式来表达。例如,藏缅语中有很多近义词连用,表示强调或修辞,如(28)所示景颇语的句子。在汉语中近义词连动的情况很少见。

(28)　ma^{31}　phe^{255}　puk^{31}　ma^{31}on^{55}　tʃaǎ^{31}khʒit^{31}　ai^{33}.
　　　　孩子　宾助　喊　　大喊　　　使怕　　　　句尾
(他)大喊吓唬孩子。(戴庆厦,1999:1)

2. 汉藏语广义连动结构对比

汉语中的广义连动结构，表示两个先后发生的序列动作。例如"穿上大衣出去"。其中两个动词处于两个从句内。两个动词之间的停顿和连接成分可有可无。例如，一般说"穿上大衣出去"，隐含两个从句。可以加上停顿说"穿上大衣，出去"，或者也可以加上连接成分说"穿上大衣就出去"。这里的停顿和连接成分就标志着从句的边界。这样就变成两个显性的从句。第一个动词可以单独被否定，并且如果在第一个动词前加否定词，两个动词之间的连接词一般会说出来，如"不/没穿大衣（就）出去了"。

与此相对，藏缅语中的广义连动结构不是处于两个从句中，而是一个从句中。上一节中提到，在有明确句尾词的语言中广义连动结构只有一个句尾词标记。并且即使对第一个动词进行否定，也不会像汉语广义连动结构一样变成两个显性的从句。如彝语中的例子（29）是一个广义连动结构，其中第一个动词有自己独立的达成体标记。① 如果要否定该广义连动结构的第一个动词，表示"没有锁门就出去了"，就不能像汉语一样变成两个显性的从句且第一个动词在独立的从句中被否定。彝语中必须在第一个动词后加一个状语标记 mu^{33} 才能成句，如（30）所示。Mu^{33} 是一个典型的状语标记，用在形容词后动词之前。用状语标记将第一个动词变成状语才能否定，充分说明彝语中的广义连动结构和汉语不同，两个动词是在一个从句内。换句话说，彝语广义连动结构中第一个动词不能作为动词被单独否定，不构成独立的从句。这和汉语的广义连动结构"穿上大衣出去"完全不同。汉语中的这句话包含了两个从句，所以第一个动词可以单独否定，说成"没穿大衣（就）出去"。这里的否定副词"没"直接否定动词"穿"。

---

① 这两个例子是和胡素华老师本人交流确定的，感谢胡老师的帮助，书中分析若有不妥之处责任由笔者承担。

(29) tshʅ³³ i³¹kho³³ ndʐu³³ ta³³ bi⁵⁵bo³³o⁴⁴
     他   门   锁   达成   出去直陈.完成体
     他锁门出去。

(30) tshʅ³³ i³¹kho³³ a³¹ ndʐu³³ mu³³ (ta³³) bi⁵⁵bo³³o⁴⁴
     他   门   否定   锁   状语标记 出去直陈.完成体
     他没锁门出去。

因此，藏缅语广义连动结构中两个动词处于一个从句内，而汉语广义连动结构中两个动词处于两个从句内。在这个意义上说，藏缅语广义连动结构的确是更紧密一些。不仅是表面形式上更紧密，而且是实质性句法结构上更紧密。本节中我们仅将藏缅语的狭义连动结构和汉语的狭义连动结构对比，将藏缅语的广义连动结构和汉语的广义连动结构对比，讨论其紧密性如何。第八章中我们还会发现，在汉语中包含内嵌从句的主从复合句结构在藏缅语中也可以是狭义连动结构形式。因此，也可以说是比汉语在句法上更紧密的。

藏缅语中广义连动结构的第二个显著特点是，在很多语言中两个动词中间的连接词是必须的，不能省略。如果省略掉连接词，意思完全变了。如景颇语中的（7）和（8）中连词如果去掉，意思就变成典型狭义连动结构的意义，一个表方式义，一个表趋向义。两个句子都不再表示两个先后序列动作，如下所示：

(31) an⁵⁵the³³ tuŋ³³ tʃǎ³¹tha⁷³¹ tʃai³³ ka⁷³³!
     我们   坐   聊天   玩   句尾
     我们坐着聊天吧。

(32) ʃat³¹ ʃa⁵⁵ sa³³ ka²³³!
　　　饭　　吃　　去　　句尾
（我们）吃饭去吧！（戴庆厦和邱月，2008a：8）

同样，哈尼语中狭义连动结构中间没有连接词，语义上两个动作结合为一体，表达一个宏事件。加了连接词后变成广义连动结构，表示两个先后动作序列的复杂事件。以下一对对立的例子正好显示出这个区别。

(33) ŋa⁵⁵ ja³³ xø³¹ ɣɣ⁵⁵ li³³.
　　　我　　烟　　买　　去
我去买烟。（戴庆厦和邱月，2008b：5）

(34) ŋa⁵⁵ ja³³ xø³¹ ɣɣ⁵⁵ a⁵⁵ne³³ li³³.
　　　我　　烟　　买　　　连词　　去
我买了烟后去。（戴庆厦和邱月，2008b：5）

纵观藏缅语中广义连动结构的这两个特点，我们可以发现这两点其实是相互关联的。广义连动结构表示两个先后发生的宏事件，在汉语中这两个宏事件用从句的边界来区分，联系没那么紧密。而在藏缅语中，两个动词处于一个从句内，联系更紧，距离更近。为了避免和同样是一个从句的狭义连动结构混淆，有效地区分开两个宏事件，所以只能用显性的连接词来将两个动词分开，才能明确表示两个先后发生的序列事件。

在哈尼语中，如果第一个动词后加了表示完成意义的助词，两个动作之间有明显的动作先后关系时，两个动词之间连接词必须出现，否则就是不能说的（戴庆厦和邱月，2008a）。如（17）所示，重复如下。这也更加说明，藏缅语广义连动结构中连接词的功能是在一个从句中标记两个宏事件的边界。

（35） 哈尼语： ŋa⁵⁵du³³ mi³¹kho³¹ xe³¹ sa³¹ a⁵⁵ne³³ li³³.
　　　　　　　　咱们　　柴　　　砍　　完　　连词　　去。
　　　　咱们砍完柴去。（戴庆厦和邱月，2008 a：76）

但是，彝语的情况不太一样。彝语中的广义连动结构，如果第一个动词加了体貌助词，明确表示两个先后发生的序列事件，两个动词之间也可以不用加连词标记。如前面（30）所示。这可能和两个因素有关。第一个因素是彝语的连动结构整体紧密性没有景颇语、哈尼语那么强。上一小节讨论狭义连动结构对比时，我们也发现彝语的连动结构紧密性没有其他藏缅语强。第二个因素是，因为这些句子中第一个动词已经加了体貌助词，体貌助词也起到了区分两个宏事件的作用，所以不用加连接词。不过，不同藏缅语中广义连动结构连接词出现的条件还需要更深入研究。

三　小结及进一步研究

总结本章内容所述，近些年来国内对于藏缅语连动结构的研究越来越多。传统关于藏缅语连动结构的研究主要讨论了藏缅语连动结构的语法关系分类、连动结构的虚化和与汉语连动结构的差异。最近几年以类型学框架的讨论，对藏缅语各语言中的对称性连动结构和不对称性连动结构进行了详细描写，并讨论连动结构的形态句法特征和演变趋势，特别是准助词或多功能词表示的各种体貌意义。

但是，从总体上来看，对藏缅语连动结构还缺乏系统、深入的描写及研究。现有研究以概括总体描写为主，在现象描写广度和理论讨论深度上都显得不足，缺少对于连动结构内涵特征或标准的讨论，对连动结构中时体标记、助词、否定、副词、连词等语法性成分的使用规律也鲜有探讨。关于藏缅语中连动结构语法化的描写，主要集中在体貌助动词的演化，而缺少对于其他语法意义的语法化描写和解释。关于藏缅语连动结构与汉语连动结构的对比方面，现有对比研究还是笼统的整体对比，指出汉语连动结构不如藏缅语连动结构紧密。但是并未进一步讨论表面形式的"更加紧密"是否反映了深层句法结构关系或句法层级的差别，也未讨论表面形式的差异对两种语言中连动结构的语法化是否有影响，另外，没有就某一语义类型连动结构进行具体对比。

本章中我们借鉴汉语连动结构的分类研究，发现藏缅语连动结构也有狭义连动结构和广义连动结构的明显对立。两者的主要差别体现在连接词、否定副词和体标记运用等方面。然后我们基于文献中已有的语料将汉藏语中的狭义连动结构和广义连动结构进行了详细的对比。我们初步发现：对于狭义连动结构来说，OV 型藏缅语中狭义连动结构多采取中心词连动形式，因此，从表面形式上看，藏缅语中连动结构动词紧邻，更为紧密。但是两者都是狭义连动结构，在实际句法结构和句法层次上是一致的，没有紧密性差异，都是处于一个从句内，共享一个否定，共享一个体标记。对于广义连动结构来说，藏缅语中的广义连动结构两个动词处于一个从句内，而汉语中的广义连动结构两个动词处于两个从句内。在这个意义上说，藏缅语的广义连动结构的确是更紧密一些。不仅是表面形式上更紧密，而且是实质性句法结构上更紧密。广义连动结构表示两个先后发生的宏事件，在汉语中这两个宏事件用从句的边界来区分。而在藏缅语中广义连动结构的两个动词处于一个从句内，多数语言只能用显性连接词来隔开两个先后发生的序列事件。

需要再一次说明的是，本章中的讨论和观点主要以现有文献中提到的语料为基础。因此，对于藏缅语中连动结构的语义和句法特征共性及差异概括肯定是不全面的，有些地方也未免比较偏颇。但是本书中提出的基本思路和框架，是对之前藏缅语连动结构研究的突破和推进。藏缅语中连动结构的边界和功能也需要更多的讨论。藏缅语狭义连动结构和广义连动结构在否定副词、体貌助词、连接词、句尾词等使用方面有哪些差异和规律，既需要大量不同语言的详细描写，也需要具体一种语言中某种连动结构的深入描写和研究。

因此，接下来的两章，我们就聚焦到具体一种语言，以及具体到该语言中的某一种连动结构，来深入讨论其句法及语义特点，并与汉语作对比，这将有助于我们更加深入地了解汉语和藏缅语之间的差异。我们将以景颇语为例来研究。景颇语是一种典型的 OV 型藏缅语，具有很多藏缅语的共性语法特征，例如动词有曲折形式、有句尾词、有丰富的连动结构，在藏缅语中也处于很重要的地位。另外，景颇语的语法研究及文字语料也相对比较多，比较成熟。在第七章中将以景颇语中的给予义连动结构为例，详细分析其语义和句法，并探讨其语法化路径与藏缅语中心词连动形式之间的制约关系。在第八章中我们将以景颇语中致使义连动结构为例，来详细分析其句法和语义，并与汉语致使义结构作对比，探讨表面形式的不同是否代表深层语法结构及语义的不同。

第七章
景颇语给予义连动结构及与汉语对比

藏缅语中很多SOV型语言和临近的SVO型汉语各方言不同，其中动词紧邻在一起，是中心词连动。而汉语中的连动结构多为中心词加论元连动形式，动词中心词被名词性论元成分隔开。藏缅语的中心词连动的形式特点对于藏缅语连动结构中动词的语法化路径是否有影响，之前并没有人研究过。之前对藏缅语连动结构的研究也缺少对于某一具体类型连动结构句法和语义的深入研究。本章以景颇语中给予义中心词连动结构为例，来探讨其句法、语义和语法化问题。并与汉语给予义连动结构作对比，来探讨景颇语与汉语的差异。

东南亚其他SVO型的语言中已经广泛证实，给予义动词可以语法化为介词、表示目标和受益义的格标记，表示允许和使动的标句词和被动标记等（江蓝生，1999；张敏，2003；Chappell & Peyraube，2006；Yap & Iwasaki，2007）。但是关于藏缅语中SOV型语言中给予义动词的语法化情况很少有深入研究。虽然有些研究中简单提及了给予义动词可以有表示受益义的助动词用法，但是没有讨论给予义动词形成的中心词连动结构，也没有讨论这种结构特点如何影响了给予义动词的语法化路径（Matisoff，1979、1991；Smeall，1975；LaPolla，2003；Peterson，2007）。

本章从语言类型学的角度分析景颇语中的给予义连动结构的句法和

语义,讨论中心词连动结构的句法特点如何影响给予义动词的语法化路径。下文中第一节首先介绍一下景颇语的基本特点,第二节讨论 ya^{33} 的语义扩展,由表示给予义扩展到表示受益义(benefactive)和受损义(malefactive)。同时将其跟其他类似功能的动词作对比,证明其他词并没有这样的语义虚化过程。第三节分析 ya^{33} 在中心词连动结构中的句法功能,指出其功能类似斜格标记(applicative)。这种功能在受损义结构中也有所体现和保留。第四节中论证 ya^{33} 处于一个从动词到助动词的语法化过程中,这是一条不同于其他东南亚语言中给与义动词的语法化路径,我们将讨论中心词连动的特征和 OV 语序类型如何决定了景颇语中动词 ya^{33} 的语法化。最后是小结。

一 景颇语的语法特点及中心词连动

景颇语是 SOV 型语言,属于藏缅语中的景颇语支,该语言有很多藏缅语的共性特征,如用有生宾语标记来区分施事和受事。也有很多比较突出的个性句法特征,如有丰富的使动前缀和表示主语人称、数等信息的句末曲折词。因此,我们这一节中简单介绍几点和本章讨论相关的内容。

景颇语第一个重要的语法特征是有丰富的句尾词。句尾词是曲折形式,表达了施事、受事的人称、数的信息,还表达了谓语的方向、态及体的信息(Dai & Diehl,2003:407)。例如 $se^{255}ai^{33}$ 表示施事第一人称单数,受事第三人称,谓语是陈述语气,完成体。第二个重要的特征是有受事区别标记(different patient marker)hpe^{255} 和施事标记 e^{31}。因为景颇语是 OV 型语言,所以施事和受事都在动词的左侧。当施事和受事均为有生命的物体时,会出现歧义。不清楚哪个是施事,哪个是受事。这时就需要受事标记来区分出受事,如(1)所示。① 如果受事为无生命的物体,

---

① 本章所基于的景颇语数据除了标注出处的例子之外,均来自景颇语田野调查的数据。

不存在歧义，就可以不用受事标记，如（2）所示。这种受事区别标记很多学者都讨论过（Comrie, 1989: 122; LaPolla, 1992a、1994: 64; Matthias, 2008; Malchukov, 2008）。

（1） Wa^{231}yi^{31} wa^{231}la^{31} hpe^{755} ga^{31}wa^{55}
母猪   公猪   受事标记   咬
nu^{255}ai^{33}.
施事第三人称单数；受事第三人称单数；谓语表变化
母猪咬了公猪。   （戴庆厦和徐悉艰，1992: 257）

（2） Shi^{33} shat^{31} sha^{31}du^{33} nga^{31} ai^{33}.①
第三人称单数   饭   煮   进行体   谓语表状态
他在煮饭。

在双宾语句中，受事区别标记在表示人的间接宾语后面，如例（3）。

（3） Shi^{33} ngai^{33} hpe^{755} gum^{31}hpro^{31}
第三人称单数   第一人称单数   受事标记   钱
la^{31}tsa^{33} ya^{33} sai^{33}
一百   给   谓语表变化
他给了我一百块钱。   （戴庆厦和徐悉艰，1992: 370）

除了受事区别标记以外，还有另外一个非强制性的施事标记 e^{31}。LaPolla（1994）和 McGregor（2010）都提到过，非强制性施事标记是藏

---

① 景颇语中的句尾词 ai^{33} 和 sai^{33} 最开始都是表示施事是第三人称单数，但是随着语言的发展变化，现在这两个词也经常用于各种人称了，所以本书中不再标注其人称和数的信息。

缅语中很典型的特征。使用非强制性施事的原因不在于区分语义角色，而在于强调施事的施事性。(4) a 和 (4) b 的对比说明 e^{31} 不能像 hpe^{255} 一样单独用来区分施事和受事，而只能在一个合法的句子中强调动作是谁发出的，如（4）c 所示。如果施事是无生命的物体，这时如果用施事标记 e^{31}，则是为了强调施事的出乎意料性，如（5）a 所示。McGregor (2010) 提到，施事标记是否使用取决于施事是否显著或者超出意料之外。单纯从翻译来看，似乎 e^{31} 也可以分析成被动标记，特别是在（5）b 这样的语序中，类似英语被动句中用 by 引导施事。但其实 e^{31} 和 by 完全不一样。by 是把施事由主要论元降级为了一个斜格边缘论元。e^{31} 完全没有这个功能，仅仅是强调施事而已。

(4) a Wa^{231}yi^{31} wa^{231}la^{31} hpe^{255} ga^{31}wa^{55}
母猪　　　公猪　　受事标记　咬
nu^{255}ai^{33}.
施事第三人称单数；受事第三人称单数；谓语表变化
母猪咬了公猪。

b *Wa^{231}yi^{31} e^{31} wa^{231}la^{31} ga^{31}wa^{55}
母猪　　　施事标记　　公猪　　咬
nu^{255}ai^{33}.
施事第三人称单数；受事第三人称单数；谓语表变化
拟表达义：母猪咬了公猪。

c Wa^{231}yi^{31} e^{31} wa^{231}la^{31} hpe^{255} ga^{31}wa^{55}
母猪　　　施事标记　公猪　　受事标记　咬
nu^{255}ai^{33}.
施事第三人称单数；受事第三人称单数；谓语表变化
母猪咬了公猪。

(5) a　Mo^{33}do^{33}　　e^{31}　　　　Ma^{31}Ko^{255}　hpe^{255}　　a^{31}dot^{31}
　　　车　　　　施事标记　Mako　　　受事标记　　撞

　　　ton^{31}　　　u^{231}ai:^{33}.
　　　助词　　　施事第三人称单数；
　　　　　　　　受事第三人称单数；谓语表状态

　　Mako 被车撞了。

　　b　Ma^{31}Ko^{255}　hpe^{255}　　mo^{33}do^{33}　　e^{31}　　　　a^{31}dot^{31}
　　　Mako　　　受事标记　车　　　　施事标记　　撞

　　　ton^{31}　　　u^{231}ai:^{33}.
　　　助词　　　施事第三人称单数；
　　　　　　　　受事第三人称单数；谓语表状态

　　Mako 被车撞了。

景颇语中有大量中心词连动结构。第一章我们提到连动结构根据其表面形式不同，可以分为两类：中心词连动是动词紧连在一起。中心词加论元连动是中间被名词性成分分割（Foley & Van Valin，1984：77；Solnit，2006：146）。中心词连动在大洋洲语言中非常普遍（Crowley，2002；Bril，2007）。藏缅语中也普遍存在这样的连动结构。因为景颇语是 OV 语序，这样的语序决定了所有的名词性成分包括施事、受事、目标和受益者都在动词的左边，所有的动词，无论有几个都在名词性成分的右边。如（6）、（7）所示。[①]

[①] 本章所基于的景颇语数据除了标注出处的例子之外，均来自景颇语田野调查的数据。

(6) Sau³¹go³¹   wa³¹   di:²³¹   dut³¹   sha⁵⁵
    Saugo   去   摘   卖   吃

mu²³¹！

施事第二人称复数；祈使句

去摘草果卖（来赚钱过生活）(Dialogue, 2, 338)

(7) Shi³³   nga⁵⁵   ga³¹ba³¹   shing⁵⁵noi⁵⁵
    第三人称单数   鱼   大   篮子

e³¹   rim³¹   bang³³   ya³³
方位名词   抓   放   给

u²³¹ai:³³.

施事第三人称单数；受事第三人称单数；谓语表状态

他抓了一条大鱼放在篮子里。

(8) Hkru³³du³¹   e³¹   ka³³gyin³³   hpe²⁵⁵
    斑鸠   施事标记   蚂蚁   受事标记

    hpun⁵⁵   ding³¹shan³³   la⁵⁵ngai:⁵¹   ga³¹bye²³¹
    树   枝   一   踩

    do²³¹   ja³¹khrat³¹   bang³³   ya³³
    破   使—掉   放   给

    u²³¹ai:³³.

施事第三人称单数；受事第三人称单数；
谓语表状态

斑鸠踩断了一根树枝给蚂蚁。

景颇语中不仅名词性成分不能插入在动词序列之间，其他成分，如否定词或副词，也都不能插入中间，曲折标记也是只能标在句尾词上。

这样的结构 Matisoff（1979）也提到了。需要说明的是，景颇语和很多藏缅语一样动词没有限定和非限定的区别，所以中心词连动结构中动词也没有限定和非限定的区分。但是（6）—（8）中的动词都可以单独作为动词使用。尽管动词与动词紧邻，可能会有语法化为复合词的倾向。但是景颇语中的事实说明这些动词紧邻连用不是复合词。因为，体标记可以插入动词中间。例如表示完成的 kau^{55} 和 ton^{31}。这些体标记可以表示动作的完成及动作结果的保持。

实际上，正是这种动词紧邻的连动结构可以语法化出很多表示体意义的助动词。有些助动词，如 kau^{55}，已经很少单独作为动词来用。Matisoff（1991：398-400）提到东南亚很多语言中处于 V2 位置的动词倾向于语法化为一个小品词，对前一个动词进行语义上的修饰和说明。在不同语言中这个小品词表现出不同的功能，包括体、情态、使动、句子连词、受益标记等。ya^{33} 也正是呈现了这种语法化过程。ya^{33} 在所有双及物结构、受益结构和受损结构中都必须出现。另外，这种句法上有重新分析，但是语义上没有变化的语法化现象，在东亚各语言中也非常普遍[Matisoff（2001）Matthews, 2006；Chappell, 2008]。

二　给予义动词语义扩展：从实义动词到受益标记、受损标记

这一节我们来讨论 ya^{33} 的语义虚化过程（desemanticization）。给予义动词经常用来表示受益的语法意义，这一点在世界上很多语言中都已有广泛研究。例如 Lord（1993）提到非洲语言如 Twi、Yoruba、Ewe 和 awutu（kwa, Niger-Congo）语言中表示给予义的动词语法化为一个介词，引导接受者（recipient）和受益者（benefactive）的论元成分。Matisoff（1991）指出，在东南亚语言中给予义动词在拉祜语、泰语和苗瑶语、越南语中都是用作表示受益含义的介词。在普通话、日语和汉语中给予义动词都

可以标记受益者。西非和新几内亚地域连动语言中给予动词的这种用法也很普遍（Creissels，2010：40-47）。我们发现，景颇语中 ya^{33} 也会从表示"给予"的动词义扩展到表示"为""替"等受益义。这种语义扩展体现在动词 ya^{33} 可以与非转移义动词连用。另外，特别的是，景颇语中 ya^{33} 还可以表示对某人造成损失或者不利影响等受损意义。这种意义已经非常虚化，不是 ya^{33} 的本义了。

（一）从独立动词到表达受益义

在讨论 ya^{33} 的其他用法之前，先来看一个 ya^{33} 作为独立给予义动词使用的例子。

(9)　NP1-NP2-NP3-ya^{33}

Dui^{31}la^{33}　　nang^{33}　　hpe$^{?55}$　　gum^{31}hpro^{31}　　ga^{31}de^{31}

爷爷　　第二人称　　受事标记　　钱　　　　　　多少

ya^{33}　　a^{231}ni^{51}

给　　施事第三或第一人称；谓语表状态；问句

爷爷给了你多少钱？（Dialogue，2：166）

在受益结构中，第一个动词是实义动词，第二个动词是 ya^{33}，一般引进一个目标论元或受益者论元。如下例：

(10)　Ngai^{33}　　　　shi^{33}　　　　hpe$^{?55}$　　　lai^{31}ka^{33}

第一人称单数　第三人称单数　受事标记　　书

la^{55}ngai^{33}　　ma^{31}ri^{33}　　ya^{33}　　n^{33}ngai^{33}

一　　　　　买　　　　　给　　施事第一人称单数；谓语表状态

(i) 我买了一本书给他。（RB）

(ⅱ) 我替他买了一本书。(DB)

(ⅲ) 我为他买了一本书。(PB)

这个句子可以有三种解读：可以是"买了一本书给他"，也可以是"替他买了一本书"，或者是"为他买了一本书"。这三种意思对应 Van Valin & LaPolla (1997: 383 - 4) 的受益语义类型分类：接收受益者 (recipient beneficiary RB)、替代受益者 (deputative beneficiary DB) 和单纯受益者 (plain beneficiary PB)。其中在接收受益者的解读中 ya^{33} 还保留了给予义动词的本义。另外两种受益义解读中 ya^{33} 的意义已经比较虚化，仅表示受益的意思。ya^{33} 的"给予"原义已经被漂白。

就本章的研究来说，仅仅区分接收者和受益者（包括后面两个）两种受益义即可。ya^{33} 引进一个接收者论元还是受益者论元，取决于与其连用的动词的选择。如果连用的是转移义动词（包括给予和接收两个方向）或者制作义动词，引进的是接收者论元，因为这些动词涉及所有权或控制权的转移。如果连用的是非转移义动词，引进的论元没有接收者的意义解读，只表示受益者，这也说明 ya^{33} 开始有语义虚化。这种把给予义动词用在更宽泛的上下文环境中的过程也伴随了语义虚化的过程（Heine 2002）。如（11）和（12）中，ya^{33} 分别可以和动词 hkrut^{31} "洗"和 ye^{55} "扫"连用，这时只能表示受益，不能表示给予。

(11) Ngai^{33}　　　nang^{33}　　　hpe^{255}　　pa^{33}long^{33}
第一人称单数　第二人称单数　受事标记　衣服
hkrut^{31}　　ton^{31}　　ya^{33}　　sa^{33}ngai^{33}.
洗　　　　助词　　　给　　施事第一人称单数；谓语表变化
我给你洗衣服。

(12) Ngai³³   nang³³   hpe⁵⁵   dun⁵⁵
第一人称单数 第二人称单数 受事标记   地板
ye⁵⁵   ya³³   sa³³ngai·³³.
扫   给   施事第一人称单数；谓语表变化
我为/替你扫地。

实际上 ya³³ 在表示受益义的时候，对于连用动词的选择是没有限制的。只要上下文语境合适，任何动词都可以出现在这个位置。(13) 中动词 sat³¹ "杀" 也可以和 ya³³ 连用。尽管动词 "杀" 在多数语境下是表示不好的事情，但是在这个例子中 "帮忙杀鸡" 的动作对受益者 Mako 是有好处的。

(13) Ngai³³   Ma³¹ Ko⁵⁵   hpe⁵⁵   u³¹
第一人称单数   Ma Ko   受事标记   鸡
sat³¹   ya³³   sa³³ngai·³³.
杀   给   施事第一人称单数；谓语表变化
我为/替 Ma Ko 杀鸡。

(二) 从受益义到受损义

受损义结构一般表示其编码的事件或情景是不如意的，或者对其中的论元角色有负面的影响。在有的语言中表示受益义的结构同时也可以表示受损。特别是在很多印欧语中，一个表示给予义的结构在语义上可以同时表示受益和受损两种含义（Creissels，2010：3）。Radetzky 和 Smith（2010：106 - 114）又提到，东南亚地区的语言和印欧语系语言有一个很大的不同是，印欧语言中表示受益义和受损义的是同一个结构，

第七章 景颇语给予义连动结构及与汉语对比

而东南亚语言则一般是用不同的词或结构来表示这两种语义。表受益义的结构也偶尔可以表示受损义，但是这种语义延伸有很多限制条件。因此，关于受益结构的语义延伸研究很少。

从表面看来，景颇语中的受益义和受损义似乎也是都用 ya^{33} 表示。但其实两者句法结构不同。受损义是由一个不同的结构来表达，因为受损义的表达局限于有领有关系的语境中。这在（14）—（16）的句子中都有体现，受损者之所以受损是因为其领属物得到了负面的影响。（14）中"猎人的脚"被"蚂蚁咬"了，领有关系通过方位词短语 la^{31} go^{33} ko^{255} "脚—上"来体现：

（14） Ka^{33} gyin^{33}　e^{31}　　　　ma^{31} khkyu^{31}　wa^{33}　hpe^{255}
　　　　蚂蚁　　　施事标记　　猎人　　　　　男子　受事标记
　　　　la^{31} go^{33}　　ko^{255}　　ga^{31} wa^{55}　　ton^{31}　ya^{33}
　　　　咬　　　　助词　　　给　　　　　脚　　　方位名词
　　　　u^{231} ai^{33}.
　　　　施事第三人称单数；受事第三人称单数；谓语表状态
　　　　蚂蚁在猎人的脚上咬了一口。

（15）中领有关系是通过领有名词短语 NP 来体现的。"精灵鸟的孩子"被"大象踩死"了，所以在这个意义上"精灵鸟"也得到了负面的影响。

（15） Ma^{31} gui^{33}　go^{31}　　　　jing^{31} ling^{55}　u^{31}　　a^{231}
　　　　大象　　　话题标记　　精灵　　　　　鸟　　　领属标记
　　　　ga^{31} sha^{31}　ni^{33}　　hpe^{255}　　ga^{31} bye^{231}　sat^{31}
　　　　孩子　　　复数　　　受事标记　　踩　　　　　杀

kau⁵⁵ ya³³ sai³³.
助词 给 谓语表变化
大象踩死了精灵鸟的孩子们。

（16）中领有关系体现在关系从句 Ning³³ji³³dui³¹ ga³¹lo³³ ai³³ dai³³ "爷爷做的那个"中。因为"爷爷做的碓"被别人（芒市博物馆工作人员）"拿走"了，所以在一定意义上"爷爷"的利益受到了伤害。另外，这个例子特别有意思的是，它给了我们一个清晰的证据证明 ya³³ 的语义已经虚化。因为 ya³³ 用在了动词"拿"的后面。ya³³ 可以用在非转移意义的动词后面说明其本义"给予"已经虚化了。

（16） Ning³³ji³³dui³¹   ga³¹lo³³   ai³³
第二人称所有格. 爷爷   做   名物化标记
dai³³   mung³¹ wa³¹   la⁵⁵   ya³³   kau⁵⁵
一个   也   来   拿   给   助词
（芒市的人）把你爷爷做的那个也拿走了。(Dialogue, 1: 206)

因此受损义的结构不是一个三元（argument）结构，而是一个二元结构，其中一个论元是施事，另外一个论元是一个方位词短语或领属短语，来表示受损者及其得到直接伤害的领属物。与此相对，受益结构中受益者和主体论元之间不一定有领有关系，如果确实有领有关系，可以通过所有格名词短语（genitive NP）来表示，例如（11）可以变换成（17）的说法：

（17） Ngai³³   nang³³   a⁷³¹   pa³³long³³   hkrut³¹
第一人称单数   第二人称   领属标记   衣服   洗

ton^{31} ya^{33} sa^{33}ngai^{33}.

助词　给　施事第一人称单数；谓语表变化

我为/替你洗衣服。

因此，景颇语的例子说明，ya^{33}的受损义是从受益义发展演化出来的，演化所依据的句法结构是表示领有关系的结构。Radetzky 和 Smith（2010：106-114）调查了东南亚各语言，包括汉藏语及日本语和韩语，得出结论，认为这些语言中无一例外，受损义和受益义是用不同的词素或者不同的结构来表示。尽管受益结构偶尔也可以表达受损义，但是这种意义表达会受很大的局限。很明显景颇语中的受益义和受损义是用同一个词素 ya^{33} 来表达，但是两种意义的结构是不同的。本章的主要贡献在于发现了两者之间的演化关系是通过领有关系来实现的。在跨语言研究中尽管受益结构、外部领有结构和与格结构讨论很多，但是受损义表达通过领有结构来实现的语言现象没有被提到过。

景颇语中从受益义到受损义的语义扩展之所以重要，另外一个原因是因为，尽管两者都是基于同一个词素，但是这种扩展并不是单纯基于上下文或语用因素。Zúñiga 和 Kittilä（2010：20-21）指出受益者和受损者两个语义角色界限模糊，是因为在一个具体的事件中一个论元是受益还是受损主要是基于上下文语境和说话者的主观判断。Kiyosawa 和 Gerdts（2010：156）指出，对于 Salish 语言中一个论元到底是受益还是受损，完全取决于上下文信息。和这些研究的发现不同，景颇语中的同一个语素 ya^{33} 表示受益还是受损，不是依赖于语境，而是基于不同的句法结构。

在景颇语中受益义和受损义通过不同的结构来体现，这一点已经逐渐固化。(18)和(19)清楚地表明：(18)中的三元结构只能有受益义的解读（单纯受益，或者替代受益），(19)中的带所有格名词短语的二元结构只能有受损义的解读。换句话说,只有二元的领有结构才能表示受损义,而三元的结构只能表示受益义。

(18) Ngai^{33}　　　Ma^{31} Ko^{255}　hpe^{255}　　u^{31}　sat^{31}
　　　第一人称单数　Ma Ko　　受事标记　鸡　杀
　　　ya^{33}　sa^{33} ngai^{33}.
　　　给　施事第一人称单数;谓语表变化
　　　我为/替 Ma Ko 杀鸡。

(19) Ngai^{33}　　　Ma^{31} Ko^{255}　a^{231}　　u^{31}　sat^{31}
　　　第一人称单数　Ma Ko　　领属标记　鸡　杀
　　　ya^{33}　sa^{33} ngai^{33}.
　　　给　施事第一人称单数;谓语表变化
　　　我杀了 Mako 的鸡。

(三) 其他表示受益义的动词连动结构

除了 ya^{33} 之外,还有几个动词也可以构成中心词连动结构,功能类似 ya^{33}。这些动词包括 dan^{55} 表示给"某人看",jo^{231} "看"和 lom^{31} "帮忙、参加"。但是这些动词没有像 ya^{33} 一样显示出语法化的迹象。Dan^{55} 和 jo^{231} 只能用来表示基本的接收者语义,但是不能表示单纯受益或替代受益。动词 lom^{31} 尽管表示帮助某人做某事的意思,但这是动词的实词本义,所以不是表示抽象受益义的结构,也不是语法化的结构。

动词 dan^{55} 可以用于表示抽象的转移义,例如用在表示信息交流(信息、歌曲、故事等)的动词后面,例如 tsun^{33} "说"、hkon^{55} "唱"、hkai^{31} "告诉"。Ya^{33} 不能用于这些动词,这种对立如(20)所示。

第七章 景颇语给予义连动结构及与汉语对比

（20）Ngai³³　　　　shi³³　　　　hpe²⁵⁵　　mu⁵⁵　dai³³
　　　第一人称单数　第三人称单数　受事标记　事情　那个
　　　tsun³³　dan⁵⁵　（*ya³³）　sa³³ngai³³.
　　　告诉　　看　　　　　　　施事第一人称单数；谓语表变化
　　　我告诉了他那件事。

也可以用在活动动词后面，如下例所示：

（21）Ngai³³　　　　nang³³　　hpe²⁵⁵　　ga³¹lo³³　dan⁵⁵
　　　第一人称单数　第二人称　受事标记　做　　　看
　　　na³³!
　　　非实现体
　　　我做给你看（直译：我做看你）。

但是（20）和（21）都不能表示替代受益（替代某人做某事）或者单纯受益（为某人做某事）。这一点也和 Creissels（2010：62-63）的观察一致，他指出，表示"看"（show）意义的动词允准接收者或者目标者论元，但不是典型的受益者论元。动词 jo²³¹ 也表示"给予"的意思。因此，该词有时候和 ya³³ 是可以互换使用的。如（9）中的 ya³³ 可以换成 jo²³¹，意思基本不变，如（22）所示：

（22）Dui³¹la³³　nang³³　　hpe²⁵⁵　　gum³¹hpro³¹　ga³¹de³¹
　　　爷爷　　　第二人称　受事标记　钱　　　　　多少
　　　jo²³¹　（ya³³）　a²³¹ni⁵¹
　　　给　　　　　　　施事第三或第一人称；谓语表状态；问句
　　　爷爷给了你多少钱？

但是在中心词连动结构中 jo^{231} 的使用远远不如 ya^{33} 那么广泛。该词仅可以在制作类动词的后面代替 ya^{33} 来使用，如（23）和（24）所示：

(23) Ngai^{33}　　　　shi^{33}　　　　hpe^{755}　　　nga^{33}
　　　第一人称单数　第三人称单数　受事标记　牛

　　　la^{55}ngai^{33}　dut^{31}　jo^{231}　sai^{33}.
　　　一　　　　　　卖　　给　　谓语表变化

　　　我卖给他一头牛。

(24) Ga^{31}sha^{31}　yan^{33}　hpe^{755}　lu^{231}sha^{55}　ga^{31}lo^{33}　jo^{231}
　　　孩子　　　　两　　　受事标记　食物　　　　做　　　　给

　　　u^{231}ai^{33}.
　　　施事第三人称单数；受事第三人称单数；谓语表状态

　　　她做了食物给两个孩子。

另外，(23)、(24) 和用 ya^{33} 的情况不同，这两个例子仅有接收者的意义解读，没有替代受益义和单纯受益义的解读。根据本族说话者的语感判断，当用 jo^{231} 的时候，"给予"的意味更加明显。例如（24）中"做饭"和"给孩子"的动作事件界限更加清晰，而在用 ya^{33} 的时候两个动作事件之间的界限比较模糊。这说明 jo^{231} 仅用于表示接收者论元，而 ya^{33} 可以表示接收者和受益者。很明显 jo^{231} 没有 ya^{33} 语法化程度高，只能用于表示其本义的结构中。因此，我们可以预测 jo^{231} 在非转移义动词的后面不能代替 ya^{33}，例如 hkrut^{31} "洗"和 ye^{55} "扫"。如（25）句是不能说的。

(25) * Ngai³³　　　　nang³³　　hpe⁷⁵⁵　dun⁵⁵　ye⁵⁵
第一人称单数　第二人称　受事标记　地板　扫
jo⁷³¹　sa³³ngai³³.
给　施事第一人称单数；谓语表变化
拟表达义：我为你扫地。

动词 lom³¹在非转移义动词后面可以代替 ya³³ 来使用。例如（25）拟表达的语义可以用下面的说法：

(26) Ngai³³　　　　nang³³　　hpe⁷⁵⁵　dun⁵⁵　ye⁵⁵
第一人称单数　第二人称　受事标记　地板　扫
lom³¹　sa³³ngai³³.
帮　施事第一人称单数；谓语表变化
我帮你扫地。

然而用 ya³³ 和用 lom³¹ 意思略微不同，用 ya³³ 表示"替你扫"或"为你扫"，而用 lom³¹ 表示"和你一起扫"。换句话说，ya³³ 连动结构中受益义是抽象的、概括的，不再是"给予"的本义，而 lom³¹ 连动结构中受益的意义是动词的实义本身。因此 lom³¹ 和 jo⁷³¹ 一样都没有语义虚化的过程，而 ya³³ 正在经历语义虚化的过程。

三　给予义中心词连动结构及其功能

这一节中我们来论证 ya³³ 连动结构的功能在于增元（valency increasing），即给实义动词增加一个接收者或受益者论元。这种功能类似斜格标记（applicative）。景颇语中没有语义驱动的双及物动词（semantically-governed ditransitive verbs），所以必须用 ya^{33} 连动结构来表示三元的受益语义结构。并且这种增元的功能也解释了为何在受损义结构中尽管是有两个论元，但是必须有三个参与者（participants）的语言事实。

（一）给与义中心词连动结构

正如第二节中所讨论的，ya^{33} 和另外一个动词连用形成了一个中心词连动结构。所有的动词紧邻在一起，所有名词性短语都处于动词的左侧，而不能插入在动词之间，如下例所示：

(27)   a   Ngai^{33} shi^{33} hpe^{255}

     第一人称单数　第三人称单数　受事标记

     sha^{31}kram^{33} ka^{33} ya^{33} sai^{33}

     信　　　　　写　　给　　谓语表变化

     我写一封信给他。

   b   *Ngai^{33} sha^{31}kram^{33} ka^{33} shi^{33} ya^{33}

     第一人称单数　信　　　　写　第三人称单数　给

     sai^{33}

     谓语表变化

     拟表达义：我写一封信给他。

   c   *Ngai^{33} shi^{33} ya^{33} sha^{31}kram^{33}

     第一人称单数　第三人称单数　给　　信

     ka^{33} sai^{33}

     写　　　　谓语表变化

     拟表达义：写一封信给他。

并且否定标记词必须在所有动词之前，而不能在动词之间，如下例所示：

(28) a Ngai³³　　　shi³³　　　hpe²⁵⁵　　sha³¹ kram³³
第一人称单数　第三人称单数　受事标记　信

n³³　ka³³　ya³³　sai³³.
不　　写　　给　　谓语表变化

我没写信给他。

b *Ngai³³　　　shi³³　　　hpe²⁵⁵　　sha³¹ kram³³
第一人称单数　第三人称单数　受事标记　信

ka³³　n³³　ya³³　sai³³.
写　　不　　给　　谓语表变化

拟表达义：我没写信给他。

与中心词连动结构相关的另外一个重要的特征是，动词左边的所有名词短语的语序相对自由。在景颇语中因为有受事宾语标记 hpe²⁵⁵ 来标记受事，所以施事和受事的语序可互换。如（29）所示，两种语序都是非常普遍的。两者区别仅在于语用上说话者强调的侧重不同，或者为了上下文连贯而使用某种语序。

(29) a Ngai³³　　　shi³³　　　hpe²⁵⁵　　sha³¹ kram³³
第一人称单数　第三人称单数　受事标记　信

ka³³　ya³³　sai³³
写　　给　　谓语表变化

我写一封信给他。

b Shi³³　　　hpe²⁵⁵　　ngai³³　　　sha³¹ kram³³
第三人称单数　受事标记　第一人称单数　信

ka³³   ya³³   sai³³

写   给   谓语表变化

我是给他写了一封信。

如果主要论元是有定的,那么语序更加灵活,甚至所有的语序都是可以说的。如下面的例子中有三个有定名词短语:第一人称代词 ngai³³ "我"、第二人称代词 nang³³ "你" 和名词短语 pa̠³³long³³wo⁵⁵ra³¹ "那件衣服"。在表达 "我给你洗那件衣服" 语义时,三个名词短语的所有六种可能组合的语序都是可以说的。当然,不同的本族语者对于不同的语序说法在接受程度上略有差异。

(30) Ngai³³   nang³³   hpe²⁵⁵   pa̠³³long³³

第一人称单数 第二人称单数 受事标记 衣服

wo⁵⁵ra³¹   hkrut³¹   ton³¹ya³³

那   洗   助词给

sa³³ngai³³.

施事第一人称单数;谓语表变化

我给你洗那件衣服。

(二)给予义动词 ya³³ 的语法作用

1. 受益结构中 ya³³ 是必须的

ya³³ 已经经过句法的重新分析,逐渐固化为标记受益者的标记词。换句话说,在受益结构中 ya³³ 是必须的,如果缺少它,句子就是不合语法的,如(31)到(33)所示:

(31) Ngai^{33}　　　shi^{33}　　　hpe$^{?55}$　　nga^{33}　la^{55}ngai^{51}
第一人称单数　第三人称　受事标记　牛　　一
dut^{31}　＊(ya^{33})　sai^{33}.
卖　　给　　　　谓语表变化
我卖给他一头牛（或我替/为他卖一头牛）。

(32) Shi^{33}　　　　　Ma^{31} Ko$^{?55}$　hpe$^{?55}$　　lu^{231} sha^{55}
第三人称单数　Ma Ko　　受事标记　食物
＊(ya^{33})　u$^{?31}$ ai^{33}.
给　　　施事第三人称单数；受事第三人称单数；
　　　谓语表状态
他做了食物给Mako（或他替/为Mako做食物）。

(33) Ngai^{33}　　　　nang^{33}　　　hpe$^{?55}$　　dun^{55}
第一人称单数　第二人称单数　受事标记　地板
ye^{55}　＊(ya^{33})　sa^{33} ngai^{33}
扫　　给　　　施事第一人称单数；谓语表变化
我为/替你扫地板。

ya^{33}在这些句子中不可或缺，标志着其已经成为一种增元的句法手段。如（31）—（33）所示，所有三种类型的动词后ya^{33}都是必须的。这和东南亚其他语言中的情况形成对比。如汉语中转移义动词形成的双宾结构中就可以不用动词"给"。如例（34）所示：

(34) 我送（给）他一本书

而且在景颇语中，即使是转移义动词后面的ya^{33}也不能省略。这说明景颇语中没有语义驱动的双及物动词，必须依靠连动结构，用给予义动词来标记与格或受益格。因此，ya³³的主要功能就是增元，用来增加一个额外的受益者或参与者。有这种功能是因为动词 ya³³ 的本义"给"是一个三元动词。所以 ya³³ 形成的中心词连动就是一种斜格结构，因为斜格结构可以把一个边缘论元变为核心论元（Peterson, 2007: 1; Jeong, 2007: 3-4）。斜格结构一般是标记受益者论元或工具论元（Bresnan & Moshi, 1990），景颇语中 ya³³ 使用便是增加一个受益者论元。

我们已经注意到 ya³³ 可以用在几种类型的动词后面，包括转移义动词、制作义动词，甚至是破坏义动词。然而，另外一个需要注意的问题是，ya³³ 尽管已经虚化成一个增元的标记，但是还没有扩展到可以用在不及物动词后面，如（35）a 是不能说的。要让这个句子合乎语法，必须加上独立的介词短语 a²³¹ ma³¹ tu³³ "为了"，如（35）b。该介词可以独立带一个名词宾语，如（36）所示。

(35) a *Ngai³³　　　nang³³　　　hpe²⁵⁵　　sa³³
　　　第一人称单数　第二人称单数　受事标记　去
　　　ya³³　de²³¹!
　　　给　　祈使句
　　　拟表达意义：我为/替你去。

　　 b Ngai³³　　　nang³³　　　a²³¹ ma³¹ tu³³　sa³³
　　　第一人称单数　第二人称单数　为了　　　　去
　　　(ya³³)　de²³¹!
　　　(给)　　祈使句
　　　我为了你去。

(36) Ngai³³　　　nang³³　　　a²³¹ ma³¹ tu³³　sa³³　de²³¹!
　　　第一人称单数　第二人称单数　为了　　　　去　　祈使句
　　　我为了你去。

在普通话中,"给"也不能用在不及物动词后面,如(37)也不能说:

(37)　　＊我给你去。

这和其他语言中的受益论元增加标记不同,有的语言中的论元增加标记词可以用于不及物动词,如在泰语中 hay "给" 就可以用在不及物动词后面(Jenny,2010:384-385)。例如,(38)可以说,表示替代义和单纯受益义。

(38)　　Hùak　　cam.pen　　khaa　　　　　cà?　　taay
　　　　如果　　需要　　　第一人称单数—女性　将来　死
　　　　hay　　?eŋ　　　　dây.
　　　　给　　第二人称单数　得
　　　　如果需要我会为/替你死。

景颇语中 ya^{33} 尽管有一定程度的语法化,但是和汉语的"给"一样,都不能用于不及物动词,所以没有泰语中给予义动词语法化程度高。

2. 受损义结构中必须有三个参与者

ya^{33} 表示受益义的结构中必须有三个参与者(三个论元)。同样,ya^{33} 表示受损义的结构也要求必须有三个参与者。区别在于,在受损义结构中三个参与者在句法上只对应两个论元。因此,这里我们做了一个重要的区分,把动词事件参与者和动词的核心论元区分开来。事件参与者未必是动词的核心论元。如上一节中的讨论所示,景颇语中 ya^{33} 如果表示受损义,其中两个参与者必定有领有关系。受损者的利益受损是因为其领有物得到了负面的影响。两个例子重复如下,一个包含所有格名词短语,另一个包含方位名词短语。

NP$_{1(施事)}$ – [N$_{2(受损者)}$ – （领属标记）– N$_3$]$_{NP2(受事)}$ – V$_1$助词 V$_2$ = ya^{33}

(39) Ma^{31}gui^{33}　go^{31}　　jing^{31}ling^{55}　u^{31}　　a$^{?31}$
　　　大象　　话题标记　　精灵　　鸟　　　领属标记
　　　ga^{31}sha^{31}　ni^{33}　　hpe$^{?55}$　　ga^{31}bye$^{?31}$　sat^{31}
　　　孩子　　复数　　　受事标记　　踩　　　　杀
　　　kau^{55}　　ya^{33}　　sai^{33}.
　　　助词　　　给　　　谓语表变化
　　　大象踩死了精灵鸟的孩子。

NP$_{1(施事)}$ – NP$_{2(受损者)}$ – NP$_3$ – V$_1$助词 V$_2$ = ya^{33}

(40) Ka^{33}gyin^{33}　e^{31}　　ma^{31}khkyu^{31}　wa^{33}　　hpe$^{?55}$
　　　蚂蚁　　施事标记　　猎人　　　　男子　　受事标记
　　　la^{31}go^{33}　　ko$^{?55}$　　ga^{31}wa^{55}　ton^{31}　　ya^{33}
　　　脚　　　方位名词　咬　　　　助词　　给
　　　u$^{?31}$ai^{33}.
　　　施事第三人称单数；受事第三人称单数；谓语表状态
　　　蚂蚁在猎人的脚上咬了一口。

(40) 中地点短语因为表示领有关系，所以也可以转换成领有短语的说法，如(41)所示。

(41) Ka^{33}gyin^{33}　e^{31}　　ma^{31}khkyu^{31}　wa^{33}　　a$^{?31}$
　　　蚂蚁　　施事标记　　猎人　　　　男子　　领属标记
　　　la^{31}go^{33}　　ga^{31}wa^{55}　ton^{31}　　ya^{33}
　　　脚　　　咬　　　　助词　　　给
　　　u$^{?31}$ai^{33}.

施事第三人称单数；受事第三人称单数；谓语表状态
蚂蚁咬了猎人的脚。

上面三个例子的共性是，尽管句法上都只有两个核心论元，一个施事、一个受事，但是都包含了三个事件参与者。有三个名词短语，其中两个具有领有关系：施事、受损者（领有者）、领有物。领有关系通过方位词短语或者名词所有格形式来表达，用哪一种形式取决于说话者看待事件的方式。这种领有关系在文献中一般称为"不可让渡"的领有关系（Chappell & McGregor，1996：6-7）。

如果只有两个事件参与者，之间没有领有关系，就不能用 ya^{33} 表示受损义。例如，如果我们只说"蚂蚁咬了猎人"，或者"大象踩死了精灵鸟"，都不能加 ya^{33}。如（42）和（43）都是不能说的：

（42） *Ka^{33}gyin^{33} e^{31} ma^{31}khkyu^{31} wa^{33} hpe^{55}ʔ
　　　 蚂蚁   施事标记 猎人   男子   受事标记
　　　 ga^{31}wa^{55} ton^{31} ya^{33}
　　　 咬   助词   给
　　　 u^{ʔ31}ai^{33}.
　　　 施事第三人称单数；受事第三人称单数；谓语表状态
　　　 拟表达义：蚂蚁咬了猎人。

（43） *Ma^{31}gui^{33} go^{31} jing^{31}ling^{55} u^{31} hpe^{ʔ55}
　　　 大象   话题标记   精灵   鸟   受事标记
　　　 ga^{31}bye^{ʔ31} sat^{31} kau^{55} ya^{33} sai^{33}.
　　　 踩   杀   助词   给   谓语表变化
　　　 拟表达义：大象踩死了精灵鸟。

（44）这种典型的受损义句子中也不能用 ya^{33}，因为只有两个事件参与者。这说明是事件参与者数量，而不是论元数量决定了是否可以用 ya^{33} 来表达受损义。

（44）　*Shi^{33}　　　ngai^{33}　　　hpe^{255}　　a^{31}dup^{31}　ya^{33}
　　　　第三人称单数　第一人称单数　受事标记　　打　　　给
　　　　sai^{33}.
　　　　谓语表变化
　　　　拟表达义：他打我。

显然，ya^{33} 表示受损义时要求必须有三个事件参与者。这源于其在受益义结构中的功能，在受益结构中 ya^{33} 可以给实义动词增加一个核心论元。这种功能也被带入受损义结构中，只不过是换了一种形式而已。不过，从表面看来似乎有反例不符合这个规律，如（45）和（46）中都只有两个事件参与者，也可以用 ya^{33}。

（45）　N^{31}bung^{33}　wan^{31}　ga^{31}wut^{31}　sat^{31}　kau^{55}　ya^{33}
　　　　风　　　　　　火　　　吹　　　　杀　　　助词　　给
　　　　sai^{33}.
　　　　谓语表变化
　　　　风把火吹灭了。

（46）　Mu^{55}　dai^{33}　yong^{31}　e^{31}　　chye^{33}　kau^{55}
　　　　事情　　那个　　所有人　　施事标记　知道　　　助词
　　　　ya^{33}　sai^{33}.
　　　　给　　谓语表变化
　　　　那件事情给每个人都知道了。

但是仔细观察这些例子，我们会发现这些并不是反例。(45) 只能用于表示"人工特意点起来照明或烧饭的火"。因此如果"火灭了"，这种情况对于语境中的当事者也是一种损失。这个句子不能用于表示大自然中自己燃烧起来的火，因为在那种情况下受损的责任方不明确。(46) 使用的语境是"这件事情不应该被人知道"，如果"被人知道了"，对于当事者来说，是不希望的结果。因此，这两个句子中 ya^{33} 并不是用来标记施事，因为施事已经有施事标记 e^{31}，如 (46) 所示，而是仍然标记一个省略的，或者上下文中提到过的第三个利益受损的事件参与者。在受损义句子中，施事可以基于上文语境省略掉。这样表面上就只剩下一个领有名词短语作为唯一明显的核心论元，如 (47) 和 (48) 所示。我们注意到，尽管施事被省略，受事名词短语仍然需要两个事件参与者组成的领有名词短语，两个参与者之间有"不可让渡的"领有关系。

(47) Sa^{31}myin^{33} (…) a^{731} n^{31}gup^{31}bai^{55} ma^{31}tep^{55}
扁嘴鱼　　　　领属标记　嘴巴　又　夹
a^{31}pyet^{31} dat^{31} ya^{33} ai^{33}
使—平　助词　给　谓语表变化
(兄弟俩) 又把扁嘴鱼的嘴巴夹平了。(故事《人类的起源》：121)

(48) Jing^{31}ling^{55} u^{31} a^{731} ga^{31}sha^{31} ni^{33}
精灵　　　鸟　领属标记　孩子　复数
hpe^{755} ga^{31}bye^{731} sat^{31} kau^{55} ya^{33}
受事标记　踩　杀　助词　给
sai^{33}.
谓语表变化
(有人) 踩死了精灵鸟的孩子。

上面两个句子表面看来似乎是被动句："扁嘴鱼的嘴巴被夹平了""精灵鸟的孩子被踩死了",但其实也只是受损义结构省略了施事而已。它们和真正被动句的具体区别我们在下一节讨论。

四 给予义动词的语法化

（一）给予义动词由动词向助动词的演化

文献中经常会提到,表示受益义的论元增加标记是处在语法化过程的中间状态,或是将继续演化成后置词、格标记或动词后缀（Creissels,2010：47）。这一节中,我们来探讨 ya^{33} 的演化。和前人文献中提及的不同,ya^{33} 呈现出由动词向助动词的演化。首先,需要明确指出的一点是,有足够的证据证明作为论元增加标记的动词 ya^{33} 仍然是独立的动词,尽管其和前面的动词紧邻在一起。(49) 和 (50) 都是来自同一个口语对话材料之中,同一个实义动词 woi^{33} "带、照顾"后面可以直接跟动词 ya^{33},或者中间隔一个表示完成的体标记助动词 kau^{55}。两个动词之间仍然可以被体标记隔开,这说明仍然是一个连动结构,而不是复合词。这也说明 ya^{33} 不是动词后缀。

(49) Hkon^{31} Toi^{33}⋯ yong^{31} ga^{31}htong^{31} ting^{31} a^{231}
　　　Hkon Toi⋯　　 全部　　村子　　　　整个　　领属标记
　　　ma^{31}　　　　chyu^{33}　woi^{33}　　ya^{33}　　re^{51}
　　　孩子　　　　单独　　照顾　　给　　强调
　　　Hkon Toi 自己带了全村子里的小孩子。

(50) Dai^{33}　ma^{31}　woi^{33}　kau^{55}　ya^{33}　n^{31}na^{55}　dai^{33}　ga^{31}lo^{33}
　　　那个　 孩子　 照顾　 助词　 给　　然后　　那　　做
　　　mu^{231}
　　　施事第二人称复数；祈使句

（我来）帮你照顾孩子，你们来做（那些活）。

并且，ya^{33}仍然可以独立作为动词使用，如上文中（9）所示。因此，该词并没有像之前的研究所提的那样完全语法化为助动词（LaPolla，2003：18）。同理，景颇语中表示致使义的动词 sha^{31}ngun^{55} "让，叫，使"，尽管作为增元标记也仍然保留了动词的词性。在东南亚的语言中一个词具有多个词性功能的现象非常普遍。普通话中很多这样的副动词，同时有动词和介词的功能。泰语中给予义动词 hay 也同时拥有多种语法功能（Jenny，2010：387；Bisang，1992）。

下面我们讨论一下 ya^{33}在向助动词语法化的过程中涉及的句法格式边界问题。在我们5个小时的录音材料中 ya^{33}出现了59次。如表7-1所示，其中14次是用作独立的动词，45次是作为受益或受损增元标记。

表 7-1　　　　景颇口语语料中 ya^{33}的用法分类

ya^{33}的功能	句法结构	数量	
独立动词	(i) NP$_1$（NP$_2$…）- V$_{[ya33]}$- 句末助词	14	
增元标记	(ii) NP$_1$（NP$_2$…）- V$_1$ - V$_{2[ya33]}$- 句末助词	24	59
	(iii) NP$_1$（NP$_2$…）- V$_1$ - 助词 - V$_{2[ya33]}$- 句末助词	17	45
	(iv) NP$_1$（NP$_2$…）- V$_1$ - V$_{2[ya33]}$- 助词 - 句末助词	4	

每一类结构的例子如下所示：

(51)　　NP$_1$（NP$_2$…）- V$_1$ - V$_{2[ya33]}$- 句尾词

Hkon^{31} Toi^{33},　　nang^{33}　　　　byen^{33}　　ya^{33}

Hkon Toi,　　第二人称单数　　翻译　　给

u^{31}!

施事第二人称单数；祈使句

Hkon Toi, 你（给我）翻译！

(52) NP₁（NP₂…）- V₁ - 助词 - V₂[ya33] - 句尾词

Dui³¹ no⁵⁵ tsan³³ kau⁵⁵ ya³³ de³¹.

奶奶　先　　挑　　助词　给　祈使句

让奶奶先帮你挑个好的。

(53) NP₁（NP₂…）- V₁ - V₂[ya33] 助词 - 句尾词

Shi³³　　　　no⁵⁵ nga³¹ yang³¹, dut³¹

第三人称单数　还　活着　当　　卖

ya³³　　　kau⁵⁵ sai³³

给　　　　助词　谓语表变化

当他还活着的时候他（把它）卖了（卖给那些芒市来的人）。

作为增元标记，ya³³在大多数情况下紧接在V₁后面，和V₁结合得比较紧密，记作V₁ - V₂[ya33]。45例中有28例是这种格式，也就是上表中的（ii）和（iv）。另外有17例中，ya³³和V₁之间有体助词隔开，记作V₁ - 助词 - V₂[ya33]。尽管语料数量比较少，数据不具有决定性意义，但是也给我们很大的参考和启示。这些数据显示ya³³处在由动词向助动词的演化过程中。这种中间状态体现在有两种格式同时并存，其中格式I的语法化程度比格式II更高一些，ya³³与其前面的动词结合更紧密一些：

I. NP（NP…）V₁ - V₂[ya33] -（助词）- 句末助词　（28/45）
II. NP（NP…）V₁ - 助词 - V₂[ya33] - 句末助词　（17/45）

格式II中的体助词，例如ton³，可以插入在两个动词之间，所以ya³³

的动词意味更强一点，如（54）和（55）所示。本族语说话者的主观判断是，在这个格式中两个动作之间有比较清楚的目的或时间先后关系，如（54）中的"买书"和"给"，以及（55）中的"做饭"和"给"。当然 ya^{33} 的主要功能还是标记一个受益者。而在格式 I 中这种动作先后关系的意义解读是没有的，因为两个动词之间语义结合非常紧密。

(54) Ngai^{33}　　　　shi^{33}　　　　hpe$^{?55}$　　　lai^{31}ka^{33}
　　　第一人称单数　第三人称单数　受事标记　书
　　　mi^{33}　ma^{31}ri^{33}　ton^{31}　ya^{33}　sai^{33}.
　　　一　买　　　　助词　给　谓语表变化
　　　我买了一本书给他。

(55) Shi^{33}　　　　Ma^{31} Ko$^{?55}$　　hpe$^{?55}$　　　lu^{231}sha^{55}
　　　第三人称单数　Ma Ko　　　受事标记　食物
　　　ga^{31}lo^{33}　ton^{31}　ya^{33}　sai^{33}.
　　　做　　　助词　给　谓语表变化
　　　他做了饭给 Ma Ko。

综上所述，ya^{33} 处在由动词向助动词语法化过程中，尚未完全演化为助动词。其句法功能已经固化为用来为另一个动词增加论元，增加受益者或受损者论元。

（二）汉景给予义动词的不同语法化路径

本节中我们从理论上探讨，景颇语的 OV 型语序和中心词连动形式决定了给予义动词 ya^{33} 只能语法化为助动词。而在汉语普通话中，VO 型语序和中心词加论元型连动结构决定了"给"只能演化为介词或被动标记。

汉语普通话是 SVO 语言，动词后的"给"引导的是接收者论元，而动词前的"给"引导的是受益者角色（Chappell & Peyraube, 2006），分别如（56）a 和（56）b 所示。从历时语言学的角度来看，动词"给"在汉语中的位置比较灵活。动词"给"首先在动词后的位置语法化为介词，然后介词短语 PP 移到动词前面标记受益者的语义角色，因为大部分汉语方言中介词的典型位置是在动词前面。

（56）a 我买了一本书给他。
　　　b 我给他买了一本书。

景颇语中的 ya^{33} 不可能演变为后置介词，这与景颇语的类型学特征有关。ya^{33} 出现的结构是中心词连动结构，动词紧邻在一起，景颇语的语序又是 OV 型，名词性成分都在两个动词左边，如（57）。从表面形式上来看，ya^{33} 和 shi^{33} 没有构成一个直接短语成分，所以不可能像汉语的"给他"那样变成一个介词短语，然后一起前移。

（57）　　$Ngai^{33}$　　　　shi^{33}　　　　hpe^{255}　　　$lai^{31}ka^{33}$
　　　　第一人称单数　第三人称单数　受事标记　书
　　　　$la^{55}ngai^{33}$　　$ma^{31}ri^{33}$　　ya^{33}
　　　　一　　　　　　买　　　　　给
　　　　$n^{31}ngai^{33}$
　　　　施事第一人称单数；谓语表状态
　　　　我买一本书给他／我替／为他买一本书。

另外，ya^{33} 也不可能直接单独语法化为后置介词。因为该语言中后置介词的典型位置是在动词之前，如（58）中的介词 hku^{33} "用"。而 ya^{33} 的位置在实义动词后面，语序固定，也不能放在前面。

(58) Nan⁵⁵hte³³　　Jing³¹hpo⁷³¹　ga³¹　hku³³　tsun³³
第二人称复数　　景颇　　　　语　　用　　说

mu⁷³¹.

施事第二人称复数；祈使句

你说景颇语！

因此，景颇语中心词连动结构的形式和OV型语序决定了，ya³³不可能与其连用的动词分开，然后移到受益者后面的位置去标记受益者。

之前有研究提到，亚洲地区的很多语言都用同一个给予义动词来表示被动义和受益义。这条语法化路径不仅在汉语的各个方言中，包括普通话、吴语、徽语、闽南语、客家话和粤语中得到证实，而且在满语和马来语中也得到证实（Hashimoto，1976；Chappell & Peyraube，2006；Yap & Iwasaki，2007）。并且这些被动结构还有一个共性，都是表示不如意的事情（Clark，1974）。因此，从表面来看，景颇语中的ya³³似乎也可以分析成一个被动标记，而不是一个受损义标记。但是，仔细分析会发现这两者是不同的。

接下来我们用汉语普通话作为例子，来区分景颇语中ya³³的受损义用法和普通话中"给"的被动用法。首先来看"给"标记施事的被动句，如（59）所示，其句法结构为NP(受事) - 给 - NP(施事) - VP。表示受损义的ya³³的例子再重复如（60）：

(59)　a　我给他们骗了。

　　　b　道路给警察封了。

(60)　Ka³³gyin³³　e³¹　　　　　ma³¹khkyu³¹　wa³³　a⁷³¹

　　　蚂蚁　　　施事标记　　猎人　　　　　男子　领属标记

la^{31} go^{33}　　　ga^{31} wa^{55}　　　ton^{31}　　　ya^{33}

脚　　　　　　咬　　　　　　助词　　　给

u^{731} ai^{33}.

施事第三人称单数；受事第三人称单数；谓语表状态

蚂蚁咬了猎人的脚。

两者的不同如下：首先，(60) 中的受损结构中 ya^{33} 是在动词后的位置，其功能不是标记施事，而是给领有名词短语允准一个受损者论元的语义角色。被动标记"给"是一个介词，处于动词之前的位置，是标记施事的，如（59）所示。其次，如前面讨论过的，受损义的 ya^{33} 是从受益义扩展过来的。因此，其句法上关键的一点要求是，必须有三个事件参与者。否则，即使语义是不如意的事情，也不能用 ya^{33}。真正的被动结构是没有这个限制条件的，如（59）所示，只有两个论元，即两个事件参与者。这一区别正是因为表示受损义的 ya^{33} 是一个增元标记，标记受损者；而被动标记"给"并不增加论元，只标记施事。

在普通话中，"给"可以用于没有施事的短被动句，如（61）所示，这表面看来和省略了施事的受损义结构类似，如（62）。但其实两者的区别很明显，受损义结构中 ya^{33} 是一个增元标记，要求必须有领有名词短语。而"给"其实是一个减元标记（valency decreaser），省掉了施事论元。ya^{33} 的受事不可能是非领有名词短语的单个名词，如（63）是不能说的：

(61)　　普通话中施事不出现的短被动句：

　　　　道路给封了。

(62)　　景颇语中省略主语的受损义结构：

　　　　Sa^{31} myin^{33}（…）　　a^{731}　　　n^{31} gup^{31} bai^{55}　　ma^{31} tep^{55}

第七章 景颇语给予义连动结构及与汉语对比

扁嘴鱼		领属标记	嘴巴	又	夹
a^{31}pyet^{31}	dat^{31}	ya^{33}		ai^{33}	
使一平	助词	给	谓语表变化		

（兄弟俩）又夹平了扁嘴鱼的嘴巴。（故事《人类的起源》:121）

(63) *Ngai^{33}　　a^{31}dup^{31}　ya^{33}　sa^{33}ngai^{33}.
　　　第一人称单数　　打　　　给　　施事第一人称单数，
　　　　　　　　　　　　　　　　　　谓语表变化

拟表达义：我被打了。

因此，这些证据都说明，景颇语中类似（60）和（62）的例子都不能看成是被动结构，而是受损义结构。另外，从语法化角度来看，也不可能将 ya^{33} 分析成被动结构。Chappell 和 Peyraube（2006）提到，所有的给予义动词演变的被动标记都不是直接从给予义演化过来的，而是经过一个表示致使义的中间状态。Yap 和 Iwasaki（2003，2007）也提出了类似的观点，只有当致使义动词进一步语法化，语义上更加漂白，可以带非施事性主语论元的时候，被动的用法才出现。这条语法化路径的一个中间过渡状态是允准致使义和反身被动义，分别如（64）和（65）所示：

(64) 我给你猜个谜语。（Yap & Iwasaki, 2003：421）

(65) 李四给张三看见了。（Yap & Iwasaki, 2003：422）

因此，Chappell 和 Peyraube（2006）提出，在汉语中存在一条从给予义动词到致使义动词，再到被动标记的语法化路径："动词"给" > 致使义动词 > 被动标记"。景颇语中 ya^{33} 是一个增元标记，首先用在给予义和受益义结构中来标记接收者或受益者,然后扩展到表示受损者。它并没有经过上述汉语中的从给予义到被动标记的语法化路径。我们认为景颇语中 ya^{33} 的语法化路径如下:

(66) 第Ⅰ阶段 > 第Ⅱ阶段 > 第Ⅲ阶段

给予动词 ya^{33} > 与格(接收者)/受益者标记 > 受损义标记

每一阶段的句法结构有一定相似性,但是也同时伴随着语法化过程中的语义虚化:

第Ⅰ阶段:给予义动词:

$$NP_{1(施事)} - NP_{2(与事)} - NP_{3(受事)} - V_1 = ya^{33}$$

第Ⅱ阶段:与格(接收者)/受益者标记

$$NP_{1(施事)} - NP_{2(受益者)} - NP_{3(受事)} - V_1 \ V_2 = ya^{33}$$

第Ⅲ阶段:受损义标记:

$$NP_{1(施事)} - [N_{2(受损者)} - 领有标记 - N_3]_{NP2(受事)} - V_1 \ V_2 = ya^{33} 或:$$

$$NP_{1(施事)} - NP_{2(受损者受事)} - NP_3 - V_1 \ V_2 = ya^{33}$$

实际上,我们发现有几个例子中 ya^{33} 带有一些微弱的、类似致使义的语义,如(67)和(68)所示:

(67) Ngai^{33}　　　　　n^{33}　kam^{33}　hkon^{55}　ya^{33}
　　　第一人称单数　　不　想　　唱　　给
　　　n^{33} ngai^{33}.

第七章 景颇语给予义连动结构及与汉语对比 215

施事第一人称单数；谓语表状态
我不想唱。

(68) Ma^{31} Ko^{755} shi^{33} a^{31} ga^{31} n^{33}
Ma Ko 第三人称单数 领属标记 话 不
kam^{33} ma^{31}dat^{31} ya^{33} ai^{33}.
想 听 给 谓语表状态
Ma Ko 不想听他的话。

这两个句子使用的语境还是暗含三个事件参与者。表示第三方要求施事做某件事，比如"唱一首歌"或"听从长者的意见"，但是施事不同意做。只不过，这个暗含的第三方在句子中没有出现。因此这里的 ya^{33} 的功能和普通话中类似（64）那种致使义结构完全不同，（64）中"给"是一个表示允许—致使义的标句词，连接致使者和被致使者。另外，景颇语中这样的例子非常少，因此也不构成反例说明景颇语中给予义动词可以语法化为致使标记。

在我们结束本章讨论之前，我们提供一个景颇语中被动句的例子。景颇语中否定标记是 hkrum^{55}，是从表示"碰着"、"接触"意义的动词语法化而来。这种来源的语法化标记在 Heine 和 Kuteva（2002）中没有被提到过。该标记既可以带施事，如（69）a 所示，句法结构为 NP$_{受事}$ – V – hkrum$^{55}_{(被动标记)}$ – 句尾词，也可以不带施事，句法结构为 NP$_{受事}$ – NP$_{施事}$ – e^{31} – V – 名物化标记 – hkrum^{55} – 句尾词。

(69) a Ngai^{33} ga^{31}yat^{31} hkrum^{55} sai^{33}.
第一人称单数 打 接触 谓语表变化
我被打了。

b Ngai^{33} shi^{33} e^{31} ga^{31} yat^{31}
   第一人称单数   第三人称单数   施事标记   打

   ai^{33} hkrum^{55} sai^{33}.
   名物化标记   接触   谓语表变化

   我被他打了。

五　小结

  本章中笔者从不同角度讨论了景颇语中带 ya^{33} 的中心词连动结构。我们发现，和汉语相比，景颇语中缺少语义上的双及物动词，因此必须用给予义的中心词连动结构来容纳各种受益者的语义角色。ya^{33} 在该结构中的功能主要在于增加论元，为其前面的实义动词增加一个额外的接收者或受益者论元。另外，我们发现，ya^{33} 不但可以表示受益义，还可以从这一语法功能延伸至表示受损义的用法。这种语义扩展是通过一个领有结构实现的。在受损义结构中虽然不要求有三个论元，但是要求其两个论元一定包含三个事件参与者。用两种不同结构来分别表示受益义和受损义，是东南亚地区语言的区域特征之一。因此，ya^{33} 同时表示受益义和受损义，并不是如前人所提到的仅基于上下文和语用因素而已。

  然后，我们论证了中心词连动结构的结构特点和 OV 型的语序，决定了景颇语中给予义动词的特殊语法化路径。有证据显示在中心词连动结构中动词 ya^{33} 已经开始向助动词演化。我们发现，ya^{33} 不可能像普通话中的给予义动词一样语法化为介词。因为景颇语是 OV 语序，ya^{33} 与前面动词又是中心词连动，所以不可能与其连用动词分开，也不可能虚化成一个介词。另外，虽然 ya^{33} 表示受损义的结构表面上像其他东南亚语言中的被动结构，但其实两者完全不同。东南亚语言中给予义动词可以先演变为表示致使—允许标记,再最终演变为被动标记。而景颇语中动词 ya^{33} 是一个增加接收者、受益者论元的标记词。其语法化路径是"给予动词 ya^{33} > 与格(接收者)/受益者标记 > 受损义标记"。这种特殊的语法化路径和景颇语的中心词连动特征是密切相关的。

第八章
景颇语致使义连动结构的句法语义及与汉语对比

一 引言

我们在第六章已经对藏缅语和汉语中的连动结构做了初步对比，并发现，藏缅语的狭义连动结构和汉语的狭义连动结构在句法结构上是一致的，但是表面形式上多采取中心词连动的形式。在第七章中又以 OV 语序景颇语中给予义连动结构为例，并与汉语相应结构作对比，专门探讨两种语言中同是狭义连动结构的两个结构在语义和句法上有何不同，并论证了中心词连动形式对于景颇语中给予义动词语法化路径有影响。其实，藏缅语连动结构比汉语连动结构更紧密，这一点不但体现在以下两个方面：狭义连动结构上藏缅语多采用中心词连动形式，广义连动结构上藏缅语是用一个从句而不是两个从句。还体现在另外一点：在汉语中用主从复合句的多句结构来表达的语义，在藏缅语中用中心词连动形式的狭义连动结构来表达。第五章中我们就讨论过汉语的致使义结构，其句法上呈一个连续统，其中部分汉语致使结构是主从复合句，部分是连动结构。而在藏缅语中同样是表达致使义，却可以用中心词连动结构的形式来表达。本章中我们就来详细论证这个问题，我们继续以景颇语为例,讨论其中连动型致使结构的语义内容和句法结构,并与汉语对比,以便更加深入地揭示两种语言的不同。

景颇语的分析型致使结构是一种中心词连动形式,包含了一个独立致使动词 sha^{31}gun^{55},如(1)所示。其中的 sa^{31}ra^{33} "老师"是使事(causer),即引起谓语动作或状态的人或物。shi^{33} "他"是成事(causee),是受使事影响执行谓语动作的人或物。sha^{31}gun^{55}是致使动词,是专门表示致使意义的成分。soi^{55} "画"是补语动词,也即实义动词,是在原因的作用下出现的动作或状态。

(1) sa^{31}ra^{33} go^{31} shi^{33} hpe^{255} u^{31}di^{31}
老师   话题   第三人称单数   受事标记   鸡蛋
shong^{33} soi^{55} sha^{31}gun^{55}
先   画   致使
u^{231}ai^{33}.
施事第三人称单数;受事第三人称单数;谓语表状态
老师先让他画鸡蛋。(沙小东,2005:二年级下册212页)

(1)中致使动词 sha^{31}gun^{55}紧挨在实义动词后面,表面上与前一个动词连用。这和汉语中的分析型致使结构不同。汉语中的致使动词和实义动词被成事分开,如上面例子相对应的汉语翻译中"让"和"画"被"他"分开。从句法格式上来看,汉语中的分析型致使结构的句法格式如(2)a所示,两个动词之间有名词间隔。而景颇语中 sha^{31}gun^{55}的句法格式如(2)b所示,两个动词直接相连,所有名词性成分都居于动词系列的左侧。

(2) a NP_{使事} + V_{1叫/让} + NP_{成事} + V_2 + （NP）

b NP_{使事} + NP_{成事} + （NP） + V_1 + V_{2 sha gun}^{31\ 55}

本章主要讨论以下几个问题。第一，景颇语中动词没有限定和非限定的形式区分，单从表面形式上来看不容易区分狭义连动结构和隐性内嵌从句。景颇语中分析型致使结构是狭义连动结构的中心词连动形式，还是包含了一个内嵌从句的主从复合句结构？第二，景颇语的致使结构和汉语致使结构在语义表达和句法结构上有何不同？单纯从表面形式上讲，景颇语致使结构中致使动词和补语动词之间没有插入任何名词性成分，比汉语致使动词和补语动词之间距离更近。但表面形式的不同是否反映了深层的句法结构的不同？第三，这种动词连用序列现象及其句法跟藏缅语的 OV 语序类型有必然联系吗？

通过研究景颇语致使结构，我们不但可以深化对景颇语句法特点的认识，也对其他藏缅语的同类结构研究给出一定启示。下面第二节中我们简单讨论该结构的语义表现，并和汉语的致使结构作对比。我们发现景颇语中的 $sha^{31}gun^{55}$ 型致使结构主要表达命令、要求、劝说、致使等含义。该结构在语义表达上涵盖了汉语使令式、致动式和允准式三种句法类型所表达的语法意义。第三节讨论该结构的句法问题，通过分析景颇语中致使动词 $sha^{31}gun^{55}$ 的句法表现及与其他语言的对比，我们将论证其中的 $V_1 + V_{2\,sha\,gun}^{31\ 55}$ 是处于一个主句内，是一个复杂的谓语结构，而不是包含一个从属分句。这和景颇语中其他语义类型的连动结构一样属于中心词连动结构。第四节是小结。

二 景颇语中分析型致使结构的语义及与汉语对比

致使事件（causative events）根据其复杂程度和语义差别可以分为直

接致使义（direct causation）和间接致使义（indirect causation）。典型的直接致使义结构中使事是一个生命度高的人或物，成事是受事或主题（theme）。典型的间接致使义中使事和成事都是生命度高的人或物，使事对成事做出一些命令或指示，但是，最终事件的完成必须依靠成事本身的能动性和控制力。Dixon（2000）也指出，直接和间接致使义的重要语义区别参数是使事参与行为动作与否。间接致使义中使事不直接参与谓语动作的执行。跨语言的研究都揭示了这样一个共同的倾向，即致使事件的结构表达形式和致使事件的复杂性相关。直接致使义比较简单，对应形式简单的词汇型致使结构，而间接致使义比较复杂，对应形式复杂的分析型致使结构（Haiman，1983；Comrie，1989；Givón，1991）。

景颇语中主要有两种致使范畴的表达方式，其形式和意义也分别对应了直接致使义和间接致使义。第一种是直接致使义结构，即运用使动前缀或语音交替形式的曲折型致使结构。如（3）中的使动词分别带有使动前缀 sha^{31}-、ja^{31}- 和 sa^{31}-。（4）中的三个例子分别运用了同部位声母的送气不送气交替、不同韵母的交替、不同音调交替的形式来形成使动词。

            自动词   使动词

（3） do^{731} 断   sha^{31} do^{731} 使断

      hkut^{31} 熟   ja^{31} hkut^{31} 使熟

      za^{31} 毁   sa^{31} za^{31} 使毁

（4） pyan^{33} 开   hyyan^{31} 使开

      ma^{31} lang^{33} 直   ma^{31} lang^{55} 使直

      noi^{33} 挂着   noi^{55} 挂上

第二种是间接致使义结构，即使用独立致使动词 sha^{31} gun^{55} 的分析型致使结构。如（1）所示。这两种致使结构徐悉艰（1984）和戴庆厦、徐悉艰（1992）都讨论过，孙宏开（1998）也有提及。但是，之前的研究多是讨论两种致使结构形式的使用范围、意义区别及历史联系。深入分析一种致使结构的句法、语义的研究并不多。本章主要分析第二种分析型致使结构的句法和语义[①]，同时和汉语及其他语言中的类似致使结构作对比，以探讨景颇语致使结构所具有的共性及个性特点。

（一）景颇语分析型致使结构的语义

景颇语中分析型致使结构中的 $sha^{31}gun^{55}$ 根据上下文不同，可以分别表达要求、命令、劝说、致使等不同的间接致使义。这些间接致使义大体上可以分为三类。这三类在使事的生命度、意愿性和成事的生命度、控制性，以及谓语动词类型等语义参数（Dixon，2000）方面都有不同的取值。下面我们就根据这几个参数来详细分析。

第一类，$sha^{31}gun^{55}$ 表示要求、命令、劝说等含义。（5）和（6）表示要求或劝说的意义，（7）表示命令。因为命令或要求一般是通过言语或者动作等行为来表示，所以发出命令或者要求的使事都是生命度比较高的主体，并且一般都是有意为之。同样，成事也必须是生命度比较高的人或物，才能对命令或者要求做出反应。并且成事对谓语动作有一定的控制性，因为其可以选择执行或不执行谓语动作。谓语动词一般是行为动词。

(5) Ga^{31}　dai^{33}　hpe^{755}　$ga^{31}ji^{33}dui^{31}$　$ding^{31}la^{33}$　na^{31}
　　话　　那　　受事标记　　爷爷　　　　老头　　　听
　　$n^{31}na^{55}$,　　$a^{55}la^{31}wan^{33}wan^{33}$　yu^{755}　$n^{31}na^{55}$

[①] 关于曲折型致使结构和分析型致使结构的语义区别及所适用动词类型的不同详见彭国珍（2013）。

第八章　景颇语致使义连动结构的句法语义及与汉语对比　　223

之后（连词）　赶快　　　　　下　　之后
ga³¹ shu³¹　hpe⁵⁵　sha³¹　jon³¹　nga³¹　sha³¹ gun⁵⁵
孙子　　　受事标记　只　　骑　　着　　致使
u²³¹ ai³³.

施事第三人称单数；受事第三人称单数；谓语表状态
老爷爷听了，立刻下来，让孙子一个人骑。（沙小东，2005：二年级上册：114 页）

(6) Ga³¹ ji³³ dui³¹　go³¹　ga³¹ shu³¹　hpe⁵⁵　a⁵⁵ la³¹ wan³³ wan³³
爷爷　　　　　话题　孙子　　　受事标记　赶快
yu⁵⁵　wa³¹　sha³¹ gun⁵⁵　n³¹ na⁵⁵　　shi³³
下　　来　　致使　　　　之后（连词）　第三人称单数
bai⁵⁵　lung³¹　jon³¹
又　　上　　骑
u²³¹ ai³³.

施事第三人称单数；受事第三人称单数；谓语表状态
老爷爷连忙叫孙子下来，自己骑上去。（沙小东，2005：二年级上册：115 页）

(7) Shi³³　ma³¹ sha³¹ ni³¹　hpe⁵⁵　Zhau³¹ chung³³　tsun³³
他　　　人们　　　　受事标记　曹冲　　　　　说
ai³³　　　ladat³¹　hku⁵⁵　ga³¹ lo³³　sha³¹ gun⁵⁵
名物化标记　办法　　按照　　做　　　致使
u²³¹ ai³³.

施事第三人称单数；受事第三人称单数；谓语表状态
他叫人照曹冲说的去做。（沙小东，2005：一年级下册：122 页）

第二类，$sha^{31}gun^{55}$表示允准意义。允准意义指的是使事允许成事去执行谓语动作或使事不做妨碍谓语动作进行的动作。当$sha^{31}gun^{55}$表示允准意义时，使事一般也是生命度比较高的主体有意为之。而成事可以是生命度比较高的人或物，如（8）中的$ngai^{33}$"我"，也可以是生命度低的客体，如（9）中的$la^{33}nga^{33}si^{33}$"香蕉"和（10）中$sau^{55}ni^{33}hpa^{33}$"油腻的东西"。谓语动词可以是行为动词，也可以是自主动词。

(8) $rai^{55}\underline{tim}^{51}$ $sha^{55}hte^{33}$ $ngai^{33}$ $ga^{31}lo^{33}$
       但是   第三人称复数   第一人称单数   做
       ai^{33} n^{33} $hkrak^{55}$ ai^{33}
       名物化标记   不   合适   名物化标记
       nga^{31} $n^{31}na^{55}$, n^{33} $ga^{31}lo^{33}$ $sha^{31}gun^{55}$
       进行体   所以（连词）   不   做   致使
       $ma^{231}ai^{33}$.
       施事第三人称复数；谓语表状态
       可是他们总说我做不好，不让我做。（沙小东，2005：一年级下册：46页）

(9) $la^{33}nga^{33}si^{33}$ $hpun^{55}$ $ko^{?55}$ $mjin^{55}$ $sha^{31}gun^{55}$ na^{33}!
       香蕉   树   上   熟   致使   非实现体
       让香蕉在树上熟吧。

(10) sau^{55} ni^{33} hpa^{33} n^{33} $hkra^{55}$ $sha^{31}gun^{55}$
       油   复数   什么（代词）   不   碰着   致使
       ai^{33}.
       谓语表状态
       不要碰到油腻的东西。

第三类，sha³¹gun⁵⁵表示单纯的致使意义。当 sha³¹gun⁵⁵表示单纯致使意义的时候，使事一般是一个客观的事物或客观的事件，因此可以用一个小句表示。成事可以是生命度高的人，动词主要是表现人心情或者感受的状态动词或形容词。如（11）和（12）所示。

（11）　Li⁵⁵Si³¹kong³³　ai⁷³¹　ma³¹prat³¹　na⁵⁵　mau³¹mi³¹　go³¹
　　　　李四光　　　　的　　童年　　　的　　故事　　　话题
　　　　An⁵⁵the³³　hpe⁷⁵⁵　a³¹mu⁵⁵　lǎ³¹ma³³ma³³　hkrum⁵⁵
　　　　我们　　　受事标记　事情　　一些事　　　　遇
　　　　jang³¹　hpa³³　m⁷³¹jo³¹　ngu⁵⁵　ai³³　　　ga³¹
　　　　的时候　什么　　因为　　　说　　名物化标记　疑问
　　　　san⁵⁵　lo⁷⁵⁵lo⁷⁵⁵　rong³³　ra³¹　ai³³　lam³³　chye³³
　　　　问　　　多多　　　　有　　　需要　的　　事情　知道
　　　　la⁵⁵　　sha³¹gun⁵⁵　ga³¹ai³³.
　　　　助动　致使　　　　施事第一人称复数：谓语表状态
　　　　李四光童年的故事，使我们懂得遇事要多问几个为什么。（沙小东，2005：三年级上册：47页）

（12）　tsun³³　ai³³　sha³¹loi³¹　myit³¹marit³¹shing³³ni³³　rong³³
　　　　说　　　的　　时候　　　思想感情　　　　　　　有
　　　　ai³³　　　　　hku³³　tsun³³　n³¹na⁵⁵，　　ma³¹dat³¹
　　　　名物化标记　　按照　　说　　之后（连词）　听
　　　　ai³³　ni³³　hpe⁷⁵⁵　　na³¹
　　　　的　　人们　受事标记　听
　　　　pyo³³　sha³¹gun⁵⁵　ra³¹　ai³³
　　　　高兴　　致使　　　　要　　谓语表状态
　　　　讲的时候要有感情，使听的人受到感染。（沙小东，2005：

三年级上册：78 页）

景颇语中还有一个动词 sha^{31}ga^{55}，其含义是"叫"，是一个带有具体意义的表示命令或要求的动词，如（13）所示。但是和 sha^{31}gun^{55} 不同，sha^{31}ga^{55} 的用法仅限于表达具体的意义"叫"，不能表示允许或者表示单纯的致使意义，这点和下面将要提到的汉语中的"叫"不同。

（13）　　shi^{33}　　　　　go^{31}　ma^{31}　hpe$^{?55}$　　ma^{31}kau^{33}
　　　　第三人称单数　话题　孩子　受事标记　旁边

　　　　ko$^{?55}$　　sha^{31}ga^{55}　la^{55}　　ai^{33}.
　　　　处　　　叫　　　　助动　谓语表状态

　　　　他把孩子叫到跟前。

（二）景汉分析型致使结构的语义对比

第五章中我们讨论过，汉语中致使范畴的表达有多种形式，也遵循致使义表达的类型规律。形式上最紧密的动结式一般被认为是表达直接致使义。分析形式的结构表达间接致使义。我们主要把汉语的分析型致使结构和景颇语中的 sha^{31}gun^{55} 结构进行对比。第五章中提到的汉语分析型致使结构中和景颇语中的 sha^{31}gun^{55} 结构相关的有三类：其一，使令式致使结构，其中表示致使义的动词为使令动词，如（14）。其二，致动式致使结构，其中表示致使义的动词为致使动词，如（15）。其三，允准类致使结构，其中致使动词表示允准，如（16）。

（14）a 警察要他出示驾照。
　　　b 她劝丈夫少喝酒。
（15）a 这件事很让我失望。

b 他离开后一个电话也不打,让家人很担心。

(16) 老师同意他看这本小说。

三类致使结构的语义表达及词项选择的区别如下:使令式致使结构和允准类致使结构的使事和成事一般都是生命度较高的指人名词组。进入该两类致使结构的动词一般是动态或活动动词;而致动式致使结构的使事可以是表示"客体"或"起因"的、无生的名词词组,甚至是句子形式。成事常以"感受者"或"客体"充当,常应用于静态动词或形容词。

对比景颇语运用 $sha^{31}gun^{55}$ 的分析致使结构和汉语分析型致使结构的语义,可以清楚地看出,景颇语中的一个致使动词 $sha^{31}gun^{55}$ 形成的结构对应汉语的三类致使结构:表示命令、要求、劝说意义时相当于汉语的使令式致使结构;表示允准、许可的时候相当于汉语的允准类致使结构;表示单纯致使意义时相当于汉语的致动式致使结构。因此,和汉语相比,景颇语中表达使令和致使意义的词汇还不丰富。尽管还有少数其他动词也可以表达三种致使义中的某一种。但是总体上没有汉语表达致使意义的词汇那么丰富。所以景颇语中一个致使动词 $sha^{31}gun^{55}$ 既可以表达命令、要求等具体使令意义,也可以表达较抽象的致使或允准意义。其语义表达涵盖了汉语多个使令动词、致使动词的含义。

三 景颇语中 $sha^{31}gun^{55}$ 致使结构的句法

尽管景颇语的致使动词 $sha^{31}gun^{55}$ 在语义表达上,相当于汉语使令式致使结构、允准义致使结构和致动式致使结构的语义。但是其句法关系不同于这些致使结构。第五章中我们讨论过汉语各类分析型致使结构的句法。我们发现:致动式致使结构和允准义致使结构都是包含一个内嵌从句的主从复合句结构；认定类致使结构是连动结构；而使令类致使结构处于中间状态，有的动词形成主从复合句结构，有的动词形成的句子可以有连动结构和主从复合句两种分析，具体取决于动词语义和语境信息。下面主要来看景颇语中分析型致使结构的句法特点。

（一）景颇语致使结构的句法

从表面来看，景颇语中的分析型致使结构似乎也可以分析为包含一个从句，只不过语序类型为 OV 型。例如，对（1）［这里重复为（17）］可以这样分析：致使动词 sha^{31}gun^{55} 是主句动词，实义动词 soi^{55}（画）构成一个从属子句。从句的范围可以是下面位置1所示的范围，包括成事 shi^{33}，也可以是位置2所示的范围，不包括成事 shi^{33}。也就是说，其结构形式完全是汉语分析型致使结构在 OV 型语言中的镜像表达形式。

(17)　sa^{31}ra^{33}　go^{31}　[$_1$shi^{33}　　hpe$^{?55}$　　[$_2$u^{31}di^{31}

　　　老师　　话题　第三人称单数　受事标记　鸡蛋

　　sha^{31}gun^{55}　soi^{55}　shong^{33}

　　　先　　　　画　　致使

　　u$^{?31}$ai^{33}.]]

施事第三人称单数；受事第三人称单数；谓语表状态
老师先让他画鸡蛋。（沙小东，2005：二年级下册：212页）

但是，景颇语中 sha^{31}gun^{55} 的句法表现表明，上述分析并不适合景颇语 V$_1$ + V$_2$sha^{31}gun^{55} 的致使结构。首先，景颇语中谓语动词 V$_2$ 不能单独被否定，否定副词 n^{33} 和 hkum^{31} 必须位于两个动词之前，同时否定两个动词，如（18）a、（19）a 和（20）所示，而不能位于两者之间，只否定致使动词 sha^{31}gun^{55}，如（18）b 和（19）b 所示。这和汉语的分析型致

第八章 景颇语致使义连动结构的句法语义及与汉语对比　　229

使结构不同，第五章对汉语的分析中我们知道汉语主从复合句结构的致使义结构中致使动词和实义动词都可以单独被否定。

(18) a ma^{31} hpe^{ʔ55} shat^{31} n^{33} sha^{55} sha^{31}gun^{55}
　　　　孩子　受事标记　饭　不　吃　致使
　　　　u^{ʔ31}ai^{33}
　　　　施事第三人称单数；受事第三人称单数；谓语表状态
　　　　不让孩子吃饭。

　　 b * ma^{31} hpe^{ʔ55} shat^{31} sha^{55} n^{33} sha^{31}gun^{55}
　　　　孩子　受事标记　饭　吃　不　致使
　　　　u^{ʔ31}ai^{33}
　　　　施事第三人称单数；受事第三人称单数；
　　　　谓语表状态

(19) a nang^{33} shi^{33} hpe^{ʔ55} hkum^{31}
　　　　第二人称单数　第三人称单数　受事标记　别
　　　　sa^{33} sha^{31}gun^{55} u^{ʔ31}！
　　　　去　致使　祈使句
　　　　你不要让她去。(你让她不要去)

　　*b *nang^{33} shi^{33} hpe^{ʔ55} sa^{33}
　　　　第二人称单数　第三人称单数　受事标记　去
　　　　hkum^{31} sha^{31}gun^{55} u^{ʔ31}！
　　　　别　致使　祈使句
　　　　你不要让她去。(你让她不要去)

(20) ning^{55}nu^{51} e^{31} yup^{55} pyi^{33} n^{33} mai^{33} yup^{55} sha^{31}gun^{55}
　　　　你妈　施事标记　睡觉　连　没　好　睡　致使
　　　　u^{ʔ31}ai^{33}.

施事第三人称单数；受事第三人称单数；谓语表状态
你妈啊，连睡觉都没让她睡成。

其次，景颇语中的致使动词 sha^{31} gun^{55} 不可以重复使用。如果要表达双重致使的意义，只能选用其他迂回的方式来表达。例如（21）中 a 和 b 的说法都是不通的，只能用 c 的表达方式：

(21)　＊a　Ngai^{33}　　　　shan^{55} hte^{33}　　hpe^{ʔ55}
　　　　　第一人称单数　　第三人称复数　　受事标记
　　　　　nang^{33}　　　　hpe^{ʔ55}　　　shang^{31}　wa^{31}
　　　　　第二人称单数　　受事标记　　　进来　　来
　　　　　sha^{31} gun^{55}　na.
　　　　　致使　　　　非实现体
　　　　　拟表达含义：我让他们让你进来。

　　　＊b　Ngai^{33}　　　　shan^{55} hte^{33}　　hpe^{ʔ55}
　　　　　第一人称单数　　第三人称复数　　受事标记
　　　　　sha^{31} gun^{55}　nang^{33}　　　　hpe^{ʔ55}
　　　　　致使　　　　第二人称单数　　受事标记
　　　　　shang^{31}　wa^{31}　sha^{31} gun^{55}　na^{33}.
　　　　　进　　来　　致使　　　非实现体
　　　　　拟表达含义：我让他们让你进来。

　　　　c　Ngai^{33}　　　　shan^{55} hte^{33}　　hpe^{ʔ55}　　tsun^{33}
　　　　　第一人称单数　　第三人称复数　　受事标记　　说
　　　　　n^{31} na^{55}　　　　nang^{33}　　　　hpe^{ʔ55}　　shang^{31}
　　　　　之后（连词）　　第二人称单数　　受事标记　　进
　　　　　wa^{31}　sha^{31} gun^{55}　na^{33}.

第八章　景颇语致使义连动结构的句法语义及与汉语对比　　231

来　　　致使　　　非实现体
我让他们让你进来。(直译:我跟他们说,然后让你进来)

致使动词能否重复是判断致使结构中致使动词和实义动词是形成一个谓语还是两个谓语的标准(Dixon,2001:59)。Matisoff(1973:436)指出,拉祜语中的致使动词 cɨ 也不能被重复使用,所以致使动词和实义动词是构成一个谓语,而不是两个谓语。

可以重复使用的例子如英语中的 make 和汉语中的"让",分别如(22)、(23)所示。所以 make 和其补语谓语动词构成两个谓语,而不是一个谓语。"让"和其补语动词也构成两个谓语。正是因为汉语"让"和英语中的 make 的句法结构都包含了一个内嵌从句,所以才可以重复使用。因为从句是可以重复内嵌的,这是语言无限性的体现。景颇语中的致使动词 sha^{31}gun^{55} 不能重复使用,也说明景颇语中的致使结构不是内嵌了一个从句,不是主从复合句结构。

(22) The king make the general make the soldiers protect the women.
国王让将军让战士们保护这个女人。
(23) 老师让你让张三去买书。

另外,景颇语中实义动词 V$_1$ 和致使动词 sha^{31}gun^{55} 之间也不能插入其他副词性成分、话题标记 go^{31} 或从句标记成分。这些论据充分说明景颇语中 V$_1$ + V$_2$sha^{31}gun^{55} 和汉语的使令式或致动式致使结构都不同,不是包含一个内嵌的从句。而是处于一个从句内,和拉祜语一样,相当于一个复杂谓语，是一个中心词连动结构。

具有类似结构的还有法语中的 faire 致使结构。Comrie（1981：162）证明了法语中的致使动词 faire 和其补语动词结合紧密，作用相当于一个谓语。如下面的例子：

（24） j' ai fait courir Paul
我 完成 致使 跑 Paul
我让 Paul 跑。

Paul 在语义上既是 faire 的宾语，又是 courir 的主语，并且两者之间的位置正好可以充当前者的宾语和后者的主语。但是，Paul 不能出现在 faire 和 courir 之间。整个短语 faire courir 相当于一个复杂的谓语。Paul 是这个复杂谓语的宾语，因此也位于这个复杂谓语整体的后面。换句话说，尽管法语中表示致使意义的成分 faire 是一个独立的词汇，但是其和实义动词已经联系紧密，结合成一个复杂谓语。因此，法语中的分析型致使结构和景颇语的分析型致使结构一样，都不是主从复合句结构。

因此，综上所述，景颇语的 sha^{31}gun^{55} 致使结构，动词连用序列不被名词性成分打破，是一种中心词连动结构。除了表示致使意义的连动结构以外，景颇语中还有大量中心词连动形式来表达更多不同的意义。如（25）—（28）分别表达了给予义、方式义等。

（25） shi^{33} hpe^{255} lai^{31}ka^{33} ka^{33} ya^{33}
第三人称单数 受事标记 信 写 给
ma^{31}yu^{33} n^{31}ngai^{33}.
想〈助动〉施事第一人称单数；谓语表状态
我想写信给他。

(26) dai³³ yang³¹ ko̠ʔ⁵⁵ hkum³¹ sa³³ la³¹ kyim⁵⁵
　　 那　 地方　 介词　 别　 去　 躲
　　 dung³³ mat³¹ le³¹
　　 坐　　 助动　 语气
　　 别躲坐在那里。

(27) dai³³ ni³³ a³³ pyo̠³³ sha³¹ ja³¹ hta³¹
　　 那　 人们　舒服地　状语标记　聊天
　　 dung³³ na³³ rai⁵⁵ nga³¹ ai³³.
　　 坐　　非实现体　要　助动　谓语表状态
　　 那些（会聊天的）好好地坐着聊聊天。

(28) Ka³³ hka³³ go³¹ dai³³ lung³¹ gja³³ hpeʔ⁵⁵ pa⁵⁵ lin⁵⁵
　　 乌鸦　 话题标记 那　 石子　　 受事标记 瓶子
　　 ko̠ʔ⁵⁵ lan⁵⁵ gai⁵¹ hteʔ³¹ lan⁵⁵ gai⁵¹ ʒai³¹ htaʔ³¹ bang³³
　　 介词　一　　　　和　一　　　　轻动词　拿　 放
　　 uʔ³¹ ai³³.
　　 施事第三人称单数；受事第三人称单数；谓语表状态
　　 乌鸦把小石子一个个拿起来放在瓶子里。

上面各种意义的连动结构不论语义类型如何，都是两个动词处于一个主句内。因为表示主语和宾语人称、动词体和态等信息的句尾词都只在全句末尾出现一次，而不能出现在两个动词之间。两个动词之间也不能加其他任何表示从属或并列关系的连词。两个动词共享时、示证标记，方式副词和否定副词也都只能出现在所有动词的左侧，表示情态的助动词只能放在所有动词的右侧。因此，这些结构中 V_1 和 V_2 都不是处于两个从句内，而是处于一个从句中，是中心词连动结构。在这些句法表现方面，表示致使意义的连动结构和这些连动结构是完全一致的。

(二) 景颇语致使义连动结构与 OV 语序类型的关系

另外需要特别指出的一点是，景颇语 $V_1 + V_2 sha^{31} gun^{55}$ 结构之所以是一个连动结构而不是内嵌从句结构，并不是由于景颇语是 OV 型语言的缘故。换句话说，并不是所有 OV 型语序的语言中实义动词和致使动词都是直接相连构成连动结构。例如，韩语也是 OV 型语言，其致使结构虽然也是 SOOVV 格式，但是实义动词和致使动词并不构成连动结构。韩语的致使结构有两种表达方式，如（29）中 a、b 例句分别所示。其中（29）a 中表示结果谓语的部分用一个独立的子句表达，这可以由其中的成事带有主格标记看出来。(28) b 的表达方式更为紧凑，其中的成事融合到了主句内，可以用与格标记或宾格标记。尽管如此，其补语动词 ilk-key 和致使动词 hay-etta 之间仍然可以被否定副词 an 或话题性成分 – nun 分开（Shibatani & Pardeshi, 2001：104）。这一点和景颇语完全不同。上文中提到景颇语中的补语动词和致使动词 $sha^{31} gun^{55}$ 不能被否定成分和话题成分分开。

(29) a emeni-ka [ai-ka chaek-ul ilk-key]
妈妈 -主格 孩子 -主格 书 -宾格 读 -标句词
hay-etta.
做 -过去式—陈述
妈妈让孩子读书。

b Emeni-ka ai-eykey/lul [chaek-ul ilk-key]
妈妈 -主格 孩子 -与格/宾格 书 -宾格 读 -标句词
hay-etta.
做 -过去式—陈述
妈妈让孩子读书。

从上面对各语言中致使结构的句法形式及其表现可以看出，汉语和韩语的分析型致使结构中，动词间关系较为松散，形成主从句结构；而景颇语、法语和拉祜语的分析型致使结构中动词间关系更为紧密，形成连动结构。景颇语中的致使结构不是汉语致使结构在OV型语言中简单地变换词序，形成一个镜像表达方式。因此，对景颇语的分析型致使结构的句法分析，也不能简单地等同于汉语的致使结构分析。景颇语中的致使义结构，两个动词之间也不能加其他任何表示从属或并列关系的连词，方式副词和否定副词也都只能出现在所有动词的左侧，表示情态的助动词只能放在所有动词的右侧，两个动词后一个句尾词标记句子边界。因此，景颇语致使结构两个动词处于一个主句内，是中心词连动结构。

四 小结

本章主要讨论了景颇语中由致使动词 $\int$ă^{31} ŋun^{55} 形成的中心词连动型致使结构。我们论证了无论是语义上还是句法上，景颇语致使结构都没有汉语致使结构的多样性与层次丰富性。从语义上来看，景颇语分析型致使结构表达的命令、要求、劝说、致使等含义，涵盖了汉语使令式、允准式和致动式致使结构等多个结构的语法意义。从句法上来看，汉语致使义结构呈现了从狭义连动结构到主从复合句结构的连续统，而景颇语致使结构在句法结构上是单一的中心词连动结构，在致使结构形态类型学上更与法语或者拉祜语类似。

文章开头提到的前人研究中多认为，藏缅语中的连动结构比汉语的连动结构结合紧密。通过本章的分析我们可以看出，藏缅语中动词连用确实比汉语中动词连用在句法上结合更为紧密。这种紧密性体现在两个方面：一方面，同样表达致使义，汉语中表面上的动词连用形式大多是构成了主从复合句，包含两个从句，而景颇语中致使义动词连用都是处于一个从句内,是连动结构;另一方面,汉语中有少数致使结构确实是单句结构,是狭义连动结构,并且是中心词加论元连动形式。而景颇语中的连动是中心词连用形式,表面形式上动词之间没有间隔,距离更近。

另外,我们通过与同是 OV 型的韩语作对比,指出景颇语中致使义结构构成连动结构,而不是主从复合句结构。这种句法结构和 OV 型的语序本身并没有直接关系,因为同样是 OV 型语序,韩语中的致使结构就包含了内嵌从句。这也从另外一方面说明了 OV 型藏缅语中连用的动词之间黏着性更强,结合更为紧密。

参考文献

陈昌来：《现代汉语句子》，华东师范大学出版社2000年版。

戴庆厦：《景颇语的连动式》，《民族教育研究（动词研究专辑）》1999年增刊。

戴庆厦、邱月：《OV型藏缅语连动结构的类型学特征》，《汉语学报》2008年第2期。

戴庆厦、邱月：《藏缅语与汉语连动结构比较研究》，《世界汉语教学》2008年第2期。

戴庆厦、徐悉艰：《景颇语语法》，中央民族学出版社1992年版。

戴耀晶：《现代汉语时体系统研究》，浙江教育出版社1997年版。

丁声树等：《现代汉语语法讲话》，商务印书馆1979年版。

范晓：《汉语的句子类型》，书海出版社1980年版。

符昌忠、王琪：《黎语的连动结构》，"全国汉藏语连动结构研讨会"，杭州，2014年。

高增霞：《现代汉语连动式的语法化视角》，中国档案出版社2006年版。

郭锐：《致使表达的类型学和汉语的致使表达》，《新加坡肯特岗会议》，2001年。

何彦诚：《红丰仡佬语连动结构的词汇化》，《民族语文》2011年第4期。

洪淼：《现代汉语连动句式的语义结构研究》，《西南民族大学学报》（人文社会科学版）2004年第25卷第7期。

胡素华：《彝语诺苏话的连动结构》，《民族语文》2010年第2期。

胡素华：《诺苏彝语化连动结构的类型及其语法化》，"全国汉藏语连动结构研讨会"，杭州，2014年。

黄伯荣、廖序东：《现代汉语》，高等教育出版社1991年版。

黄成龙：《藏缅语的连动结构》，"全国汉藏语连动结构研讨会"，杭州，2014年。

江蓝生：《使役与被动兼用探源》，In Honor of Mei Tsu-Lin: Studies on Chinese Historical Syntax and Morphology, Alain Peyraube & Chaofen Sun (eds.), 57-72. Paris: Ecole des Hautes Etudes en Sciences Sociales, 1999。

李临定：《现代汉语句型》，商务印书馆1986年版。

李一如：《黔东苗语的连动结构》，《贵州大学学报》（社会科学版）2016年第5期。

李泽然：《哈尼语的连动结构》，《民族语文》2013年第3期。

李宗江：《"回头"的词汇化与主观性》，《语言科学》2006年第5期。

刘丹青：《汉语及亲邻语言连动式的句法地位和显赫度》，《民族语文》2015年第3期。

刘丹青：《汉语动补式和连动式的库藏裂变》，《语言教学与研究》2017年第2期。

吕叔湘：《语法学习》，中国青年出版社1953年版。

缪一之：《汉语语法基础知识》，湖北人民出版社1957年版。

牛顺心：《从类型学参项看普通话中分析型致使结构的句法类型及其语义表现》，《语言研究》2008年第1期。

彭国珍：《宾语共享类连动式的句法研究》，北京大学汉语语言学研究中心《语言学论丛》编委会编《语言学论丛 42》,商务印书馆 2010 年版。

彭国珍:《结果补语小句理论与现代汉语动结式相关问题研究》,浙江大学出版社 2011 年版。

彭国珍:《景颇语连动型致使结构的句法语义》,《汉藏语学报》2012 年第 6 期。

彭国珍:《景颇语致使结构的类型学考察》,《中国语文》2013 年第 6 期。

沙小东:《义务教育课程标准试验教科书:语文(汉文、景颇文对照)一至五册》,云南民族出版社 2005 年版。

沈开木:《连动及其归属》,《汉语学习》1986 年第 5 期。

宋玉柱:《现代汉语语法基本知识》,语文出版社 1992 年版。

苏丹洁:《取消"兼语句"之说——构式语块法的新分析》,《语言研究》2012 年第 2 期。

孙宏开:《论藏缅语动词的使动语法范畴》,《民族语文》1998 年第 6 期。

谭景春:《语义综合与词义演变及动词的宾语》,《中国语文》2008 年第 2 期。

汤廷池:《汉语的限定子句与非限定子句》,*Language and Linguistics* 2000 年第 1 期。

王丹凤:《现代汉语身体动作动词的连动结构研究》,硕士学位论文,浙江工业大学,2016 年。

王福庭:《连动式还是连谓式》,《中国语文》1960 年第 6 期。

王力:《中国现代语法》,中华书局 1959 年版。

王姝:《连动结构紧缩与动词语义增值》,《世界汉语教学》2012 年第 1 期。

徐悉艰:《景颇语的使动范畴》,《民族语文》1984 年第 1 期。

许利:《时序原则对汉语连动结构的制约》,《湖南医科大学学报》(社会科学版)2010 年第 1 期。

玄玥:《完结范畴与汉语动结式》,商务印书馆 2018 年版。

杨伯峻:《文言文法》,中华书局出版 1963 年版。

袁毓林:《连谓结构的否定表达》,《面临新世纪挑战的现代汉语语法研究》,山东教育出版社 2000 年版。

余德芬: Serial Verb Constrcutios in Lisu,"全国汉藏语连动结构研讨会",杭州,2014 年。

张伯江:《现代汉语的双及物结构式》,《中国语文》1999 年第 3 期。

张赪:《汉语介词词组词序的历史演变》,北京语言文化大学出版社 2002 年版。

张静:《"连动式"和"兼语式"应该取消》,宋玉柱编《现代汉语语法论集》,1977 年。

张志公:《汉语语法常识》,新知识出版社 1957 年版。

赵淑华:《连动式中状语的位置及语义关系》,《世界汉语教学》1988 年第 1 期。

赵淑华:《连动式中动态助词"了"的位置》,《语言教学与研究》1990 年第 1 期。

赵元任:《北京口语语法》,李荣编译,开明书店 1952 年版。

赵元任:《汉语口语语法》,商务印书馆 1972 年版。

朱德熙:《语法讲义》,商务印书馆 1982 年版。

邹韶华:《连动式应归入偏正式》,《世界汉语教学》1996 年第 2 期。

张敏:《历时类型学与汉语历时语法的新课题》,《汉语史研究的回顾与展望国际会议论文》,2003 年。

Aikhenvald, A. Y., "Serial verb constructions and verb compounding: evidence from Tariana (North Arawak)", *Studies in Language*, 23, 1999.

Aikhenvald, A. Y., Serial verb constructions in typological perspective, In A. Y. Aikhenvald and R. M. W. Dixon, eds., *Serial verb constructions: a cross-linguistic typology*, USA: Oxford University Press, 2006.

Aikhenvald, A. Y. , Multi-verb constructions: setting the scene, In A. Aikhenvald and P. Muysken, eds. , *Multi-verb Constructions*, Leiden: BRILL, 2011.

Awoyale, Y. , *Complex Predicates and Verb Serialization*, Cambridge: MIT Center for Cognitive Science, 1988.

Baker, M. , Object sharing and projection in serial verb constructions, *Linguistic Inquiry*, 20, 4, 1989.

Baker, M. , On the relation of serialization to verb extensions, In C. Lefebvre, eds. , *Serial Verbs: Grammatical, Comparative, and Cognitive Approaches*, Amsterdam: John Benjamins Publishing Company, 1991.

Bickerton, D. , *Roots of Language*, Ann Arbor: Karoma Publishers, 1981.

Bisang, Walter, "Die Verb-Serialisierung in Jabêm", *Lingua*, 70, 1986.

Bisang, Walter, "Verb serialization, grammaticalization and attractor positions in Chinese, Hmong, Vietnamese, Thai and Khmer", in: Hansjakob Seiler and Waldfried Premper, eds. , *Partizipation*, Das sprachliche Erfassen von Sachverhalten, Tüubingen: Gunter Narr, 1991.

Bisang, W. , *Das Verb im Chinesischen, Hmong, Vietnamesischen, Thai und Khmer (Vergleichende Grammatik im Rahmen der Verbserialisierung, der Grammatikalisierung und der Attraktorpositionen)*, Tübingen: Narr, 1992.

Bisang, W. , Serial verb constructions, *Language and Linguistics Compass*, 3, 3, 2009.

Bisang, W. , *Isolation as an area-specific epiphenomenon that cannot be transferred easily to other languages*, Workshop on Analyticity, The University of Hong Kong, Hong Kong, 2011.

Bisang. W. , Serial Verbs, In R. Sybesma, eds. , *Encyclopedia of Chinese Language and Linguistics*, Amsterdam: John Benjamins Publishing Company, 2016.

Bohnemeyer, Jurgen, and Martijn Caelen, The ECOM clips: A stimulus for the linguistic coding of event complexity, *"Manual" for the* 1999 *field season*, ed. By David P. Wilkins, 74 – 76. Nijmegen: Max Planck Institute for Psycholinguistics, 1999.

Bohnemeyer, J., N. J. Enfield, J. Essegbey, I. Ibarretxe-Antu? ano, S. Kita, F. Lüpke and F. K. Ameka, Principles of event segmentation in language: The case of motion events, *Langugae*, 83, 3, 2007.

Bowden, John, *Taba: description of a South Halmahera language*, Canberra: Pacific Linguistics, 2001.

Bradshaw, Joel, Dempwolff's description of verb serialization in Yabem, In Amran Halim, Lois Carrington, and S. A. Wurm (eds) *Papers from the Third International Converference on Austronesian Linguistics*, Vol. 4: Thematic Variation, Pacific Linguistics C – 77. Canberra: Australian National University, 1983.

Bresnan, J. & L. Moshi, Object asymmetries in comparative Bantu syntax, *Linguistic Inquiry*, 21, 1990.

Bril, I. & F. Ozanne-Rivierre, des, *Complex predicates in Oceanic languages, Studies in the dynamics of binding and boundness*, Berlin: Mouton de Gruyter, 2004.

Bril, I., Nexus and Juncture Types of Complex Predicates in Oceanic Languages: Functions and Semantics, *Language and Linguistics*, 8, 1, 2007.

Bruce, "Serialisation: from syntax to lexicon", *Studies in Language*, 12, 1988.

Byrne, F., *Grammatical Relations in a Radical Creole. Verb Complementation in Saramaccan*, Amsterdam/Philadelphia: John Benjamins Publishing

Company, 1987.

Carstens, V. , Antisymmetry and word order in serial constructions, *Language*, 78, 1, 2002.

Chappell, H. & A. Peyraube, The diachronic syntax of causative structures in Early Modern Southern Min, In D. Ho, eds. , *Festschrift for Ting Pang-Hsin*, Taipei: Academia Sinica, 2006.

Chappell, H. & W. McGregor, Prolegomena to a theory of inalienability, In *The grammar of inalienability*, *A typological perspective on body part terms and the part-whole relation*, H. Chappell & W. McGregor (eds.), 3 - 30. Berlin: Mouton de Gruyter, 1996.

Chappell, H. , Variation in the grammaticalization of complementizers from *verba dicendi* in Sinitic languages, *Linguistic Typology*, 12, 1, 2008.

Cheng, L. (郑礼珊), E. Aboh and L. Buell, *Word order within the noun phrase: Gungbe vs. Mandarin*, Workshop on Analyticity, The University of Hong Kong, Hong Kong, 2011.

Christaller, Rev. J. G. , *A grammar of the Asante and Fante language called Tshi*, Basel. Republished 1964 by Gregg, Ridgewood, 1875.

Chomsky, N. , *Syntactic Strucures*, Mouton de Gruyter, 1957.

Clark, Marybeth, Submissive verbs as adversatives in some Asian languages, *South-East Asian Linguistic Studies*, Nguyen Dang Liem (ed), 890110. Canberra: RSPacS, Australian National University [Pacific Linguistics C-31, Vol. 1], 1974.

Cleary-Kemp, Jessica, *Serial Verb Construction Revisited: A Case Study from Koro*, Doctoral Dissertation, University of California, Berkeley, 2016.

Collins, C. , *Serial Verb Constructions and the Theory of Multiple Feature Checking*, Ithaca: Cornell University, 1995.

Collins, C., Argument sharing in serial verb constructions, *Linguistic Inquiry*, 28, 3, 1997.

Collins, C., Multiple verb movement in ≠ Hoan. *Linguistic Inquiry*, 33, 1, 2002.

Comrie, B., *Language Universals and Linguistic Typology: Syntax and Morphology*, Chicago: University of Chicago Press, 1981.

Comrie, B., *Language universals and linguistic typology*, Oxford: Blackwell, 2nd edn, 1989.

Creissels, D., Benefactive applicative periphrases: a typological approach, In *Benefactives and malefactives: typological perspectives and case studies*, Zúñiga, F. & S. Kittilä (eds.), 29 – 69. Amsterdam: Benjamins, 2010.

Crowley, T., The Paamese Language of Vanuatu, *Pacific Linguistics*, Canberra: ANU, 1982.

Crowley, T., "Serial verb constructions in Paamese", *Studies in Language*, 11, 1987.

Crowley, T., *Serial Verbs in Oceanic: A Descriptive Typology*, Oxford: Oxford University Press, 2002.

Dai, Qingxia & L. Diehl, Jinghpo, *The Sino-Tibetan Languages*, Graham Thurgood & Randy J. LaPolla (eds.), 401 – 426. London/New York: Routledge, 2003.

Déchaine, R. M., Serial verb constructions, In J. Jacobs, A. von Stechow and W. Sternefeld, eds., *Syntax: An International Handbook of Contemporary Research*, 1993.

Dempwolff, O., *Grammatik der Jabem-Sprache auf Neuguinea*, Hamburg: Friedrichsen, de Gruyter and Co, 1939.

De Reuse, Willem J., Serial Verbs in Lakota (Siouan), In A. Y. Aikhenvald and R. M. W. Dixon, eds., *Serial Verb Constructions: A Cross-linguistic Typology*, USA: Oxford University Press, 2006.

Diller, A. V. N., Serial verb construction in Thai, In A. Y. Aikhenvald and R. M. W. Dixon, eds., *Areal Diffusion and Genetic Inheritance: Problems in Comparative Linguistics*, USA: Oxford University Press, 2006.

Dimmendaal, G. J., Areal diffusion versus genetic inheritance: an African perspective, In A. Y. Aikhenvald and R. M. W. Dixon, eds., *Areal Diffusion and Genetic Inheritance: Problems in Comparative Linguistics*, USA: Oxford University Press, 2001.

Dixion, *A new approach to English grammar, on semantic principles*, Oxford: Oxford University Press, 1991.

Dixon. R. M. W., A typology of causatives: form, syntax and meaning, InR. M. W. Dixon and Alexandra Y. Aikhenvald (ed) *Changing valency: Case studies in transitivity*, 34 – 83. Cambridge University Press, 2000.

Durie, M., Grammatical Structures in Verb Serialization, In A. Alsina, J. Bresnan and P. Sells, eds., *Complex Predicates*, Stanford: CSLI, 1997.

Foley, W. A. & R. D. Van Valin Jr., *Functional Syntax and Universal Grammar*, Cambridge: Cambridge University Press, 1984.

Foley, W. A., Events and serial verb constructions, *Complex Predicates: Cross-linguistic Perspectives on Event Structure*, ed. By Mengistu Amberber, Brett J. Baker & Mark Harvey, 79 – 109. Cambridge & New York: Cambridge University Press, 2010.

Foley, W. A., *The notion of "event" and serial verb constructions: arguments from New Guinea*, Proceedings of the 14th Annual Meeting of the Southeast Asian Linguistics Society 2004. Pacific Linguistics Publishers, 2008.

François, A., Serial verb constructions in Mwotlap, In A. Y. Aikhenvald and

R. M. W. Dixon, eds., *Serial Verb Constructions*: *A Cross-linguistic Typology*, USA: Oxford University Press, 2006.

Givón, Talmy, *Some substantive issues concerning verb serialization*: *grammatical vs. cognitive packaging*, Serial Verbs: Grammatical, Comparative and Cognitive Approaches, ed. By Claire Lefebvre, 137 – 184. Amsterdam & Philadelphia: John Bejammins, 1991.

Haiman, J., More on the typology of inchoative/causative verb alternations, In *Causatives and Transitivity*, ed. By B. Comrie and M. Polinsky, 87 – 111. John Benjamins Publishing Company, 1983.

Hale, Ken, Misumalpan Verb Sequencing Construcitons, In *Serial Verbs*: *Grammatical, Comparative and Cognitive Approaches*, Studies in Sciences of Languages Series 8. Amsterdam: John Benjamins Publishing Company, 1991.

Hale, Ken and Jay Keyser, On the complex nature of simple predicators, In Alex Alsina, Joan Bresnan, and Peter Sells (eds) *Complex Predicates*, Stanford CA: Center for the Study of Language and Information, 1997.

Hashimoto, M., The agrarian and the pastoral diffusion of languages. In Hashimoto, ed., *Genetic relationships, diffusion, and Typological Similarities of East and SE Asian Languages*, Papers for the 1st Japan-US Joint Seminar on East and SE Asian Linguistics, 1 – 14. Tokyo, 1976.

Haspelmath, M., The Serial VerbConstruction: Comparative Concept and Cross-linguistic Generalization, *Languageand Linguistics*, 17, 3, 2016.

Heine, B. & Kuteva Tania, *World lexicon of grammaticalization*, Cambridge: Cambridge University Press, 2002.

Heine, B., On the role of context in grammaticalization, In Ilse Wischer & Gabriele Diewald (eds.), *New Reflections on Grammaticalization*, 83 –

101. Amsterdam: John Benjamins, 2002.

Heine, Bernd & Tania Kuteva, *The genesis of grammar*, Oxford: Oxford University Press, 2007.

Huang, C-T. J., On the distribution and reference of empty pronouns, *Linguistic Inquiry*, 15, 1984.

Huei-Ling Lin, Serial Verb Constructions vs. Secondary Predication, *Concentric: Studies in Linguistics*, 30, 2, 2004.

Jansen, Bert, Hilda Koopman & Pieter Muysken, Serial verbs in the creole languages, In *Amsterdam creole studies* 2, 125 – 159. Amsterdam: Universiteit van Amsterdam, Instituut voor Algemene Taalwetenschap, 1978.

Jenny, M., Benefactive strategies in Thai, In *Benefactives and malefactives: typological perspectives and case studies*, Zúñiga, F. & S. Kittilä (eds.), 377 – 392. Amsterdam: Benjamins, 2010.

Jeong, Y., *Applicatives: structure and interpretation from a minimalist perspective*, Amsterdam: John Benjamins, 2007.

Kittilä Seppo, Object-, animacy-and role-based strategies, *Studies in Language*, 30, 2006.

Kiyosawa, K. & D. B. Gerdts, Benefactive and malefactive uses of Salish applicatives, In *Benefactives and malefactives: typological perspectives and case studies*, Zúñiga, F. & S. Kittilä (eds.), 147 – 183. Amsterdam: Benjamins, 2010.

LaPolla, R. J., "Anti-ergative" marking in Tibeto-Burman, *Linguistics of the Tibeto-Burman Area*, 15, 1, 1992a.

LaPolla, R. J., Parallel grammaticalizations in Tibeto-Burman languages: Evidence of Sapir's "drift", *Linguistics of the Tibeto-Burman Area*, 17, 1, 1994.

LaPolla, R. J., An overview of Sino-Tibetan morphosyntax, *The Sino-Tibetan Languages*, Graham Thurgood & Randy J. LaPolla (eds.), 22 - 42. London & New York: Routledge, 2003.

LaPolla, Randy J., On the dating and nature of verb agreement in Tibeto-Burman, *Bulletin of the School of Oriental and African Studies*, 55, 1992b.

Larson, R., Some issues in verb serialization, In C. Lefebvre, eds., *Serial Verbs: Grammatical, Comparative, and Cognitive Approaches*, Amsterdam: John Benjamins Publishing Company, 1991.

Lefebvre, Claire, *Serial Verbs: Grammatical, Comparative and Cognitive Approaches*, Studies in Sciences of Languages Series 8. Amsterdam: John Benjamins Publishing Company, 1991.

Lewis, Paul (ed.), *Ethnologue: Languages of the world*, Sixteenth edition, Dallas, Texas: SIL International, 2009.

Li, C. N. (李纳) & S. A. Thompson, *Mandarin Chinese: A Functional Reference Grammar*, Berkeley: University of California Press, 1981.

Lord, C., Serial verbs in transition, *Studies in African Linguistics*, 4, 1973.

Lord, C., Causative Constructions in Yoruba, *Studies in African Linguistics*, Supplement, 5, 1974.

Lord, C., *Historical Change in Serial Verb Constructions*, Amsterdam: John Benjamins Publishing Company, 1993.

Malchukov, A., Animacy and asymmetries in differential case marking, *Lingua*, 118, 2008.

Matisoff, J. A., Verb concatenation in Lahu: The syntax and semantics of "simple" juxtaposition, *Acta Linguistica Hafniensia*, 12, 1, 1969.

Matisoff, James A., *The Grammar of Lahu*, Berkeley and Los Angeles: University of California Press, 1973.

Matisoff, James A. , Verb concatenation in Kachin, *Linguistics of the Tibeto-Burman Area*, 1, 1979.

Matisoff, J. A. , Areal and universal dimensions of grammaticalization in Lahu, *Approaches to grammaticalization*, Vol. 1: Focus on theoretical and methodological issues, ed. By Elizabeth C. Traugott and Bernd Heine, 383 – 453. Philadelphia: John Benjamins, 1991.

Matisoff, James A. , Genetic vs. contact relationship: prosodic diffusibility in South-East Asian languages, *Areal Diffusion and genetic inheritance: Problems in comparative linguistics*, Alexandra Y. Aikhenvald & R. M. W. Dixon (eds.), 291 – 327. Oxford: Oxford University Press, 2001.

Matthews, S. , On serial verb constructions in Cantonese, In A. Y. Aikhenvald and R. M. W. Dixon, eds. , *Serial Verb Constructions: A Cross-linguistic Typology*, USA: Oxford University Press, 2006.

Matthias, G. , Ambiguity-driven differential object marking in Yongren Lolo, *Lingua*, 118, 2008.

Maura, Velázquez-Castillo, Serial Verb Constructions in Paraguayan Guarani, *International Journal of American Linguistics*, 2, 2004.

McGregor, W. B. , Optional ergative case marking systems in a typological-semiotic perspective, *Lingua*, 120, 2010.

Muysken, P. and T. Veenstra, *Serial verbs. Pidgins and Creoles: An Introduction*, Amsterdam: John Benjamins Publishing Company, 1995.

Newmeyer, F. J. , Some thoughts on the serial verb construction, La notion de " construction verbale en serie " est-elle operatoire? Federation TUL, EHESS, Paris, 2004.

Nordhoff, Sebastian, Multi-verb Constructions in Sri Lanka Malay. *Journal of Pidgin and Creole Languages*, 27: 2, 2012.

Nishiyama, K., VV compounds as serialization, *Journal of East Asian Linguistics*, 7, 3, 1998.

Pawley, Andrew, Encoding events in Kalam and English: different logics for reporting experience, In Russell S. Tomlin (ed.) *Coherence and Grounding in Discourse: Outcome of a symposium*, Eugene, Oregon, June 1984, Amsterdam: John Benjamins, 1987.

Pawley, Andrew & Jonathan Lane, From event sequence to grammar: serial verb constructions in Kalam, In Anna Siewierska and Jae Jung Song, eds., *Case typology and grammar*, 201 – 228. Amsterdam: Joh Benjamins, 1998.

Pawley, A., "Compact versus narrative serial verb constructions in Kalam", *Serial Verb Constructions in Austronesian and Papuan Languages*, ed. By Gunter Senft, Canberra: Pacific Linguistics, 2008.

Peng, G. (彭国珍) & H. Chappell, Ya33 "give" as a valency increaser in Jinghpo nuclear serialization: From benefactive to malefactive, *Studies in Language*, 35, 1, 2011.

Peyraube, Alain, *Syntaxe diachronique du chinois, évolution des constructions datives du XIVe siècle av. J. – c au XVIIIe sièle*, Paris: Colège de France, Institue des hautes études chinoises, 1988.

Peterson, D. A., *Applicative constructions*, Oxford: Oxford University Press, 2007.

Quine, W. V. O., Events and reification, In LePore, E. McLaughlin, B. P. (Eds.) *Actions and events: Perspectives on the philosophy of Donald Davidson*, Oxford, England: Blackwell. Reprinted in R. Casati & A. C. Varzi, Eds., 1996, *Events*, Aldershot, England: Dartmouth, 1985.

Radetzky, P. & T. Smith, Study of benefactive and malefactive constructions,

In Benefactives and malefactives: *typological perspectives and case studies*, Zúñiga, F. & S. Kittilä (eds.), 97 - 120. Amsterdam: Benjamins, 2010.

Rebecca Defina, Do serial verb constructions describe single events? A study of co-speech gestures in Avatime, *Language*, Vol. 92, No. 4, 2016.

Sebba, M., *The syntax of serial verbs*: *An Investigation into Serialisation in Sranan and Other Languages*, Amsterdam: John Benjamins Publishing Company, 1987.

Senft, G., "Event conceptualization and event report in serial verb constructions in Kilivila: towards a new approach to research an old phenomenon", *Serial Verb Constructions in Austronesian and Papuan Languages*, ed. By Gunter Senft, Canberra: Pacific Linguistics, 2008a.

Senft, G., "Introduction" *Serial Verb Constructions in Austronesian and Papuan Languages*, ed. By Gunter Senft, Canberra: Pacific Linguistics, 2008b.

Seuren, P. A. M., "Serial Verb Construction", *Ohio Sate University Working Papers in Linguistics*, 39, 1990.

Shibatani Masayoshi, Introduction: Some basic issues in the grammar of causation, In Mashayoshi shibatani (ed.) *The Grammar of Causation and Interpersonal manipulation*, 1 - 22. John Benjamins Publishing Company, 2001.

Shibatani, M. and P. Pardeshi, The causative continuum, In Mashayoshi shibatani (ed.) *The Grammar of Causation and Interpersonal manipulation*, 85 - 126. John Benjamins Publishing Company, 2001.

Smeall, C., Grammaticalized verbs in LoLo-Burmese, *Linguistics of the Tibeto-Burman Area*, 2, 2, 1975.

后　　记

　　这本书是我的第二本学术著作。本书的研究课题是关于汉语和藏缅语连动结构的句法研究。这个题目从 2007 年在巴黎做博士后研究时开始接触和萌芽，到后来申请课题，写论文，到今天成书出版，经历了十多年。自己也从二十多岁到了今年的四十岁。人生的一个黄金十年。工作和生活都在这十多年中起步、展开，然后步入常规。个人对于学术研究的心态也随着研究的过程不断起伏、变化和成长。最开始是好奇和充满信心，发表论文和拿到项目后体验的是兴奋。随着工作和家庭的琐事牵绊，研究也一度有几年进入停滞状态，对学术和课题也产生了彷徨和怀疑。然后是不断找理由说服自己坚持，结题和出版前的撰写和修改过程充满了煎熬、焦虑和痛苦。最后给书稿画上句号的那一刻，感觉自己好像翻越了人生的一座大山。回过头来再看这十年多的研究过程，发现写这本书的过程也是一个自我成长和蜕变的过程：是从为了任务和课题到为了自己进行学术研究的改变过程；是克服完美情节和幻想、寻找理想和现实平衡的过程；是磨炼心性和勇敢地面对自己的弱点、惰性和恐惧的过程。

　　2006 年夏天，我从北京大学中文系毕业，获博士学位，下半年去了香港中文大学语言学及现代语言学系做访问学者，为期三个月，合作导师是顾阳老师。当时顾阳老师正在做一个关于云南少数民族语言景颇语的研究课题，我就跟着开始接触景颇语的研究。因为时间很短，访学期间只写了一篇关于景颇语连句结构的小文章，在几次国际语言学会议上宣读过。2007年，正好法国社科院东亚语言研究所招聘博士后研究人员，研究课题是东南亚语言的连动结构。我的学术背景比较符合，因为博士学位论文是关于现代汉语动结式研究，又短暂接触过景颇语研究，英语水平也过硬。所以很顺利地得到了机会，在巴黎做了两年博士后研究，研究题目就是用类型学理论研究景颇语中的连动结构。合作的导师是曹茜蕾 Hilary Chappell 教授。曹茜蕾教授是一位非常敬业认真又优雅博学的教授，经常与我讨论学术问题，给我指导。因为我的博士学位论文是关于汉语动结式研究，走了形式句法的路子。博士后研究这个课题要用语言类型学的理论研究景颇语的连动结构。这个课题给我的挑战和困难是双重的，一是理论上从形式语言学换到语言类型学，二是研究对象是一种几乎完全陌生的语言。在曹茜蕾教授的鼓励、指导和自己的努力下，我一边上课读书，开始学习语言类型学的理论，另一边一个人去云南做了两次为期好几个月的语言调查。两年期间克服了双重的障碍，和曹茜蕾教授合作完成了一篇关于景颇语中给予义连动结构的文章。该文最终于2011年发表在 Studies in Language 上。那时候国内的学者在国外 SSCI 索引期刊发表学术论文的还非常少。所以论文发表后，自己也感到非常兴奋。

2009年夏天从巴黎回国后，我想开始做一个自己的课题。就结合前面的这些研究基础，写了一个研究计划，题为"汉藏语连动结构的对比研究"，被选中2011年的国家社科基金青年课题（11CYY001）。有了论文和项目，加上博士研究和博士后研究的积累，自己当时是踌躇满志，对课题的研究前景和进展也充满了信心。紧接着一口气写了几篇关于连动结构及景颇语研究的文章，接连发表在《中国语文》、《当代语言学》

和《汉藏语学报》上。

　　2012年起，我所在的学院岗位换届聘任。由于机缘巧合和学校信任，我走上了学院的管理工作岗位。并且因为种种客观及历史原因，三个行政管理岗位上只有我一个人，这种状态持续了近两年时间。这期间整个学院大部分日常的教学、科研等管理任务都是我在承担。繁重的行政管理任务，又是刚刚换了身份需要学习和适应，直接导致了课题研究的中断。2012年到2015年三年期间，课题没有太多进展。只是2014年召开过一个关于汉藏语连动结构研究的研讨会，指导过一篇跟课题相关的硕士学位论文。因为项目是预定书稿结题，也一直没有时间动手写书稿。原计划2014年底完成的项目，不得不一再申请延期。眼看结题的日期不断拖后，项目研究停滞，自己的心情开始逐渐焦虑起来。最终决定辞去管理工作岗位，申请了浙江省教育厅和国家留学基金委合作选派的留学资助，去美国加州大学洛杉矶分校访学。

　　访学期间是2016年1月到2017年5月。这时候终于可以摆脱繁重的管理琐事，重新开始梳理文献，并开始着手准备撰写书稿。真正开始写的时候，却发现动笔非常困难。虽然之前有发表过几篇项目研究文章，有了一些很好的基础和内容，但是要写成自成体系的书稿还远远不够，一方面有些计划的题目还没研究，需要研究出来；另一方面需要对全书的框架、背景和理论铺垫做出完善和勾画，把自己的研究放在整个国际研究背景中去。连动结构这个现象本身非常复杂，各种语言中语料事实很多，边界又不清楚，国际上的研究文献成百篇，不同文献之间观点差异很大。仅仅是要把整个背景和问题勾勒清楚就像老虎吃天，无从下口。结果整整好几个月都陷在浩如烟海、又似懂非懂的文献里动弹不得。最终决定无论如何先从几部主要的关键文献开始梳理。梳理的过程中又发现自己原来制定的项目研究计划过于庞大，有些内容没有计划进去，例如关于连动结构定义本身的研究就是一项庞大的工作，需要花大篇幅梳理清楚并提出自己的思路。原来计划里的内容有些部分又太多,不可能在一部书里完成,例如原计划写多个藏缅语中多种连动结构的详细研究。实际上发现这个想法太不现实。所以一边梳理文献,一边调整研究计划,一边写书稿。最终书稿初稿在2017年上半年完成,递交国家社科项目结题申请,并顺利通过。书稿结题后,本来想一鼓作气,继续修改完善准备出版。结果2017年下半年身体有恙,就又暂时耽搁下来,没有再碰。一放就是一年。再拿起来准备修改的时候就已经是2018年下半年。这时已经又回到学院继续做管理工作,时常有各种事务打断。孩子也已经是小学三年级,要监督作业,同时也免不了俗,陪伴孩子上一些兴趣特长班。所以就挤时间修改书稿,一直修改了四五个月,最终成稿。

初稿的内容有九章,修改出版的过程中,为了整体框架体系的一致性,拿掉了用语料库方法研究的一章,最终成书是八章内容。全书分为三部分。其中第一大部分是国际上对连动结构研究现状的勾画和述评。这一部分是我阅读了众多国外文献之后,做的详细梳理。我个人认为这一部分对于国内连动结构的研究肯定会提供很多参考和启示。可以说国内没有哪个连动结构研究的论文或专著的前人文献梳理能有这么翔实和深入。第二大部分主要是关于汉语连动结构的研究。这部分内容是在第一部分的基础上所做,有很多观点也是颇具开创性的。至于是否能立得住,需要读者的评判和时间的检验。第三大部分是关于藏缅语特别是景颇语中连动结构的研究,并与汉语做了对比。本书的内容除了关于景颇语研究的少部分观点是基于前期发表的论文之外,绝大部分内容在书中是首发,是十多年思考和研究的结晶。

写完回头一看,竟然已经十多年了。发现研究和写书的不同阶段也反映了自己人生不同阶段的挣扎和蜕变。最开始的时候自己踌躇满志。那时候刚博士毕业,博士后研究也顺利完成,借着惯性开始独立研究的征程,目标是宏大的,信心也是满满的。年龄还不到三十岁,孩子也还没出世，所以精力也充足，牟足了劲，做了一些研究，取得了一点小成果。然后，第二阶段工作中角色有了变化，换了管理工作岗位，杂事缠身。总想找一个大块的时间可以沉下心来做研究，但是发现似乎永远没有大块时间，连暑假都有各种紧急的大规模任务。平常有些小空，往往是看书还没看进去，就被打断了。研究工作慢慢开始放缓并停滞不前。虽说这期间研究没有多大进展，但是心中的焦虑越来越强烈。书稿一个字也没开始写，不知道何时才能项目结题，经常干着急，却没什么进展，也不知道从何处开始入手。往往是刚想了一个开头准备写，就马上觉得不行，便又搁下了。

那几年时间我有两个自我安慰的借口，一个是我工作很忙，另外一个是我对研究有完美主义情结。可是时间拖得越来越长，慢慢地这两个借口自己都不相信了。虽说工作忙，但还是有上网瞎逛打发的时间，为什么不会有做研究的时间。有完美主义情结应该是让工作越来越好，怎么可能会任凭重要工作无限制地拖延下去，却怎么也提不起行动力。所以开始陷入不断地自我谴责和自我怀疑的状态，最开始的信心和志向都几乎消磨殆尽。我跟一个研究心理学的朋友倾诉了这个烦恼，她说先要正面地看待拖延现象本身，拖延是有意义的。我当时对这个说法是非常怀疑的，因为感觉不到拖延带给我的意义，只感觉到焦虑和痛苦。不过既然在高校工作，又好不容易拿来了项目，总要结题，不能洒脱地说项目不做了，书不写了。做了几年管理工作，也感觉到身心疲惫。想想自己一直不停地往前冲，读博士、做博士后、写论文、生孩子、做管理，忙忙碌碌没有一刻停息，却似乎到了一个瓶颈，找不到前进的力气。最后我痛下决心，干脆辞掉了管理工作，抛去国内所有琐事和环境，出去访学了一段时间。

访学这一段时间静下心来看看书，到处走走，整理一下自己之前的论文和资料，同时开始反思自己的学术研究。慢慢地，我对自己的拖延认识越来越清晰，才明白表面的拖延和自欺欺人的借口背后其实反映了自己心态上陷入了全方位的困境。这个困境有对学术研究终极意义的拷问和怀疑。到底做这些咬文嚼字的语言学研究是否真的有意义？除了发表论文和评职称这样的功利目的之外，是否真的对社会发展和人生有价值？自己真的喜欢学术研究吗？有在学术方向和学术身份认同上的尴尬与游离。本科和硕士是英语专业，博士是中文研究，博士后又是少数民族语言研究，工作又回到了外语学院以教英语谋生。到底自己的学术方向和学术身份属于哪一个圈子？似乎哪一个圈子我都可以进去，但同时又似乎在哪一个圈子里我都没有充分的认同感。有在学术、管理和家庭多维度的挣扎与困境，在目前单位平台里，普通的本科高校外语学院，学术和管理，甚至教学是完全没有关系的。学术是汉语和少数民族语言研究，管理和教学是本科英语教学，要在这两者之间不停切换，一方面既困于学术研究和工作的脱离，另一方面又不明白自己到底更喜欢哪一个身份，似乎两者都有喜欢的地方和不喜欢的地方。同时家庭生活在三十多岁也进入了一个非常复杂的阶段，身边有孩子，有老人，自己与先生各自都忙着打拼事业，似乎在日常的忙碌和琐碎之外，也没有太多高质量的家庭生活。有理想认知与行动及做法上的脱节。理想非常宏大，想做最好的研究，做有意义的课题，但是没有与理想相匹配的行动力，也找不到切实可行的做法一步步将理想变为现实。有面对困难和挑战的懦弱和畏惧。这个课题和书稿与博士论文不同，没有任何人指导，是真正意义上自己独立选题、独立研究的开始，内容和方法自己也是边做边学，并没有完全研究透。在这样的时候一想到要写一部书稿，并且还不知道怎么写，就惧怕得没有开始就驻足犹豫和怀疑了。有对结果不切实际的完美幻想，希望写一部书可以完美地解决所有问题，得到学界所有人的认可。就这样一层一层地把自己的心态像剥洋葱一样剥开来，摊在阳光底下，看到了拖延表象之下深层的各种自我挣扎和困境。随着这种自我觉醒的开始，自己也一点点找到了前进的方向和力气，痛苦地挣扎着离开起点，一步一步地往前走。

先是从最容易的困难开始克服，尝试着放下宏大的目标和完美的幻想，告诉自己完成即是完美。定下来一个大概的思路，就开始动手一点点地、艰难地码字，很多时候都不知道自己写的在最后的终稿中会不会用到，不断地想放弃或推倒重来，都忍住了冲动，硬撑着写下去。在撰写的过程中，很多卡壳或者想不清楚的地方，就先放一边，继续往下写。慢慢地也会有新的灵感产生，全书的思路和框架也越来越清晰，变得越来越可以驾驭，最后初稿撰写了九章内容。尽管离着最初的项目计划和设想有一定距离，但是也可以有足够的分量可以做一部专著了。中间卡壳的地方能补上又补充了一些，有些后来也没有突破的，就说服自己接受了现实，不可能在一本书里解决所有问题，即使解决了，也肯定不会让所有的专家满意。就这样先突破了关键性的一步，完成初稿并结题。

其他的困难不是那么容易克服的，也不是三天两天就能找到答案的。随着思考的深入，我慢慢开始意识到，在自己原来的知识积累、思维习惯、做事方式、心态和思想境界下，有些困惑是永远不会解决的。必须改变这些更深层的自我，才能慢慢化解目前的各种困境。于是从访学时开始，我慢慢地开始接触一些国学经典书籍。开始读也读不懂，不过就算不懂也坚持继续，一点一点啃，然后结合自己的生活去实践和感悟。生活中也尝试在很多事情上改变原来的模式，慢慢做出一些改变，无论是对待家庭还是各种工作，尽量保持认真和敬畏的态度，用心去做。对待周围人的方式也开始尝试去包容和理解，而不是批评和指责。至于学术到底是否有实际意义、各种身份和认同到底是什么这样形而上的问题，单单通过思考也思考不出一个所以然来，就暂且放在一边。既然人生随着年龄的增长面对的事情总是越来越多、越来越麻烦，干脆坦然接受这一切。开始学着寻找在这些夹缝之中看书做研究的方法。也时时思考到底什么样的研究才是真正有价值的研究，自己今后要做什么研究。就这样且行且思考，一晃又到了2018年下半年，重新再捡起书稿来看。

隔一段时间再来看自己的书稿，一眼看穿了原来稿子中的很多仓促和粗糙的地方。所以修改起来时而大刀阔斧，时而精雕细琢。同时也发现自己的研究提出了一些创新的观点，解释了更多语言事实，思考深度和广度也超过了这个语言现象本身，这些与国内相关课题研究相比都有更多的推进。这样对自己的研究价值和意义也有了更深刻的认同和自信。不过，修改工作的强度和工作量还是远远超过了我最开始的预计，改稿时间不断地拖长，我的焦虑再次随着不断推后的交稿日期滋长。这次我就学会了用行动直接面对这个焦虑，尽量控制自己不去关注焦虑本身，就是在该修改的时候放下其他杂事和胡思乱想，就坐下来改稿子，把改稿子当成磨炼自己意志力和心性的过程。稿子修改了三四个月，也痛苦煎熬了三四个月。终于可以交稿面世了。这个课题的研究也可以画上句号，准备开启下一段学术旅程。

本书研究写作过程中感谢我的家人、朋友和同事的支持、陪伴和爱。尤其感谢下述各位老师和朋友在研究和撰写的不同时期给出的各种各样的无私帮助：曹茜蕾、贝罗贝、沈阳、陶红印、罗段、戴庆厦、刘丹青、Walter Bisang、顾阳、刘鸿勇、胡素华、黄成龙、赵逸亚、王丹凤、王路明、杨晓东、许慧洁、李旭平、夏军等。

2018年1月25日
杭　州